성심리

|대 학 생 의 성 의 식|

성심리

| 대학생의 성의식 |

우남식 지음

Σ 시그마프레스

성심리 : 대학생의 성의식

발행일 2015년 3월 10일 1쇄 발행

지은이 우남식
발행인 강학경
발행처 (주)시그마프레스
디자인 이상화
편집 류미숙

등록번호 제10-2642호
주소 서울특별시 영등포구 양평로 22길 21 선유도코오롱디지털타워 A401~403호
전자우편 sigma@spress.co.kr
홈페이지 http://www.sigmapress.co.kr
전화 (02)323-4845, (02)2062-5184~8
팩스 (02)323-4197

ISBN 978-89-6866-405-2

이 도서의 국립중앙도서관 출판예정도서목록(CIP)은 서지정보유통지원시스템 홈페이지(http://seoji.nl.go.kr)와 국가자료공동목록시스템(http://www.nl.go.kr/kolisnet)에서 이용하실 수 있습니다.(CIP제어번호 : CIP2015007184)

차례

제2부 대학생의 성의식

2004년과 2014년 대학생의 가치관과 성의식의 비교 연구

책을 펴내며

1997년에 청소년, 특히 대학생들의 성문제에 관하여 관심을 가지고 연구를 시작하였으니 그동안 17년의 세월이 흘렀다. 1999년에 '청소년의 성윤리 정립에 관한 연구'로 석사학위를 받았고, 2005년에는 '한, 미 대학생들의 성지식, 성태도, 성행동 및 성교육의 비교 연구'로 박사학위를 받았다.

이 논문은 미국과 한국 대학생들을 대상으로 성에 대한 인식을 비교하여 고찰한 점에서 한국에서 최초로 시도한 연구 주제이다. 당시 미국 대학생들로부터 개인 신상에 민감한 문제를 다룬 각종 성행동, 성태도, 성지식, 성교육에 관해 설문지를 받는다는 것은 그리 쉬운 일이 아니었다. 이를 위해 그 당시 미국 대학선교를 위해 파송한 선교사들과 미국 지인 교수들의 도움을 받아 중요한 자료를 받을 수 있었다. 미국 대학생(남부, 서부, 중부, 북부, 동부의 주요 대학)들로부터 설문을 받기 위해 개인적으로 만나서 한국 레스토랑 이용권(10달러 가격) 등을 선물로 주고, 설문지를 봉함하여 받음으로써 정확하고 진실한 데이터를 얻기 위해 노력했다. 이 자료는 쉽게 얻을 수 있는 자료가 아니기 때문에 당시 대학생들의 성에 대한 인식을 알아볼 수 있는 중요한 자료라고 할 수 있다.

이제 2004년의 연구 자료와 2014년 연구 자료(우남식, 2014)를 비교 분석하였다. 그 이유는 10년 동안 한국 대학생들의 성의식에 대한 변화 유무를 살펴보고 그 차이가 있다면 그 차이의 원인이 무엇이며, 이를 토대로 우리나라의 성교육의 문제점과 그 대안을 찾고자 함이었다. 2014년의 자료 또한 개인 신상에 민감한 문제를 다룬 성의식에 관한 것이기 때문에 신중을 기했다. 나는 감히 이 연구 자료를 '한국 대학생의 킨제이 보고서'라고 말하고 싶다.

오늘날 한국 사회는 많은 문제가 사회 곳곳에 일어나고 각종 병리현상이 다양한

계층의 사고의 저변을 잠식해 가고 있다. 겉으로 드러나는 심각한 사회문제의 원인을 여러 가지로 분석할 수 있겠지만 이 논문을 통해 그 원인이 바른 성윤리 의식의 부재 내지는 그릇된 성윤리가 사고의 저변을 형성해 가고 있는 데서 비롯된다고 본다. 따라서 이 시대의 여러 문제에 대한 답은 바른 성윤리의 정립에서 찾을 수 있다고 생각한다. 성윤리가 바르게 정립될 때 생명윤리가 바르게 정립되고, 생명윤리가 바르게 정립될 때 환경윤리 등의 모든 윤리가 바르게 정립된다. 왜냐하면 성에서 생명이 잉태되기 때문이다. 인간사회에서 최고의 가치는 생명에 있고, 그 어떤 상황에서도 먼저 존중되어야 한다. 세상에 생명보다 귀한 것은 없다. 그러므로 성(性)교육은 생명 존중을 바탕으로 하는 성(聖)교육이 되어야 한다.

처음 연구를 시작할 때부터 관심을 가지고 도움을 주셨던 인하대학교 교육학과 박영신 교수님, 사회교육학과 김영순 교수님, 교육학과 원로교수님이신 김흥규 교수님과 김선양 교수님, 그리고 횃불트리니티신학대학원대학교 김상복 총장님과 국제신학대학원대학교 나원 이사장님께 이 지면을 빌어 감사를 표한다. 방대한 통계를 도와주신 인하대학교 교육대학원 탁수연 교수님과 중앙대학교 김창봉 교수님께 고마움을 표하고, 연구를 위해 응원을 해준 아내와 가족들에게 고마움을 표한다.

오늘은 마침 손녀인 온유의 다섯 살이 되는 생일이기도 하다. 온유가 장차 미국 예일대학교에서 공부하여 할아버지의 학문을 계속 이어받았으면 하는 바람을 가져본다.

2015년 1월 5일
송백목양실에서
저자

시작하며

한국 사회는 1988년 제24회 서울올림픽경기대회 이후 다양한 변화를 겪게 되었다. 그중의 하나가 성문화와 성인식에 대한 급격한 변화이다. 서구문화의 갑작스러운 유입과 소셜 네트워크 서비스(SNS)의 발달은 성의 무분별한 개방과 성 정보가 홍수를 이루는 급격한 결과를 가져오게 되었다. 이로 인해 성의식과 성에 대한 태도가 달라졌다.

성의식의 급격한 변화는 사회의 저변 곳곳에 병리현상으로 나타나고 있다. 특히 가부장적 가족제도에 근거한 전통적 성규범이 무너지면서 성폭력을 비롯한 각종 성범죄가 긴급한 사회문제가 되고 있다. 그리고 성을 상품화하여 성이 쾌락의 도구로 전락되고 있는 것은 흔한 일이 되고 있다. 그리고 남녀 간의 사랑과 결혼에 기초한 인격적인 성의 결합이 점점 사라져 인류의 기본 단위인 가정과 가족제도가 붕괴되고 있다. 그로 인한 현상 중 하나로 이혼율의 증가를 들 수 있다. 이혼율의 증가는 청소년의 일탈을 심화시키고 있다.

인간의 성은 일찍부터 발달하여 자기 자신을 자극하고 생화학적 자극에 반응하는 능력이 이미 태아기에 나타나기 시작하여 유아기, 아동기를 거치면서 생식, 노출, 육체적 작용, 자아에 대한 가치와 관련된 감정 등이 획득된다(Masters & Johnson, 1989; Lefrancois, 1990). 그리고 성이란 인간의 창조 시에 부여되었고, 각종 성에 관련된 제 문제 역시 인간이 세상에 존재하던 때부터 이미 제기되어 왔다(정근원, 1996). 이처럼 인간은 태어나면서부터 죽을 때까지 성적인 존재로 살아간다고 볼 수 있다. 따라서 인간의 성에 대한 문제는 생의 일부분이 아니라 전 과정 속에서 다루어져야 할 과제이다. 그럼에도 불구하고 대학생의 성의식에 대해 깊은 관심을 갖고 연구하는 이유는 다음과 같다.

첫째, 이 시기는 질풍노도(storm and stress)와 같은 심리적 변화와 자아를 발견하는 시기(Hall, 1904)이며, 또한 성이 갖고 있는 폭발력 때문이다(Joseph, 1967).

둘째, 이 시기는 생의 주기에 있어서 청소년기 후기부터 성인기 초기에 해당하는 시기로, 이 시기는 신체적으로 성장이 완료되어 가는 시기이지만, 아직 학업에 전념해야 할 시기이기도 하기 때문이다. 더구나 갈수록 산업화와 정보화로 인한 교육기간 연장 및 결혼연령이 늦어져 사회적, 심리적, 경제적으로 책임질 수 있는 성인으로서 성행동이 허용되는 시기가 아니기 때문이기도 하다.

셋째, 이 시기는 오랜 기간 동안 자신의 성적 욕구를 억제하도록 요구당하며 입시 위주의 교육에 시달려 왔던 청소년이 대학에 들어와 대학의 자유분방한 생활환경과 여러 활동을 통한 폭넓은 대인관계를 경험하면서 성적 활동이 어느 시기보다도 활발해지는 시기이기 때문이다.

넷째, 이 시기는 긍정적인 면도 있지만 부정적인 결과 또한 많기 때문이다. 부정적인 현상으로 혼전 성행동과 이로 인한 인공임신중절과 미혼모와 미혼모에게서 태어난 자녀의 양육문제를 들 수 있다. 그래서 대학생의 성의식은 이런 현상들을 다루는 데 중요한 요인이 된다.

특히 2004년과 2014년 대학생의 성의식을 비교 연구하게 된 동기는 다음과 같다. 첫째, 지난 10년 동안 한국은 정치, 경제, 문화, 사회, 교육 등의 모든 영역에 많은 변화가 있었다. 1997년에 한국에 불어닥친 IMF는 한국의 사회제도에 많은 변화를 가져왔는데, 2000년 후기와 2010년대는 IMF를 겪은 부모세대의 자녀들이 대학에 들어왔고 들어오는 시기였다. 그리고 IMF와 2008년에 다시 한 번 세계 금융위기를 겪은 세대의 자녀들이 대학에 들어온 시기이기도 하다.

둘째, 우리나라는 2000년대와 2010년대를 맞아 지식 정보화 시대를 넘어서 지식 정보 시대로 전환되었다. 이로 인해 SNS가 지식 정보의 흐름을 주도하고 여론을 지배하고 있다. 특히 현대는 포스트모던 시대로 들어와 절대적 가치가 무너지고 사회를 지탱해 오던 규범이 상대화되고 있다. 그러다 보니 성윤리 의식도 많은 변화를 가져왔다고 하겠다.

이런 시대에 대학생의 가치관과 성의식의 인식에 대한 변화를 살펴보는 것은 매우 중요하다고 본다. 이 책을 통해 바른 성윤리의식이 정립되었으면 한다.

제1부

성심리와 성윤리

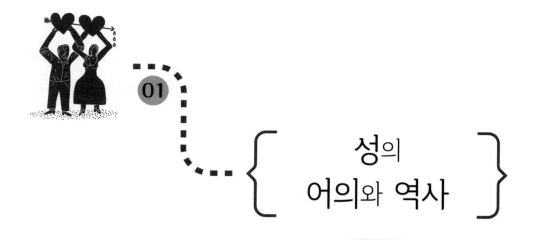

성의 어의

19세기 전까지는 성에 대한 학명이 없었다. 그러다가 19세기에 들어와 성과학 (sexology)이라는 성학명이 생겼고, 성심리학(psychology of sex)이란 용어가 생기게 되었다(Ellis, 2008). 우리나라에서는 이를 성학, 성과학이라고 부른다(김종흡, 2002). 성을 의미하는 단어는 영어에서 섹스(sex), 젠더(gender), 섹슈얼리티 (sexuality) 등이 있다.

섹스

서양어의 섹스(sex)라는 단어는 '나눈다', '분리하다'의 뜻인 섹코(*Seco*), 섹크(*Sec*)에 관련된 라틴어 섹서스(*Sexus*)에서 유래한다(Joseph, 1967; 김외선, 2001). 성은 성관계를 의미하기보다 생물학적인 면에서 남녀의 구분을 뜻한다. 인간은 태어나면서부터 남성(male), 여성(female)으로 구분된다. 남성과 여성을 구분할 때 외적인 생식기로 구분할 뿐 아이의 심리 및 발달 검사로 결정하지는 않는다. 남녀의 구

3

분은 심리적인 현상 이전에 이미 출생부터 결정지어지는 것으로 선천적이라고 말할 수 있다. 이를 성적 주체성(sexual identity)이라 한다(윤가현, 1990). 에릭슨(Erik Homburger Erikson)은 성격발달과정의 8단계 중의 5단계인 13세에서 18세의 청년기에서 자아 정체감과 더불어 성적 주체성을 갖는 시기로 본다.

그리고 섹터스(Sextus)는 라틴어로 제6(six)이란 뜻이다. 이는 천주교의 10계명 중 제6계명인 "간음하지 말라!"에서 유래되었으며, 개신교에서는 7계명이다. 하나님이 간음하지 말라는 6계명을 주신 것은 가정 보호를 위해서다. 따라서 건강한 성이란 성인의 남녀가 결혼해서 한 부부가 되어 가정에서 은밀하게 인격적으로 사랑을 나누는 것이다(우남식, 2014). 그리고 성교육 또한 순결로 시작되어야 한다(김외선, 2001).

젠더

젠더(gender)라는 단어는 서로 다른 사회화, 문화화 과정을 거치면서 훈련 및 습득되는 여성의 '성'과 남성의 '성' 및 성역할을 의미한다(Joseph, 1967). 이 용어는 주로 여성운동가들이 즐겨 사용한다. 이들은 여성이 사회적 역할이나 지위에 있어서 남성에 비해 상대적으로 열등한 것은 생물학적인 성의 차이에서가 아니라, 사회와 문화가 만들고 형성하여 길들여진 것으로 보고 있다.

다시 말하여 '젠더'란 개인이 태어난 이후에 사회적, 문화적, 심리적 환경에 의해 습득된 후천적인 성을 의미한다(윤가현, 1990). 이를 정신적 주체성(gender identity)이라고 한다.

섹슈얼리티

섹슈얼리티(sexuality)라는 단어는 19세기에 이르기까지는 찾아보기 어려웠다. 이는 일반적으로 육체적 기관을 뜻하는 중립적 개념으로서의 섹스(sex)와 젠더(gender)를 모두 포괄한다. 나아가 인간의 육체적, 정신적, 사회심리적 차원들을 모두 포괄하기도 한다(박충구, 1996). 즉, 섹슈얼리티는 성에 대한 태도와 개념, 행동, 감정, 가치관, 신념 등을 포함한다(윤가현, 1990).

그리고 섹슈얼리티는 성관계만을 뜻하는 것이 아니며 인격의 한 차원을 차지하는 것을 말한다. 이 섹슈얼리티는 정신적 주체성의 영향을 받는다. 최근 섹슈얼리티를 우리말로 '성성'(性性)이라고 한다(아산복지재단, 1997). 이를 우리말에 익숙한 일상 언어에서 찾는다면 색(色)에서 찾을 수 있다.

그리고 우리말에는 성이라는 단어 하나로 섹스(sex), 젠더(gender), 섹슈얼리티를 표현한다(아산복지재단, 1997).

성(性)

한자로 性(성)이란 마음 심(心)과 날 생(生)의 회의문자(이미 만들어진 둘 이상의 한자를 결합하여 새로운 단어로 탄생한 문자)로, 전체적인 인간 그 자체를 뜻한다. 우리가 사용하는 성이라는 단어들을 살펴보면 성 이외에도 성격, 인성, 성미, 본성 등이 있다. 이러한 단어들은 개인의 전체성을 묘사한다. 그리고 개인이 갖는 성에 대한 환상, 꿈, 행동, 태도, 사고, 감정, 가치관, 신념, 이해심 및 개인의 존재의미 등을 지칭한다.

성의 연구 및 역사

성에 대한 연구는 타학문 분야와 달리 불리한 여건 속에서 행해지고 있다. 즉, 인간의 가장 기본적인 행동을 연구한다는 것은 특별한 용기가 없이는 불가능하다. 왜냐하면 연구 자체가 타 학문 분야와는 다른 방법론의 문제가 대두되기 때문이다. 이를 구체적으로 말한다면 각 개인은 종교와 도덕적인 가치관에 의해 성의 표현이 여러 가지의 제약을 받고 있다. 그리고 그들의 성생활에 대한 질문을 받는다는 것은 자신들의 사생활이 침해되는 것으로 인식할 수 있다.

특히, 연구 결과를 얻기 위하여 실험실에서 인간의 성생활을 관찰한다는 것은 더더욱 안 되는 일로서 이는 음란 행위로 간주된다. 이와 같은 어려운 여건 속에서도 수많은 연구자들은 전통적이고 보수적인 금기와 관례를 깬다는 각오로 자신을 희생시키며 연구해 왔다. 그러한 연구를 했던 19세기 이후의 대표적인 인물들은 다음과 같다.

크라프트에빙

크라프트에빙(Krafft-Ebing, Richard Freiherr von, 1840~1902)은 근대의 성에 대한 연구의 개척자로 독일과 오스트리아에서 개업을 했던 의사 출신이다. 그는 영국의 빅토리아 여왕 시대의 인물이다. 그 당시 유럽에서는 남녀 모두에게 성관계는 추한 것으로 여겨졌던 시대이다. 이런 시대에 그는 인간의 성을 연구하였다.

　그는 성기능장애에 대한 분류를 시도했고(신승철, 1996), 이런 그의 시도는 당시 사회에 엄청난 반향을 불러일으켰다. 그는 1886년에 성적 정신 병질(*Psychopathia Sexualis*)의 저서를 출간하였다. 그는 200명 이상의 사례를 토대로 성적 특이성을 강조했는데, 피학성 변태성욕(masochism)과 가학성 변태성욕(sadism), 수간(sodomy), 동성애(homosexuality), 페티시즘(fetishism) 등을 언급하였다. 그리고 그는 생산을 목적으로 하지 않는 성관계를 일탈된 성으로 보았다. 그는 성에 대한 연구의 개척자로 엘리스나 프로이트에게 직접적인 영향을 끼친 사람으로 평가를 받고 있으며(Allgeier & Allgeier, 1991), 현대 성의학의 토대를 마련한 인물이다.

엘리스

엘리스(Ellis, Henry Havelock, 1859~1939)는 프로이트와 같은 시기의 인물로, 프로이트가 후에 주장할 것을 미리 주장했다고 볼 수 있다. 그는 선장의 아들로 영국에서 태어나 호주에서 교사 생활을 하다가 고국으로 돌아와 의학공부를 하여 의사가 되었다.

　엘리스가 살던 시대는 성의 표현에 대해 억압이 가장 심했던 사회 중의 하나인 19세기 후반의 영국의 빅토리아 여왕 시대이다. 빅토리아 여왕 시대에는 함부로 정액을 낭비하는 행위를 죄악으로 취급했으며, 심지어 자녀를 생산할 목적이 아니면 남편이 부인에게 성관계를 요구하는 것도 금하고 있었다.

　그는 이런 시대에 심리학의 일부로서 성에 대한 조사를 실시하였다. 특히, 그는 1897~1928년에 성의 심리학에 대한 연구(*Studies in the Psychology of Sex*)를 출간하면서 그 당시 범죄 또는 질병으로 취급했던 동성애를 선천적인 성적 본능의 표출이라고 언급하여 세상을 놀라게 하였다. 그가 동성애의 사례 연구를 토대로 발표했던 33편의 저서들은 법정에서 외설, 사악, 음탕, 중상적 출판물로 취급받았다.

그럼에도 불구하고 그는 수백 편의 사례 연구 끝에 여러 가지의 성행동에 대한 관찰을 체계적으로 기술하였다. 예를 들면 자위행위는 거의 모든 사람이 하는 행위이며, 여성들은 생리기간에 성적인 욕망이 가장 높다고 기술하였다. 또한 그는 여성들이 성적으로 민감하지 못한 원인은 남성의 잘못이거나 아니면 여성이 아동기때에 받은 성적인 억압의 결과라고 주장하기도 하였다. 그리고 그는 여성의 성적인욕구에 관해서는 그 당시의 견해를 수용하여 현숙한 여성들은 성적 욕구가 없다고했으며, 성적인 문제는 신체적인 것보다 심리적인 것이 더 중요하다고 주장하였다.특히 엘리스의 공헌은 의사로서 성병에 관한 많은 정보를 제공한 것이다.

그리고 1920년대 성을 연구한 캐더린 다비스드(Katherarine Davisd)와 마리 스토프스(Marie Stopes), 그리고 테오도르 반 데 벨데(Theodore van de Velde)가 있다. 캐더린 다비스드는 2,200명의 여성을 상대로 1922년과 1927년 사이에 시리즈로 책을펴내 여성의 성생활에 대한 정보를 제공하였다. 또한 마리 스토프스는 여성에 대한결혼의 지침서를 펴내 유럽과 미국에서 많은 인기를 끌었다.

1926년에 테오도르 반 데 벨데는 이상적인 결혼(*Ideal Marriage*)을 펴냈다. 그리고부부 간의 구체적인 성교 방법과 구강성교의 책자를 냈는데 베스트셀러가 될 만큼많은 관심을 받았다. 그러나 1929년에 미국이 대공황에 접어들면서 성에 대한 관심보다는 생존에 매여서 성에 대한 연구와 관심은 뒷전으로 밀려났다.

프로이트

프로이트(Freud, Sigmund, 1856~1939)는 엘리스와 거의 동시대에 모라비아(현재체코) 프라이베르크에서 태어나 오스트리아 빈에서 정신과 의사로 활동하였다. 그는 설명하기 곤란한 히스테리 환자들에게 관심이 많았다. 그는 환자들에게 그들의생활을 이야기하도록 한 결과 히스테리 환자들에게서 나타나는 마비 현상과 불안감 등이 실제이든 가상이든 모두 아동기 때의 성적인 상처에 기인한다고 보았다.그는 아동의 모든 생활 자체도 역시 성적인 것이라고 주장하였다.

프로이트는 그러한 관점을 증명하기 위하여 스스로 잠자는 의자에 드러누워서기억, 꿈, 회상, 실언 등 자신의 인생의 순간들을 회고하면서 아동기의 성의 이론을 구성하였다. 그리고 여성들이 남근을 선망하는 것(penis envy)이나 남성들이 거세에 대한 불안을 갖는 것(castration anxiety) 등을 무의식의 형태로 설명하였다. 그는 개념적으로 성에 관한 욕구이론과 정신분석을 정신병리학의 원리로 응용하였다.

그의 이론에 따르면 신경증이란 자위행위에 의해 발생된 것이며, 남성 동성애자는 횡포한 어머니와 연약한 아버지에 의해 형성되었다고 주장하였다. 그의 이론은 과학적으로 객관성이 없지만 후에 발달심리학과 행동의 원인을 설명하는 심리학의 이론에 큰 영향을 미쳤다.

프로이트의 성에 대한 기본적인 태도

- 성이 모든 인간 행동의 기본적인 동기이다.
- 성문제 때문에 인간의 신경증적 증상이 발생한다.
- 불안의 근저에는 성에 관련된 문제를 적절하게 대처하지 못하는 데 있다.
- 성적인 욕구는 어린아이 시절에서부터 시작한다.

그리고 프로이트의 사상은 행동주의와 달리 인간의 심층적인 의식의 세계를 중요시하고 있다. 그는 인간의 부적응 행동은 의식의 작용이 아니라 무의식의 충동으로 보았다.

프로이트의 사상

첫째, 유소년기의 경험이 성격을 형성한다. 둘째, 인간 행동의 원인은 무의식의 표출이다. 그의 사상은 무의식을 모든 표출 행동의 원동력으로 보기 때문에 개인의 자유의지가 무시된다. 셋째, 인간은 원욕(id), 자아(ego), 초자아(superego)의 영역으로 이루어져 있다.

그는 원욕이란 유전적인 본능의 지배를 받으며 쾌락의 추구를 중요한 목표로 본다. 또한 무의식이 지배하는 세계이다. 자아는 의식과 무의식으로 구성되어 있다. 주로 개인의 경험을 통해 형성된다. 외부 현실과 쾌락을 추구하는 원욕 간의 갈등을 조정하며 만족을 얻는다. 초자아는 현실적 자아로부터 발달되며 의식과 무의식으로 구성되어 있으며, 어린 시절 부모나 주위의 사람들로부터 영향을 받는다. 그리고 초자아는 사회적 가치나 도덕 등에 내면화된 것이다. 초자아 역시 원욕과 갈등을 겪는다. 자아 기능이 약해져서 갈등의 조정 기능이 충분히 수행하지 못하게 되면 장애현상이 나타난다.

프로이트의 사상을 흔히 빙산에 비유한다. 그는 인간의 성격을 의식과 무의식으로 구분하는데, 무의식은 전의식과 무의식으로 구분한다. 전의식은 '묶여 있는' 상태로 의식에 접근할 수 있지만, 무의식은 전혀 의식할 수 없는 영역이다. 그는 의식이 3분의 1이고 무의식이 3분의 2로 되어 있으며 무의식이 의식의 행동에 영향을 미친다고 주장하였다. 따라서 그는 무의식 세계에 관심을 많이 두었다.

넷째, 인간의 기본심리의 에너지를 리비도로 보았다. 리비도(libido)는 사람이 내재적으로 갖고 있는 성욕, 또는 성적 충동을 가리킨다. 이는 성기와 성적인 접촉을 바라는 욕망과는 다른 넓은 개념을 뜻하며, 리비도가 사춘기에 갑자기 나타나는 것이 아니라 태어나면서부터 발달하며 개인의 쾌락 추구에 따라 각기 다른 모습을 지닌다.

프로이트의 성적 발달의 다섯 단계

1. 구순기(출생~18개월) : 이 시기는 빠는 행동을 통한 쾌감의 시기로, 충족이 좌절되거나 반대로 과도하게 충족될 때에 과식, 과음, 과흡연, 의존, 분노 등의 구순도착증의 현상이 생긴다.

2. 항문기(18개월~3세 반) : 이때는 배설을 통한 쾌감의 시기로, 대소변을 엄격하게 훈련하거나 느슨하게 훈련을 할 경우에 항문 폭발적 성격과 항문 강박적 성격이 형성된다. 항문 폭발적 성격은 정돈되지 않고 지저분하고 낭비벽이 심하고, 항문 강박적 성격은 고집이 세고 완고하고 검소한 반면에 인색해진다.

3. 남근기(4~5세) : 이 시기는 성기를 통한 리비도 만족과 오이디푸스 콤플렉스(oedipus complex)와 엘렉트라 콤플렉스(electra complex) 현상이 나타난다. 오이디푸스 콤플렉스 현상은 아버지와 동일시하는 남성다운 모습으로 발달하고, 여아는 남근에 대해 선망하게 된다. 이는 아동이 이성의 부모에게 성적인 매력을 갖게 되는 현상이다.

예를 들면, 남아가 자신의 어머니에 대해 성적인 매력과 욕구를 느끼면서 자신의 아버지에 대해서는 양가 감정을 느낀다는 것이다. 그래서 남아는 아버지를 사랑하면서, 미워하기도 하고 두려워한다. 다시 말해 자신의 아버지가 어머니와의 경쟁관계에 있는 아들을 제재하기 위해서 남근을 잘라버릴 것이라는 두려움을 갖게 된다는 것이다. 그리고 여아는 자신이 남근이 없음을 깨닫고 자신이 열등하다고 느끼면서 남근을 갖지 않은 것 때문에 남근을 선망한다는 것이다.

프로이트의 이러한 욕망이나 두려움은 무의식에서 일어나기에 때문에 의식 수준에서는 알 수가 없다. 이러한 배경에서 무의식을 접근하여 분석하는 정신분석학이 창시된 것이다. 그런데 성 문제 연구가들은 이에 동의를 하지 않는다. 특히 여성 학자들은 프로이트의 오이디푸스 콤플렉스는 순전히 남성의 우월성을 강조하는 성차별적인 발상이라고 주장한다. 만일 여성이 남성의 성기를 선망한다면 남성은 여성의 유방을 선망한다고 주장한다.

4. 잠복기(6~12세) : 이 시기는 성적 욕구나 갈등이 억압되는 평온한 시기로 지적 탐색과 주위 환경에 대해 탐색하는 시기이다.

5. 생식기(사춘기 이후) : 이 시기는 이성에 대해 관심이 많고 이 시기를 잘 넘기면 이타적인 원숙한 성격이 형성된다.

프로이트는 일찍이 자신의 일기 혹은 편지와 같은 것들을 처분하였다. 유언에서도 사적인 자료의 공개를 금했다. 정신분석을 창시하고, '본인도 모르는 비밀'을 캐내는 일에 전념했던 그가 자기 자신의 비밀이 누구에게도 알려지지 않기를 바란 것은 정신분석학적으로 볼 때 흥미롭다.

디킨슨

디킨슨(Dickenson, Robert Latou, 1861~1950)은 인간의 성, 결혼과 성, 피임, 여성의 질병 등을 연구한 미국의 산부인과의 권위자이다. 그는 엘리스가 사용한 연구 설문지를 면접법으로 이용하여 1933년에 성의 해부학(*Human Sex Anatomy*)을 출간하였다.

킨제이

1940년대에 제2차 세계대전 이후로 성에 대한 관심과 접근은 새롭게 진행되었다. 그 대표적인 인물이 킨제이(Kinsey, Alfred Charles, 1894~1956)이다. 그는 본래 인디애나대학교의 동물학 교수로, 1938년 이전까지는 인간의 성행동보다 동물의 교합에 대한 연구자로 더 많이 알려져 있었다. 그는 인간의 성관계에 대한 최소한의 믿을 만한 정보가 부족하다는 사실을 알고 1940년대부터 5,300여 명의 남성과 5,940여 명의 여성으로부터 얻은 자료를 분석하여 발표하였다. 이 연구는 그때까지 공공연하게 논의되지 못했던 여러 가지 주제에 대한 정보와 그 정보의 내용이 매우 귀중하다는 업적을 낳았다. 그는 1948년에 남성 성행동(*Sexual Behavior in the Human Male*)이라는 책을 출간하면서 뉴욕타임지에 광고를 부탁했지만 처음에는 거절당하였다. 그 당시 사회에서는 성에 대한 연구를 그렇게 달갑게 여기지 않았기 때문이다. 그러나 후에 광고가 나가자 일반인들은 경악하지 않을 수 없었다.

그는 12,000명을 상대로 한 조사를 발표하였는데, 조사 내용은 350개의 문항이었고, 뉴욕의 남창가도 다니면서 직접 면접을 실시하였다. 그의 조사 결과에 의하면 37%의 남성이 사춘기에 오르가슴을 일으킬 정도로 동성애를 경험했고, 40%의 남성이 외도를 경험했다고 한다. 그리고 62%의 여성이 결혼 중에도 자위행위를 하고, 여성이 성적인 존재라고 발표하여 큰 충격을 주었다. 그때까지 여성은 성욕구가 없는 것으로 알고 있었다. 또 1953년에 여성 성행동(*Sexual Behavior in the Human Female*)이라는 책이 출간되었다. 이로 인해 세상이 시끄러웠는데, 이유는 여성들도 '성적인 존재'라고 언급했기 때문이다.

디킨슨은 킨제이가 성취했던 업적을 최고 기념비적인 성의 연구라고 경탄하였다. 그의 이러한 업적을 기념하기 위해 인디애나대학교에는 킨제이 연구소가 설립되어 있다. 그러나 그는 당시에 종교단체나 여러 사람에게 부정적인 비판과 평가를 받았고, 1956년에 그가 죽을 당시에 비판의 부정적인 반응에 시달렸다. 그러나 그의 업적은 이 분야에 관심이 있는 사람들에게 선구적인 역할을 하였다.

마스터즈, 존슨

킨제이는 성에 대한 연구를 일반인을 상대로 인터뷰 방법을 주로 사용하였다. 그러나 마스터즈와 존슨(Masters William, 1915~, Johnson Virginia, 1925~)은 워싱턴의 과대학의 행동과학자이자 의사였으며, 인간의 복잡한 심리적인 성행동을 이해하기 위해 인간의 신체적인 구조와 기능을 이해해야 한다고 주장하였다.

마스터즈는 뉴욕의 로체스터대학교 의과대학의 학생시절부터 인간의 성기능에 대한 생리학이 너무도 알려지지 않은 분야라는 것을 알고 이를 과학적, 임상적으로 연구할 것을 결심하였다. 그러나 그는 성반응에 대한 연구를 시도하기 이전부터 동료와 선배들로부터 끊임없는 저지를 받았다. 그는 처음에는 산부인과를 선택하여 노화와 호르몬의 문제를 연구하였다. 마스터즈가 실시했던 호르몬의 연구는 명성을 얻어서 워싱턴대학교로부터 후원을 받기에 이르렀다. 그곳에서 1953년부터 실험실을 운영할 허가를 얻었으며 1954년 7월부터 성 연구에 착수하였다. 그리고 거기에서 그는 1957년 존슨을 만나 인간의 성반응을 함께 연구하기 시작하였다.

그들은 1965년까지 남자 312명, 여자 382명으로부터 약 10,000건의 성행동을 관찰했고, 기계적으로 접근하는 성적인 관점을 배제하고 성행동의 과정과 성의 목적에 관해 설명을 하려고 시도하였다. 또한 그들은 인간의 성문제에 관해 성의 치료 관점에서 정보를 얻었다. 그들은 처음에는 인조 남근을 이용해 매춘부들을 상대로 연구했지만 그들이 성적인 흥분을 느끼지 못했기 때문에 다른 대상자들을 찾다가 결국 18세에서 89세까지의 매춘부가 아닌 수백 명의 실험대상자들을 상대로 성반응 시의 호흡반응, 심장박동, 신체의 변화, 피부반사 등을 측정하여 분석하였다. 그들은 결국 11년간의 연구 끝에 1966년에 인간 성반응(*Human Sexual Response*)이라는 책을 출간하였다.

그런데 이러한 그들의 성 연구는 기계론적이어서 사랑과 정신적인 기능에 대해 아무런 언급이 없었다. 이로 인해 신학자들을 비롯한 다른 과학자들로부터 비난을 받는 결과를 초래하였다. 그러나 마스터즈와 존슨은 객관적이고 과학적이며 임상적인 연구를 시도했다고 대응하였다. 그들의 저서는 1980년대 초까지만 해도 30만부 이상이나 팔렸고, 1970년에 여러 가지 성적인 부적응의 치료에 관한 문제를 다룬 성적 부적응(*Human Sexual Inadequacy*)을 출판하기도 하였다.

하이트

하이트(Hite, Shere, 1942~)는 1942년 11월 2일 미국에서 태어났지만 독일 사람이 되기 위해 1995년에 미국 시민권을 포기하였다. 그는 심리학자로 최근에는 10대에서 90대까지의 사람들을 대상으로 성에 대해 여러 가지 질문을 하면서 거기에 대한 심리학적인 답변을 얻으려고 노력하였다. 하이트는 1976년에 3,019명의 여성들로부터 받은 답변을 바탕으로 '여성의 전성에 대한 보고서'를 발표하였다.

그리고 7,239명의 남성으로부터 얻은 자료에서 1981년에 '남성의 전성에 대한 보고서'를 발표하였다. 그녀의 보고서들은 전성의 여러 가지 분야에 걸쳐 개인이 논쟁과 토의, 그리고 이야기들을 수록했는데, 이 글이 발표된 당시 상당한 논란이 일어났었다. 일부는 그녀의 연구 보고서를 쓰레기에 불과한 것이라고 했으며, 일부는 훌륭한 연구라고 극찬하였다. 이를 계기로 근래에는 전성에 대한 개인의 태도, 사고, 신념 등 심리학적인 면이 연구의 대상이 되고 있다.

최근의 성 연구에 관한 경향

1960년대에는 사회적인 분위기가 성에 대한 개방이라기보다는 성에 대한 해방의 시기이기 때문에 성문제에 관해서 비교적 자유롭게 연구를 실시하였다. 인간의 성행동을 직접 관찰하기도 했으며 성에 대한 신체적, 심리적인 반응, 성관계 시의 혈압, 호흡의 형태, 신체 내의 혈액 순환 등의 구체적인 사항에 관해 연구하였다. 그리고 성기능장애에 대한 치료, 성기능장애의 종류, 진단, 구체적인 치료기술이 많이 제시되었다. 그뿐만 아니라 남녀의 성에 대한 역할에 관해서도 연구가 활발하게 진행되었다.

그리고 성기능장애 치료에 대한 많은 연구들이 실시되었다. 성기능장애의 종류, 진단, 구체적인 치료기술이 많이 제시되었을 뿐만 아니라 남녀의 성에 대한 역할에 관해서도 연구가 활발하게 진행되었다. 그뿐만 아니라 가장 연구하기 어려운 분야가 어린 아동기의 성발달에 관한 것인데, 아동의 성에 대한 발달과 성행동에 관한 연구와 노인들의 성행동에 관한 연구도 활발히 진행되어서 지금까지 등한시되었던 노인들의 성생활에 대해서도 새로운 사실이 밝혀지기 시작하였다.

우리나라는 성 연구에 대한 연구가 잘 이루어지지 않고 있다. 그 이유는 성에 대한 자신의 행동을 밝히기를 거부하는 경향이 강하고, 성에 대한 개념이 성기 중심에 치우쳐 있으며, 성문제를 다루는 의사들이나 비뇨기과 의사들이 성행동에 대한 심리적인 반응과 행동에 대한 인식이 부족하기 때문이다. 그럼에도 불구하고 최근에 와서 성에 대한 연구가 활발하게 진행되고 있고 논문들이 많이 나오고 있다.

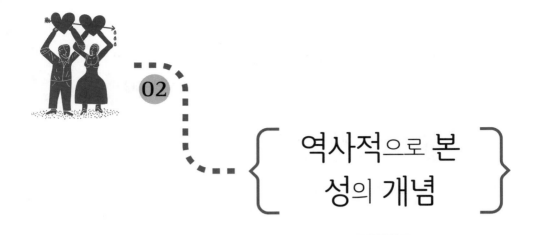

{ 역사적으로 본
성의 개념 }

고대사회의 성의 개념

이집트

이집트에서 최고의 신은 하늘과 나일강이었다. 하늘신은 태양(Ra & Re)이었으며, 그 기능은 대모(Great Mother)인 지구를 풍요롭게 하는 것이었다. 숭배의 대상은 생명의 근원뿐만 아니라 다양한 것을 숭배했는데 특히 염소와 황소를 숭배하였다. 이것들은 성적인 힘의 상징이었다(Cole, 1959; 우남식, 1999).

일반인들이 가진 종교의 큰 신은 오리시스(Orisis)였다. 이 신은 황소와 숫양 안에 거하는 것으로 큰 성기를 가진 것으로 묘사되었다. 세 개의 남근을 가진 황소로서의 오리시스의 형상은 종교적 행렬에 여자들에 의해 운반되었다. 그리고 많은 신전의 부조들이 큰 성기와 발기한 모습으로 그려져 있다. 이집트의 손을 모은 크록수 안사타(Crux Ansata)는 성적 연합과 정력의 상징이었다. 일반인에게 인기를 얻은 여신은 이시스(Isis)로서, 이는 신의 어머니로 상징되었고 경건과 애정의 상징으로 숭배되었다. 그녀를 위한 특별한 제전의식은 태양이 다시 태어난다는 매년 늦은 12월에 벌어졌는데, 여기에서 신전의 창기가 생기게 되었다(Cole, 1959; 우남식, 1999).

그리고 이집트는 여가부장적이었으며 남편은 결혼식에서 그의 아내에게 충성을 서약했고, 여자는 그의 재산을 소유했으며, 그녀의 선택대로 유산이 남겨졌으며 여자의 계보를 통해 물려졌다. 이집트의 결혼은 근친결혼이었다. 파라오는 그의 누이들과 결혼했는데, 이는 왕족의 피의 순수성을 보존하고자 함이었다. 부유한 계급층들의 여자들 또한 남동생, 오빠와 결혼하는 등 근친결혼을 하였다. 왜냐하면 유산은 어머니로부터 딸들에게로 상속되기 때문이었다(Cole, 1959; 우남식, 1999).

바빌론과 아시리아

바빌론에서의 왕은 신적 존재의 대리인이었으며 사제 권력은 군주보다 컸다. 초기의 태양신 말둑(Marduk)과 함께 최고의 신인 벨 말둑(Bel-Marduk) 신을 섬겼다. 이 남성 신 옆에 풍요와 창조의 여신 이스타르(Ishtar)가 앉아 있었으며, 사랑과 전쟁, 모성과 매춘, 남자다움과 여자다움은 모두 그녀의 판단에 달려 있었다. 그녀는 콧수염을 기른 양성으로, 때로는 유혹적인 가슴을 지닌 알몸의 여성으로 묘사되었다.

예비결혼이 허용되었고, 정식결혼은 부모가 준비하였고, 선물 교환이 특징이었다. 신부의 지참금은 가정 형편에 따라 달랐고 함무라비 법전에서 간통한 아내는 익사시키도록 하였다. 남자는 신부가 가져온 지참금을 다시 돌려줌으로써 아내와 이혼할 수가 있었으나 아내에게는 법률상 이혼할 권한이 없었다. 기원전 6세기 이후 여자들의 방종이 두드러졌으며 도시는 성적 유희로 가득 찼고, 가난한 자들은 돈을 벌기 위해 딸을 창녀로 만들기도 했다(Cole, 1959; 우남식, 1999).

그리고 아시리아에서 여자의 정조는 철저하게 수호되었으며 그들의 자유는 제한되어 있었다. 국가에서 지원받는 창녀는 보호되었고, 남자들은 능력만큼의 첩을 두는 것이 허용되었다. 아내들은 베일 없이 공공장소에 갈 수 없었고, 왕의 하렘(후궁)은 밖으로 나가는 것이 금지되었다. 유산은 전투력을 위해 금지되었고 그런 시도를 할 경우에 말뚝에 박혀 죽이는 엄한 죄로 다스렸다(Cole, 1959; 우남식, 1999).

가나안의 주신은 남신인 바알(Baal)과 여신인 아세라(Asherah)와 아스다롯(Astartes)이 있었다. 아세라와 아스다롯은 성과 풍요의 상징이었다. 그들은 바알과 아세라의 결합을 통해 세상이 창조된 것으로 생각하였고, 특히 세상의 모든 생명체와 환경의 생산력을 책임지는 것으로 여겼다. 그들은 남신인 바알을 섬기는 사람들이 있었는가 하면 여신인 아세라를 섬기는 사람들도 있었다. 그들은 곡물을 수확하는 축제 때 모여서 환각제나 독주를 마시며 신들과 성적 결합을 흉내 내며 성관계를 하곤 하였다. 가나안의 신에 대한 숭배는 성적 방종에 빠지게 했다(Cole, 1959; 우남식, 1999).

그리스

그리스에서의 여성은 종교의식의 제사장일 뿐만 아니라 국가와 가정의 지배자였고, 성에 대해 비교적 자유로운 태도를 유지하였다. 동성애와 양성애가 행해졌을 정도로 그리스는 양성애의 기원이었다(Cole, 1959; 우남식, 1999). 그러나 동성애만을 전적으로 행하는 남자는 기피의 대상이었고, 미성년자와의 동성애는 법적으로 금했다(Tannahill, 1980).

그리스인의 남성과 여성은 누구를 막론하고 매력적인 신을 찾았다. 아테네의 성인은 상당한 숫자가 매음을 하였다. 솔론(Solon)의 법전에 보면 동성애는 자유 시민에게만 한정되어야 함을 주장했으며, 소년과의 항문 성관계는 범죄로 규정하였다. 노예와의 동성애는 상류계층의 품위를 손상시키는 것으로 여겼으며, 동성애에 관심이 없는 시민청년은 시민계급의 탐욕으로부터 자신들을 보호해 줄 것을 요구하였다. 그러나 돈은 동성애 방지노력을 무력화시켰다. 왜냐하면 동성애는 재정적으로 압박받는 소년의 가족에게 도움이 되었기 때문이다. 그리스의 동성애는 주로 남성에게 행해졌으며 여성 간의 동성애를 레즈비어니즘(lesbianism), 혹은 트리바디즘(tribadism)이라 했다(Cole, 1959; 우남식, 1999).

대체로 그리스의 문화는 가족을 중요시했고, 여자는 이등 시민으로 간주되었으며, 여성의 위치는 아이를 낳는 것에 불과했다(Tannahill, 1980). 그리고 모든 본토 여성들은 일생에 한 번은 비너스 신전에서 이방인들과 성관계를 해야 하였다. 일단 성관계를 한 후에는 여신에 대한 의무에서 벗어났다(Cole, 1959; 우남식, 1999).

로마

로마인은 섹스(sex)란 단어를 만들어낸 민족이다. 즉, 섹서스(*Sexus*)는 라틴 문헌에서 절단 또는 분리를 의미하는 동사 세케어(*secare*)에서 유래하는 남성과 여성 사이의 차이를 의미한다. 로마인은 그리스인과 달리 모든 성적인 변태를 혐오했으나 그리스에서 성행했던 동성애를 범죄로 여기지 않았다. 강간은 범죄로 여겼고, 강간을 했을 경우에는 누구를 막론하고 파멸을 당하였다.

여자는 출산을 하지 않는 것이 유행이었고, 피임, 성교 중지와 인공임신중절, 심지어는 유아를 살해하기도 하였다. 그리고 아이가 없는 남성들은 성적 만족을 채우기 위해 창기 또는 다른 아내와 불륜을 자행하였다. 이는 로마의 베수비오의 폼페이의 폐허 속에서 그 흔적을 찾을 수 있다.

창기는 직업을 표시하는 옷을 착용했고, 남창(male prostitution)도 널리 퍼져 있었다. 결혼은 대부분 중매에 의해 이루어졌으며 나체주의, 동성애, 매춘, 축첩, 외설문학이 오늘날보다 더 성행했고 황제들도 동성애를 즐겼다는 기록이 있다.

유대

유대의 성 개념은 이집트, 바빌론, 아시리아, 가나안, 그리스, 그리고 로마인들에 비해 엄격하였다. 유대교의 십계명은 결혼한 성인이 다른 여자와 성관계를 갖는 것을 금하였다. 유대교는 성을 자녀의 생산을 위한 것으로 규정하고 자녀 생산과 관계없는 동성애는 처벌의 대상으로 규정했다(레 18:22). 그러나 성경의 아가서를 보면 성을 부부 사이에 즐거움으로 묘사하였다.

특히 여인들은 율법에 의해 엄격하게 보호되었다(신 22:23-27). 혼전 성관계의 여인은 돌로 쳐 죽임을 당했으며(신 22:13-21), 성적 순결을 신앙적 순결만큼이나 중요시했다(레 21:9). 그리고 결혼한 남자는 병역이 면제될 정도로 결혼을 중요하게 여겼다(신 24:5).

매춘은 우상숭배로 여겼고(신 23:17-18), 젊은이에게 기생의 농간을 경고하였다(잠 7:10-27). 그리고 이혼을 금하였다(신 24:1-4). 이혼은 신약성경에서도 금하고 있다(마 19:1-9). 처음으로 동성애가 언급되는 것은 소돔과 고모라에서이다(창 19:4-9). 소돔은 그 이름을 따서 소도마이트(sodomites)라는 단어를 남겼다. 성경에서의 동성애는 이교도의 우상숭배와 동일시하여 엄격히 금했다(신 22:5, 레 20:13).

자위행위는 오난(Onan)에서 찾을 수 있다(창 38:1-11). 유다의 장자 엘이 다말과 결혼했지만 일찍 죽었다. 구약성경에 보면 장형이 결혼하고 후사가 없이 죽으면 동생이 형수와 결혼하여 후사를 얻도록 되어 있다(신 25:5). 엘의 동생 오난은 마땅히 다말과 동침하여 자식을 낳고 죽은 형을 대신해 자녀를 양육해야만 했지만 오난은 이런 의무를 행하지 않고 바닥에다 사정을 하였다. 이것이 자위행위인지 아니면 질외 사정인지 명확하게 다루지 않고 있다. 영어의 오나니즘(Onanism)이란 피임을 목적으로 하는 성교 중절을 의미한다.

강간은 디나의 사건에서 찾아볼 수 있다(창 34:6-7). 강간한 추장의 아들은 디나의 오라비들에 의해 죽임을 당하였다. 다말을 강간한 암논은 다말의 오라비 압살롬에 의해 살해되었다(삼하 13:32). 약혼한 처녀를 강간한 자는 죽음을 언명했다(신 22:25-27). 그러나 약혼하지 않은 처녀를 범하면 결혼하여 일생 동안 책임져야 했고(신 22:28-29), 성내에서 약혼한 처녀가 강간당했을 경우 모두 간통한 것으로 죽음의 형벌을 받아야 했다(신 22:23-24).

근친상간과 수간을 금했다(출 22:19; 레 18:23, 20:15). 고대 중동 지방의 경제 활동 기반은 유목생활이었다. 그렇기 때문에 그들 주위에는 언제나 양과 염소 그리고 소의 무리가 있었다. 그들은 가족을 떠나 양떼를 이끌고 먼 지방에서 오랫동안 생활했기 때문에 동물은 성적 욕구를 해소하는 도구로 사용되었다. 각종 성병은 수간에서 나왔다는 설이 있다.

유대인들은 우상숭배를 성적 방종의 원인으로 보았다. 그래서 구약성경에서는 이를 금했고, 요시야와 히스기야 왕은 종교개혁을 할 때에 제일 먼저 바알과 아세라 등의 우상을 파괴했다(열왕기하 18:4, 23:4-21). 우상을 타파하는 것은 그들의 성적 타락과 방종에 대한 하나님의 심판으로 보았다.

이상에서 볼 때 고대사회에서의 성 개념은 우상숭배와 연계되어 있었다. 우상숭배는 곧 음란한 성관계, 양성애, 동성애, 강간, 수음, 수간, 매춘, 근친상간 등으로 연계되어 있었다. 그들은 성윤리의 개념이 없었다. 반면에 유대에는 구약성경이라는 성윤리의 지침이 있었다. 구약성경은 혼전성교, 매춘, 강간, 이혼, 동성애, 간통, 근친상간, 수간 등을 금하였다. 이로 인해 가정과 사회 공동체가 보호되었다. 성경이 말하는 성윤리란 개인윤리뿐만 아니라 사회윤리, 책임윤리를 포함한다(Clinton, 이희숙 역, 1995).

중세사회의 성의 개념

유대교에서는 신체적, 영적인 사랑을 구별하지 않는 전통인 데 반해, 기독교는 영적인 사랑(agape)과 육체적인 사랑(eros)을 구분하였다. 그리스에서는 약 기원전 325년경에 순수한 영적인 사랑을 강조한 나머지 육체적인 사랑을 부정하는 전통이 있었다. 이 사상이 영지주의이다. 이 사상은 육은 악하고 영은 거룩하다는 사상이다. 이 사상의 영향을 받아 영적인 사랑은 고결하고 육적인 사랑은 추한 것으로 여겨 성을 죄악시하는 경향이 있었다. Masters, Johnson, Kolodny(1982)는 신약에서 바울이 이러한 전통을 받아들여 결혼을 하지 않는 편이 더 낫다는 주장을 폈다고 하였다.

결혼한 부부는 음란에 빠지지 말아야 하며(고전 7:5) 일부일처였다(눅 16:18). 매춘은 고려할 가치가 없었다(고전 6:16). 그리고 탐하는 자는 우상숭배자(엡 5:5)로 음란하고 더러운 사람을 의미하였다. 구약성경에서 간음을 우상숭배로 여겼다면 신약성경은 간음과 창기와의 성관계는 곧 우상숭배로 여겼다. 매춘은 간음으로 여겼다. 이는 가족 혈통의 순수성을 지키고자 함이었다. 그들은 사회나 국가를 통해 축복이 계승되지 않고 자녀들을 통해 계승되는 것으로 보았다(레 20:10).

또 남편 이외의 성적 욕구는 간음과 음행으로 경고했다(히 13:4). 이는 마음에서 나오는 것이 사람을 더럽히기 때문이다(마 15:19). 그뿐만 아니라 마음으로 음욕을 품는 자마다 이미 간음으로 여길 만큼 음행을 경고하였다(마 5:28). 더 나아가 창기는 물론이고(고전 6:15), 음행한 자와는 사귀지도 말라고 하였다(고전 5:9-15). 동성애는 우상숭배로 여겼다(롬 1:21-27).

4세기경에는 기독교 내에서도 성에 대해 지나치게 규제하지 않는 태도를 보였으나, 아우구스티누스 이후부터 성에 대해 엄격한 입장을 취하였다. 이로 인해 성에 대한 부정적인 태도가 마치 기독교의 전통인 것으로 여겨지게 되었다. 아우구스티누스는 결혼 전의 성관계를 저주하는 태도를 보였다. 그는 인류가 에덴동산에서 타락한 이후에 성적인 타락이 인류에게 전해졌고, 이러한 성적 타락이 유전을 통해 인간에게 전해진 것으로 보았다. 이러한 전통으로 인해 기독교는 전통적으로 성에 대해 부정적인 태도를 취했다.

12~13세기의 기독교에서는 성은 종족 번식을 위해서만 필요하다고 강조하였다.

그러면서도 한편으로는 기독교의 성직자들이 성에 대해 이중적인 태도를 취하여 성을 즐겼다. 그러나 상류사회에서는 성에 대해 육체와 영혼을 철저히 구분하였다. 예를 들어 부부와 자면서도 성관계를 맺지 않는 것을 진정한 사랑으로 보았다. 그러다가 종교개혁과 문예부흥을 거치면서 성에 대한 태도가 점차 변화되었다. 루터나 캘빈은 성에 대해 중세에 비해 개방적인 태도를 지녔다. 이로 인해 성병이 만연해졌다. 역사적으로 성에 대한 개방과 성병의 빈도는 상관관계가 있다(대한보건연구, 2014).

근대사회의 성의 개념

19세기의 영국은 빅토리아 여왕이 통치하던 시대로 성의 억압이 가장 심했던 시기이다. 남성에게는 성적인 욕구를 억제하고, 여성은 성적인 욕구를 가져서는 안 된다고 보았다. 성은 단지 자녀를 두기 위한 수단으로 보았고 부부라도 가능하면 성관계의 기회를 줄이도록 강요했으며 임신의 목적 이외의 성관계는 죄로 여겼다. 남자의 자위행위는 정액을 남용하는 것으로 용납하지 않았다. 남녀 간의 구별이 확실하여 심지어 남성과 여성의 책을 같이 진열하지 못하게 하였다. 남성은 성에 관련된 감정 표현을 억제하도록 했고, 여성은 수동적인 자세를 갖도록 하였다. 사회윤리만 그런 것이 아니라 과학과 의학계도 성의 억압에 동참했다(신승철, 1996). 이런 시대에도 창녀들이 성행하였다. 이처럼 남녀 간의 성 개념이 이중적이었다.

　이러한 시기에 정신분석학이 도입되어 이런 기반이 흔들리게 되었다. 정신분석에서는 성이 인간의 본능이고, 성을 잘못 다룸으로 인해 신경증 문제가 발생한다는 이론을 전개했기 때문이었다.

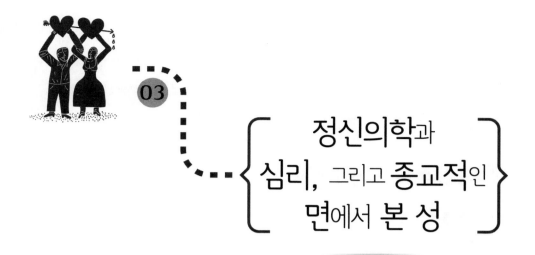

정신의학과 심리, 그리고 종교적인 면에서 본 성

정신의학적인 면에서 본 성

정신의학에서는 성을 인간의 성 체계, 즉 생물학과 환경 및 심리적 측면으로 나누어 설명한다. 생물학적 측면은 염색체 호르몬, 1차 성징 및 2차 성징으로 요약될 수 있다. 환경 및 심리적 측면은 성적 주체성의 핵을 말한다. 이것은 남성 또는 여성으로 간직해야 할 내적 확신을 말하며 2~3세에 확실해진다. 이 성적 주체성의 핵은 사회생활에 중대한 영향력을 끼친다. 성적 주체성의 핵의 상실은 곧 성기능장애의 원인이 된다고 본다(이정균, 1995).

정신의학에서 성관계는 전희(foreplay), 체위(sexual position), 극치(orgasm), 성욕(sex drive)으로 구분한다. 남자의 성욕은 20대에 긴박하며, 여자는 30대 후반과 40대 초반에 절정에 달한다(이정균, 1995). 그리고 기타 성행동으로 자위(masturbation), 몽정(nocturnal orgasm), 애무(heterosexual patting) 등이 있다.

자위행위가 이상이냐, 정상이냐, 그리고 의학적으로 해로운가에 대해서는 많은 논란이 있지만 킨제이 보고서를 보면 일생을 통해 남자는 90%, 여자는 62%가 자위행위를 경험한다. 이를 볼 때 자위행위 그 자체는 문제가 될 수 없다. 문제는 이로 인한 죄책감과 수치심이다. 그러나 소아의 자위행위와 집단적, 구강과 항문을 통한 자위행위 등은 변태(sexual disorder)이다.

심리와 심리발달 면에서 본 성

심리적 면에서 본 성

심리적 면에서의 성은 인간의 총체적인 인격적 차원으로 이해한다. 성은 단순히 생물학적 생식 능력만 의미하는 것이 아니라 감성적 차원의 기능과 사회적 차원의 기능도 포함한다. 따라서 심리적 면에서 볼 때 성은 생물학과 사회적인 기능에 의해 영향을 받는다(Kaplan, 1989).

생물학적으로 남자는 더 튼튼한 체구를 가지고 있으나, 여자의 체질은 부드럽고 골반과 가슴이 더 발달한다. 또 심리적 특성과 정신적 경향도 각기 다르다. 남자는 행동적이고 외향적이고 공격적인 반면에 여자는 수용적이고 보호적이며 인내심이 강하다. 남자는 관찰력과 성취욕이 강한 반면에 여자는 인격체에 관심을 가지며 감성적이며 내적인 것에 사랑을 느끼며 움직인다. 이런 현상들은 단지 생물학적인 요인에 의해 야기되는 것이 아니라, 생물학적으로 부여받은 환경 요인에 의해 변화될 수 있다.

다시 말해 인간의 성은 생물학적 기능의 차원과 사회적 기능의 차원을 동시에 갖고 있다고 볼 수 있다. 생물학적 기능의 차원에만 머문다면 인간은 단지 동물과 다를 바 없다. 반면에 사회적 기능만을 강조하면 성윤리를 정립할 수 없다. 왜냐하면 성은 생물학적인 종족보존의 본능이라는 일면도 있기 때문이다.

심리발달 면에서 본 성

프로이트는 사춘기 이전의 어린이에게도 유아성욕(infantile sexuality)이 있음을 강조하였다. 유아성욕은 사춘기 이후의 성기성욕(genital sexuality)이 아니라 성적 본능(sexual instinct)을 말한다. 다시 말해 성의 심적 원동력인 리비도를 뜻한다. 그는 성애부위(erogenous zones)에 따라 구강기, 항문기, 남근기, 잠복기, 생식기로 발달

한다고 하였다. 이때 어느 시기에 행동이 강하게 고착되느냐에 따라 이후의 성격형성에 지대한 영향을 준다고 보았다(정인석, 1980).

반면에 허록(Hurlock, 1949)은 성의식의 발달 단계를 다섯 단계로 나누었다.

1. 초기 성적 단계(출생~5세) : 유아기로서 자기애의 단계이다. 이 시기는 자기 자신 이외에는 애정을 표시하지 않는다. 얼마 후에 자기 이외의 사람에게 애정을 표시하는데 자기를 둘러싼 사람을 대상으로 한정한다. 그리고 처음에는 연장자를 대상으로 놀다가 4~5세에 이르면 또래 아이들과 남녀 구분 없이 성인과 이성의 구분 없이 애정 표현을 받더라도 놀라지 않는 시기이다.

2. 성적 대항 시기(6~12세) : 초등학교에 입학하고 중학생이 되면 이성과 어울리는 것을 꺼리지만 이 자체가 이성을 의식하는 첫 단계이다. 이 시기는 이성을 회피하기도 하고 이성에게 상처를 주기도 한다. 이는 생리적인 현상이라기보다는 사회적인 원인 때문이다. 또한 성적 정체성을 찾아가는 현상이기도 하다.

3. 성적 혐오 시기(12~13세) : 사춘기가 되면 이성으로부터 단기간 멀어지려 한다. 이런 경향은 소년보다 소녀에게 두드러지게 나타나는데 이는 생리적 원인에서 온다.

   성적 혐오는 첫째, 사춘기의 생리적 변화가 신체에 일어날 때, 성에 대해서 잘 알지 못하기 때문에 성에 대한 불안과 수치심, 그리고 혐오가 생기기 때문에 여자는 남자를 혐오하거나 냉담해짐과 동시에 거친 태도를 취하게 된다. 둘째, 성에 대한 피해 경험이다. 성적 변화를 겪게 되면서 주위 사람들로부터 놀림을 받음으로써 생기는 수치심이나 공포심으로 인해 생길 수 있다. 셋째, 성에 관한 가정과 사회로부터의 잘못된 교육 때문일 수 있다.

4. 성적 애착 시기(13~15세) : 사춘기로서 동성에 대한 강한 애착을 느끼거나 자기보다 나이 많은 이성에게 애착을 느끼는 시기이다. 이 시기에 연장자에 대해 애착을 느끼는 것은 이성의 혐오 뒤에 숨어 있는 이성에 대한 호기심의 감정 표현이라고 할 수 있다.

   이때 동경의 대상이 동성일 경우에는 심취라고 하고, 이성일 경우에는 영웅숭배라고 한다. 심취는 육체적인 접촉보다 정신적인 공명의 희열감이 중심이 되며 동성애의 심리가 작용한다. 이런 현상은 동성애가 아니라 정상적인 현상이다. 이 시기가 길어지면 이성에 대해 지나치게 비판적이며 건전한 이성관계를 맺을 수 없게 된다.

5. 이성애 시기(15~19세) : 고등학교의 시기로 동년배의 이성에 관심을 갖게 되는 시기이다. 이 시기는 일대일의 교제보다는 이성을 포함한 또래끼리의 젊은이다운 놀이를 하는 일에 더 큰 희열을 맛본다. 이 시기에 3단계의 사랑이 나타난다.

첫 번째 단계는 송아지 사랑 시기이다. 이 시기는 15~16세로 이성에 대해 접촉할 용기가 나지 않기 때문에 연장의 이성에 대해 애착을 갖는 시기로, 외형적이고 일시적인 현상으로 연예인, 스포츠맨, 교사에게 애정을 갖게 되고, 여학생의 경우에는 기혼자일 경우가 많다.

두 번째 단계는 강아지 사랑 시기이다. 이 시기는 여학생보다는 남학생이 약간 빨리 나타난다. 남녀가 서로 이성의 주의를 끌기 위해 동성의 친구의 비판에도 불구하고 자기가 좋아하는 이성에 근접하려는 용기를 엿보인다. 그런데 이 시기는 서로 간에 이상주의적이고 자아의식이 과잉되어 있기 때문에 충돌도 많고 상대자를 쉽게 바꾸는 현상도 나타난다.

세 번째 단계는 낭만적 사랑 시기이다. 이 시기는 한 사람의 이성으로 집중하여 다른 이성에 대한 관심이 크게 줄어든다. 상대방과 함께하기를 원하며 그 밖의 대중과의 사회활동을 피하려고 한다. 그뿐만 아니라 결혼을 전제로 한 이성교제도 눈에 띄게 활발해지고 결혼을 상상하는 정도는 남자보다 여자에게 높다. 이때는 자기중심적인 무례한 언행을 삼가며, 상대자를 완전무결한 이성이라고 생각하지 않으면서도 서로 사랑할 수 있을 정도로 성숙되어 간다. 이때 약혼관계로까지 진전될 수 있다.

이처럼 허록의 견해와 같이 초기 성적인 단계로부터 이성애에 대한 시기에 이르기까지 이성에 대한 태도가 여러 과정을 거치면서 발달해 가는 것을 볼 수 있다.

종교적인 면에서 본 성

기독교

일반윤리학의 기초가 되는 고대 그리스 윤리학의 중요한 질문은 "어떻게 사는 것이 가치 있는 삶인가? 만일 내가 만족하며 행복한 삶을 원한다면 과연 나는 어떤 종류의 사람이 되어야 하는가?"이다. 이는 철학적이고 인간 중심, 즉 개인 중심의 윤리이다.

그러나 기독교 윤리학의 중요한 질문은 하나님의 자녀로서 그리고 예수를 따르는 제자로서 "나는 과연 어떤 사람인가? 그리스도인으로서 나는 어떤 가치 있는 삶을 살아야 하는가?" 등이다(김영일, 1998). 윤리학에서 인간과 인간, 인간과 자연의 관계를 다룬다면 기독교 윤리학에서는 인간과 하나님과의 관계를 다룬다. 하나님과 인간과의 관계를 수직적인 관계로, 이웃과 자연과의 관계를 수평적인 관계로 본다. 하나님과 인간과의 관계를 일차적인 관계, 혹은 일차적인 윤리라면 이웃과 자연과의 관계를 이차적인 관계 혹은 이차적인 윤리라고 표현할 수 있다. 즉, 하나님과 인간과의 관계를 토대로 하여 도덕적 삶을 찾는 것이 기독교 윤리의 특징이다(나학진, 1983). 기독교 성윤리의 토대는 성경이다. 기독교의 성에 대한 입장은 다음과 같다.

- 인간은 성을 가진 존재이다(창 1:27). 인간의 성은 하나님이 섭리하고 정한 창조의 일부로 죽을 때까지 변하지 않는 것으로 본다. 인간은 각기 남자와 여자로 동등하게 지어졌고, 출산이나 기타 모든 삶의 영역에서 동등하다(박원기, 1996).
- 다른 성을 지배나 통제해서는 안 된다. 성을 지배하고 통제하려는 욕망은 상호 평등한 관계를 왜곡시키고 분열시키는 것으로 본다(Joan and Hunt, R., 1982). 기독교 윤리는 성 자체가 악하기보다는 이기적인 욕망에서 비롯되는 것으로 본다(롬 8:1-17).
- 성은 본질적으로 선하다. 그리스의 영지주의에서는 "육체는 악의 근원이며 죄악의 통로다."라고 하였다. 그러나 성경은 인간의 육체를 포함한 모든 물질세계를 선하다고 본다(창 1:10, 12, 18, 25, 31). 따라서 성도 본질적으로 선하다고 본다.

피터슨(Peterson, 1981)은 "성은 하나님께서 가지고 계신 좋은 것들 중에서 가장 좋은 것이다."라고 하였다. 그리고 헨리(Henry, 1957)는 "성이란 하나님께서 주신 선물 중의 하나이기 때문에 순결하게 누려야 한다."고 하였다. 그리고 맹용길(1983)은 성은 하나님의 뜻을 이루는 수단이 되어야지 그 자체가 목적이 될 수 없다고 하였다. 그 이유는 하나님께서 성을 지으셨기 때문이라고 하였다.

- **성은 출산과 쾌락을 포함한다.** Grand David와 Garland David(1986)는 성을 출산과 쾌락을 모두 포함한다고 하였다. 전통적으로 성은 출산을 강조하지만 성경에는 성의 즐거움을 긍정한다(잠 30:18-19). 성은 후손을 낳기 위한 것만이 아니라 즐거움과 긴장을 풀어주는 기능도 있다고 본다(Nelson, J., 1978).

- **성은 선과 동시에 악으로도 사용될 수도 있다.** 다윗과 밧세바의 이야기에서 인간의 탐욕과 간음, 살인으로 가득 찬 극단적인 모습을 보여준다(삼하 11-12장). 이는 성 자체가 악해서라기보다는 그것을 사용하는 다윗의 도덕적 결함 때문이다.

- **성애는 용서가 가능하다.** 다윗은 나단의 책망을 듣고 자신의 잘못을 회개하여 하나님으로부터 용서를 받았다. 그리고 현장에서 간음하다 잡힌 한 여인이 예수로부터 용서를 받는 장면이 나온다(요 8:1-11). 기독교의 성윤리는 성을 그릇되게 사용할지라도 용서받을 수 있다고 본다. 이혼에 관해서도 "무엇이 합법적인가"에 비추어 판단하지 말고 "무엇이 최선인가"를 생각해야 한다고 본다(박원기, 1996).

이슬람교

이슬람교는 결혼을 통한 성생활을 중요하게 여긴다. 그래서 혼전 성관계를 엄격하게 금하고 있다. 그리고 가족을 중요하게 여기기 때문에 독신을 금한다. 남녀가 평등하지 않기 때문에 남자는 4명까지의 아내를 둘 수 있지만 여성에게는 한 남편만 허용한다.

불교

불교의 결혼관을 보면 전적으로 사적인 일로 간주하고 자유방임적이다. 그래서 불교는 결혼할 것을 강요하거나 독신으로 생활할 것을 강요하지 않는다. 또한 아이를 꼭 낳아야 한다거나 낳은 아이들의 숫자를 제한하는 규정 또한 없다.

승려들에 대해서는 결혼을 하지 않고 독신생활을 하도록 하는 이유는 스스로 세속적인 구속을 벗어나 마음의 평화와 자기의 삶, 그리고 다른 사람들의 해탈을 자유롭게 도와주기 위함이다. 그래서 성은 명상과 열반의 경지에 도달하는 데 방해가 되고 수행에 도움이 되지 않기 때문에 스스로 속세를 포기하는 것으로 본다(박원기, 1996). 그렇다고 불교를 수행하려는 모든 사람에게 독신생활을 요구하지는 않는다.

그리고 불교에서는 성력을 낭비하지 않는 것이 정신수행에 도움이 되고, 현대인의 노이로제의 원인은 불규칙하고 무절제한 성생활에서 오는 것으로 보며 독신생활은 정신수행의 역량을 발전시키는 데 중요한 덕목으로 보고 있다.

유교

유교의 성윤리는 유교의 이데올로기와 규범에 의해 규제되었다고 본다(아산사회복지재단, 1997). 유교의 성윤리에서 성관계는 혼인제도의 틀 안에서만 이루어지도록 규제한다. 부계혈통의 유지를 가장 중시하였으며, 족외혼을 준수하여 동성동본의 결혼을 금지했고, 일부일처제를 준수하였다.

이상과 같이 기독교의 성윤리는 성이란 선한 것이며 남녀 차별 없는 동등한 것으로 보았다. 반면에 불교의 성윤리는 억제해야 할 대상으로 보았으며, 유교의 성윤리는 가족제도라는 틀 안으로 한정하였다. 그러나 성이란 억압과 규제의 대상이 아니라 그 자체는 선하다.

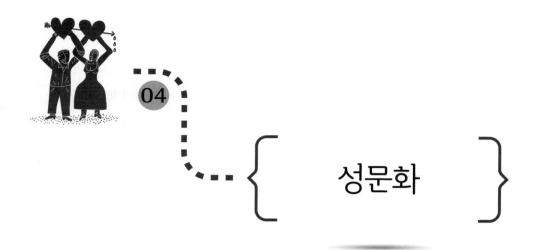

성문화

문화(culture)란 경작이나 재배 등을 뜻하는 라틴어인 콜로레(*colore*)에서 유래된 것으로, 한 사회가 가지고 있는 공통적인 생활양식이며 오랜 세월에 걸쳐 한 세대에서 다음 세대로 이어지는 인간사회가 만든 지식과 기술의 실체를 뜻한다. 일반적으로 성은 생득적인 것이기 때문에 성을 문화로 보지 않기도 한다. 그러나 성 또한 문화 예외일 수 없다.

Taylor(1924)는 문화를 "지식, 신앙, 예술, 도덕, 법률, 습관 및 사회성원으로서 인간에 의해 획득된 모든 능력과 습성을 포함하는 복합적 총체다."라고 정의하였다. 즉, 그 공동체 내의 구성원들이 당연하게 받아들이는 규범, 관습, 가치체계, 사고방식 등을 포괄하는 일체의 생활양식이라는 것이다. 그리고 한 사회의 문화의 성숙도는 해당 사회의 구성원들의 성숙도와 비례한다고 본다. 성문화 또한 보편적으로 생활화된 생활양식이다. 따라서 성문화는 시대와 사회에 따라 각기 다르게 나타나기 때문에 성을 단순히 생득적으로만 해석할 수 없다. 성은 성관계만을 뜻하는 것이 아니라 성관계를 포함한 성에 대한 태도, 가치관, 성역할, 성행동의 양식 등을 포함한다(장필화, 1989).

그리고 인간은 문화와 환경, 그리고 경험에 의해 사회화, 문화화되고, 그것이 행동양식으로 나타난다. 한국이 1970년대 이후 청소년의 성문제와 성비행이 급증하기 시작했는데, 그 원인을 문화적 요인에 무게를 둔다(한정자 외, 1994). 문화의 요인 중에 가장 큰 요인은 종교와 사회적 현상이다. 고대사회와 동서양의 성문화와 한국의 성문화를 살펴보면 다음과 같다.

고대사회의 성문화

고대사회의 동굴 벽화에 나타난 성문화를 보면 대체로 여성의 자녀 출산을 중시하여 여성 성기를 숭배하였다. 그러다가 농경사회로 접어들면서 남성의 힘이 농사와 가축을 기르는 데 절대적으로 필요한 것을 인정하고 남성의 중요성을 인정함과 동시에 남근을 숭배하기 시작하였다.

고대 이집트에서는 남성의 성기를 상징하는 도끼나 검들이 신을 숭배하는 도구로 사용되었다. 고대 그리스에서는 성의 표현이 자유로웠다. 매춘이 비교적으로 허용되었고 여성의 권리는 제한되었으며 사회적인 지위도 낮았다. 남성은 특별한 이유 없이 이혼할 수 있었고, 여성이 외도하면 필연적으로 이혼을 해야 했다.

고대 로마에서는 사랑의 여신, 비너스를 숭배하는 의식에 거대한 남성의 성기를 거리의 축제에서 전시하기도 하였다. 성생활이 문란했고, 구강 성교, 집단 성교, 가학적인 변태성 성관계를 즐겼고, 매춘이 성행하는 등 성도덕이 문란하였다. 그러나 동성애는 가정을 무너뜨릴 수 있는 요인이 된다고 생각하여 선호하지 않았다(Cole, 1959; 우남식, 1999).

고대 히브리인들의 성은 신의 축복이며 선물로 보았다. 반면에 성은 개인과 가정 그리고 사회를 파멸로 몰아넣을 수 있는 폭발적이고, 분열성을 가진 잠재적인 힘으로 인식되었다. 그래서 성은 제재 규정에 의해 제한되었다(구완서, 2000). 그리고 성을 출산과 연관을 지어 율법으로 엄격하게 규정했고, 출산을 목적으로 가정 안에서만 허용되었고, 동성애는 엄하게 규정했다(채규만, 2001). 또한 자녀 생산과 무관한 성관계는 신의 저주를 받게 될 것으로 생각하였다. 이러한 성문화는 출산이라는 목적주의적 사고를 가져왔고, 출산은 아내의 일차적인 의무가 되었으며, 자녀가 없는 경우에는 정죄되었다. 이러한 맥락으로 인해 후사를 얻지 못하고 형이 죽으면 형수와 결혼하는 제도를 장려하기도 했다(창 38장, 신 25:5-10).

동양과 서양의 성문화

동양의 성문화

중국은 성을 회피의 대상이나 두려움의 대상이 아니라 신앙의 대상, 영생불멸로 이르는 과정이라고 보았다(Bullough, 1981). 중국의 성문화를 보면 중국의 명조시대까지는 성에 대해 매우 긍정적이었다. 그러다가 청조시대에 와서는 금욕주의적인 유교의 전통을 따라 성을 제한하였다.

인도는 성애에 관해 구체적으로 기술한 카마수트라(Kamasutra)가 있다. 카마수트라는 바츠야야나의 저술로 산스크리트어로 된 운문이다. 인도는 인생의 세 가지 목적으로 다르마(法, 종교적 의무), 아르타(利, 처세의 길), 카마(愛, 성애의 길)를 중시하였으며 이에 관해 많은 책을 펴냈다. 카마수트라는 그런 책 중에 가장 오래된 책으로 그 내용을 보면 성애의 기교, 소녀와의 교접, 아내의 의무, 남의 아내와의 통정, 유녀(遊女), 미약(媚藥) 등에 관해 기술되어 있다. 그리고 다양한 체위에 대한 설명과 그 자세가 총 108가지나 된다. 카마수트라는 고대 인도의 성문화를 이해하는 데 중요한 책이다.

서양의 성문화

동양에서는 성을 즐기는 비결에 관한 책들이 발간되었던 반면에 서양에서는 성문화에 대해 상반된 태도가 얼마간 유지되었다. 서양의 성문화는 크게 네 가지로 분류된다(우남식, 2004).

첫째, 성적인 욕구를 일차적으로 죄로 규정하였다. 이는 성에 대한 철학자와 신학자의 논의로서 18세기까지 가장 지배적이고 영향력 있는 위치를 차지하고 있었다. 13세기의 토마스 아퀴나스(1225?~1274)가 대표적인 학자로 손꼽힌다. 그리고 19세기의 영국 빅토리아 여왕 시대가 대표적이라고 할 수 있다.

둘째, 본질주의, 또는 생물학적 결정론이다. 19세기 초에 지배했던 성문화는 본질주의, 또는 생물학적 결정론이었다. 즉, 성은 인간 본성 속에 있는 자연적인 것으로 남성은 강한 성적 충동과 본능이 내재되어 있으며, 여성은 모성 본능을 가지고 있다는 생각이다. 이 관점이 한국 사회에 지배적으로 자리 잡고 있다고 볼 수 있다.

셋째, 성의 해방이 정신건강에 중요하다. 19세기 중반부터 의학자들과 심리학자들이 성에 대해 연구하기 시작하였다. 이것이 성과학이다. 이들 중에서도 특히 프로이트가 대표적이다. 그는 성을 성기 그 자체로만 보지 않고, 보다 많은 신체적 행동과 부위, 그리고 행위를 포괄하는 것으로 보았다. 성의 억압은 정신질환을 유발한다고 보았다. 즉, 프로이트는 성 에너지의 해방이 정신건강에 중요하다는 점을 강조하였다.

넷째, 경험적이고 실증적인 방법으로 연구된 성과학이다. 20세기에 와서 라이히(Reich, 1942)는 성적 억압은 심리적 병을 불러일으키는 동인이 된다고 보았다. 프로이트와 라이히의 공통점은 완전한 성적 만족은 정신적 안정을 위해 중요하며, 성적인 결핍은 좌절과 긴장을 준다고 보았다. 그리고 마스터즈와 존슨(Masters & Johnson, 1989)은 임상시험을 거쳐 인간의 오르가슴을 연구했고, 킨제이와 포머로이(Pomeroy), 마틴과 게버하르트(Martin & Gebhard, 1953)는 면담 방법을 통한 성행동을 발표하였다.

1960년대 이후에는 비판이론과 사회과학 영역에서도 성이 학문적 연구 대상으로서 등장하였다.

미국의 초창기의 성문화는 청교도의 영향을 받아 금욕적이었다. 그러나 현재는 사회의 변화, 그중 매스컴의 등장으로 크게 변화되었다. 미국의 청소년이 고등학교를 졸업할 때까지 평균 TV 시청 시간이 총 1만 5천 시간이고, 여기에는 노골적인 성관계를 묘사한 드라마와 영화 장면들이 상당 부분 포함되어 있고, 그중에 80%가 혼외정사와 혼전 성관계, 성폭력 등이다.

그리고 같은 기간 동안 평균 1만 5천 시간 정도 음악을 듣는데, 그중 대부분이 록음악으로, 주로 근친상간을 노래하는 등 왜곡된 성관계로 편성되어 있다. 또 미국이 해마다 포르노 산업에 쓰는 돈이 약 70억 달러 규모다. 이런 추세라면 15~55세 사이의 전체 미국인 중에 성관계를 통해 각종 성병에 걸릴 확률이 25%까지 높아질 것으로 우려하고 있다(Colaw, 1991, 박원기 역). 그리고 언론매체들이 조사한 결과 직장 여성 중 50%가 성희롱을 당했다고 보고되고 있다.

그러나 학교와 가정에서 꾸준한 성교육과 1993년 4월 미국 내슈빌의 로즈 튤립 그로브 침례교회에서 59명의 청소년이 '진정한 사랑은 기다리는 것(true love waits)'이라는 캠페인과 더불어 혼전순결서약예배로 시작한 순결서약은 순식간에 개교회로 확산되어 남침례교회의 100만 명이 넘는 서약을 하고 있다. 이로 인해 청소년의 성문화가 달라지고 있는 것으로 보인다.

한국의 성문화

삼국시대에는 성에 대해 비교적 관대하였다. 삼국지 위지동이전 고구려조에는 "그 나라 백성들은 노래와 춤을 즐기며, 나라 안의 읍락에서는 남녀가 밤늦도록 모여 노래하고 논다."라고 기록되어 있고, 주서 49권 열전 41에는 "남녀가 함께 시냇가에서 목욕하고, 한 방에서 잔다."라고 기록되어 있다(박경휘, 1992). 그리고 삼국유사에는 불교 전통인 탑돌이 행사에서 남녀가 탑을 돌다가 서로 눈이 맞으면 한적한 곳으로 가서 정을 통했다는 기록도 있다. 이와 같은 전통은 고려와 조선시대로 이어져서 아이를 낳지 못하는 여성이 탑을 돌면 아이를 잉태하고 노처녀가 탑을 돌면 연인을 만난다고 믿었다(전완길, 1980). 그리고 고려 후기에 와서는 부모 의사에 따라 맺어지는 중매결혼으로 바뀌었다(김용철, 1989; 박경휘, 1992).

무덤에서 나온 유장품 중에는 토우로 남성의 성기를 과장해서 표현하거나 남녀가 성관계를 하는 장면도 나온다. 그 밖에도 여성의 성기와 비슷한 고인돌이나 암석과 바위를 숭배했고, 남근을 상징하는 선돌, 총각바위 등을 숭배하였다. 여성 성기 숭배는 풍작이나 마을의 평화를 위해, 남성 성기의 숭배는 주로 자식이나 아들을 얻기 위해서였다(김태곤, 1980; 최성민, 1996).

이처럼 우리나라는 성에 대해 비교적 관대하였다. 그러다가 조선왕조가 유교 문화권을 형성하기 시작하면서부터 성에 대한 억압이 심해졌다. 혼전 성교를 금했고, 기혼자도 자녀 생산을 위한 성관계만을 원칙으로 했으며, 남성의 사정도 건강을 해친다며 절제하도록 했다(윤가현, 2005). 그러나 사람들의 성의식이 현대인들보다 높다고 말하기는 어렵다. 왜냐하면 양반가의 남성들은 축첩과 기생의 수청 등을 자연스럽게 여겼기 때문이다.

유교의 영향을 받은 우리나라의 성문화는 다음과 같다.

첫째, 남녀의 이중적인 순결관이다. 남성에게 적용하는 것과 여성에게 적용하는 기준이 달랐다. 여성에게는 결혼 전까지의 순결을 요구하지만 남성에게는 필수적이지 않았다. 남자의 동정은 중요하게 여기지 않았다. 이는 오늘날 남녀 간의 차이를 가져온 원인이 되기도 한다.

둘째, 여성을 비하하였다. 여성이 성을 즐기면 탕녀로 취급했고, 반면에 남성의 성욕 충족은 당연하게 생각하였다. 다시 말해 성을 남성의 전유물로 여겼다. 이는 우리나라만은 아니다. 회교 문화권에서는 오랫동안 여성의 음핵을 잘라버리는 관습이 있었다. 이는 자신의 부인이 도망을 가거나 바람을 피울까 두려워하는 동기에서 비롯되었다고 한다.

셋째, 처녀가 임신했을 때 여자에게만 책임을 전가하였다. 한국인의 이중적인 성문화는 처녀의 임신에서 잘 나타난다. 임신이란 본래 남녀 모두에게 책임이 있음에도 불구하고 처녀가 임신하면 집안을 망신시켰다고 해서 내쫓거나 심지어는 죽이기까지 하였다. 최근에 미국에서는 미혼모가 임신을 하면 상대방 남자나 남자의 부모가 아이의 양육비를 강제로 지불해야 하는 법이 통과되어 실시되고 있다.

넷째, 여성의 순결을 일방적으로 찬양한다. 남성이 자신의 부인을 위해 수절을 한다고 열부(烈夫)라고 사회적으로 인정하지 않는다. 그러나 여성에게는 이러한 제도를 통해 직간접적으로 여성의 재혼을 방지하거나 수절을 장려하였다.

다섯째, 여성의 순결을 목숨과 동일하게 여긴다. 여성은 순결과 목숨을 바꾸도록 사회적인 분위기를 조성하였다. 양반의 여성은 은장도를 항상 가지고 다녀서 순결을 잃을 상황이 발생할 때에 목숨을 끊는 것을 미덕으로 여겼다. 순결과 목숨을 동일시하였다.

최근에 와서 여성이 사회적 주체로 부각되고, 여성의 사회적 지위가 상승하면서 여성을 성적 대상으로만 보던 불평등 현상이 점차 극복되고 있다. 그러나 아직도 대중매체에서는 여성을 상품화하고, 여성 신체의 특정 부분만을 강조하여 인간의 성적 환상을 자극시켜 각종 성폭력과 성범죄를 조장하고 있다. 그리고 성 연구 또한 대부분 남성 학자들에 의해 남성 중심적으로 이루어졌고, 여성의 성적 욕구는 자연스러운 현상으로 묘사하는 것이 아니라, 전통적 고정관념의 잣대를 가지고 부정적으로 평가하는 경향이 없지 않아 있다. 그래서 여성은 도덕적인가 비도덕적인가, 순결한가 부정한가, 정숙한가 문란한가 등의 이분법적인 기준으로 분류한다. 이로 인해 정절은 여성의 최대 덕목이 되고 있다. 그래서 여성에게는 결혼 전까지 정절을 지킬 것을 요구하고 있으며, 여성을 상품화, 도구화, 비인간화하는 성문화가 독버섯처럼 번지고 있다고 할 수 있다.

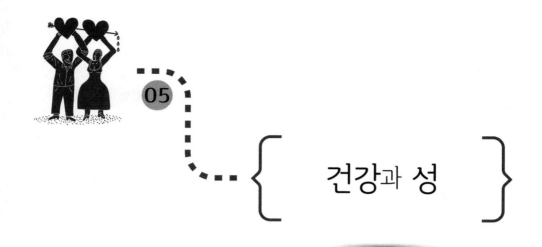

건강과 성

세계보건기구(WHO)에서는 건강에 대한 정의를 "단지 질병에 걸리거나 허약하지 않은 상태뿐만 아니라 신체적, 정신적, 사회적으로 양호한 상태다."라고 정의했고, 성적 건강에 대해서는 "개인의 인성, 의사 교환 능력 및 사랑의 감정을 키워주기 위하여 신체적, 정서적, 정신적, 사회적 영역 등에서 개인이 성적인 존재(sexual being)로 통합되는 것이다."라고 정의하였다(Byer & Shainberg, 1994).

미국정신위생위원회(NCMH)에서는 정신건강을 "정신적 질병이 없는 상태만이 아니고 만족스러운 인간관계와 그것을 유지해 나갈 수 있는 능력을 의미하는 것이다. 이것은 개인적, 사회적 적응을 포함하며, 어떠한 환경에도 대처해 나갈 수 있는 건전하고 균형 있는 통일된 성격의 발달을 의미한다."라고 하였다.

성적 건강의 기준

건강에 대한 기준은 시대에 따라 조금씩 달리하는데, WHO에서는 ICD(International Classification Disease, 국제질병 및 건강문제 분류)를 참고로 한다. 반면에 미국정신의학회(American Psychiatric Association)에서는 DSM-V(Diagnostic and Statistical Manual of Mental Disorder)(2013; 정신질환의 진단 및 통계편람)를 참고로 하고 있다. 그런데 성적 건강에 대한 기준은 범세계적으로 모든 질병을 망라한 국제질병 및 건강문제 분류(ICD)보다는 정신질환의 진단 및 통계편람(DSM-V)에 의존하는 경향이 더 높다.

DSM-V에서는 성적으로 건강하지 못한 상태를 성적 및 성 정체감 장애(Sexual and Gender Identity Disorder)라는 범주로 표기하고, 이 범주의 내용을 세 가지 내용으로 구분하였다. 첫째는 성기능장애(sexual dysfunctions), 둘째는 성도착장애(paraphilia), 셋째는 성 정체감 장애(gender identity disorder)이다.

성기능장애에는 성욕장애, 성적흥분장애, 오르가슴장애, 그리고 성교통증장애가 있다. 성도착장애에는 노출장애(exhibitionism), 성애물장애(fetishism), 접촉마찰장애(frotteurism), 아동성애장애(pedophilia), 성적가학장애(sexual sadism), 성적피학장애(sexual masochism), 관음장애(voyeurism), 의상전환장애(transvertic fetishism)가 있다.

노출장애의 진단기준은 적어도 6개월 주기로 강한 성적 충동과 자신의 성기를 낯선 사람에게 보여주어야 하는 성적 환상을 말한다.

성애물장애의 진단기준은 6개월 주기로 여성의 속옷과 같은 물건을 통한 성적인 환상을 일으키고, 종종 성관계를 할 때도 이런 물건을 사용한다.

접촉마찰장애의 진단기준은 적어도 6개월을 주기로 성적 동의가 없는 상대를 만지거나 비벼대는 성적인 환상인데, 이것은 성적 흥미를 일으키는 접촉이지 강압적인 행동을 취하지는 않는다. 요즘 전철이나 만원버스에서 문제가 되는 성희롱 등은 한 예가 되는데, 이 문제는 사회적으로 큰 문제가 되고 있다.

아동성애장애의 진단기준은 적어도 6개월 주기로 보통 13세 이하의 어린 사춘기 아이들과의 성관계를 통한 환상이다.

성적피학장애의 진단기준은 6개월 주기로 성적 충동이나 모의적인 것이 아닌 실제로 굴욕을 당하거나 얻어맞거나 묶인 채, 상대자로부터 괴로움을 통한 성적 환상을 말하며 남자보다 여자에게 더 많다.

성적가학장애의 진단기준은 적어도 6개월 주기로 강한 성적 충동을 일으키며 억압과 괴롭힘을 통해 정신적, 신체적 고통을 통한 성적 환상을 말한다.

의상전환장애는 적어도 6개월 주기로 여자의 옷을 바꾸어 입는 것을 통한 성적 환상이다. 최근 일본에서 여고생이 속옷을 그 자리에서 벗어 파는 '부르세라숍'이 있는데 이 또한 성도착장애의 일종으로 성애물장애에 해당한다.

관음장애의 진단기준은 적어도 6개월 주기로 옷을 벗고 있는 사람이나 타인의 성관계를 지켜보는 행위를 통한 성적 환상을 일으키는 것이다. 요즘 스마트폰으로 여성의 신체 일부를 몰래 촬영하는 행위 또한 관음장애이다.

성도착장애는 질환이다. 그런데 성도착장애를 질환으로 보기보다는 치한 등으로 생각하는 경향이 없지 않다. 그러나 성도착장애는 질환으로 반드시 치료를 받아야 한다(우남식, 1999).

신체적, 심리사회적 발달

1차적인 성 특징(sex character)은 생식기의 외형적 남녀의 차이를 말한다. 2차적 성 특징은 내분비선의 변화에 따른 성 특징이 발달되어 남녀의 차가 뚜렷이 나타날 뿐만 아니라 강력한 성적 욕구가 일어나는 시기를 말한다. 이 시기가 청소년기이다(김제한 외, 2002). 이 시기에 성장이 급증하고, 신체적 성숙이 매우 빠르게 진행된다(이춘재 외, 1988). 이 변화는 대개 4년 동안에 일어나는데 청소년에게 큰 영향을 준다. 인간의 발달은 유전과 환경에 영향을 받는다. 발달이란 개괄적으로 연령의 증가에 따르는 신체적, 심리적, 행동적 변화를 지칭한다.

신체적 발달

신체발달은 신체 내에서의 변화, 뇌와 심장과 다른 신체기관의 구조와 과정, 그리고 운동신경에 영향을 미치는 골격, 근육, 신경학적인 특징이 포함된다. 그리고 신체발달은 태내발달과 신체발달이 있다. 수정된 난자의 집합체는 태내기를 거치는 동안에 연속적인 발달과정을 거치면서 수백만의 세포를 갖고 여러 가지 신체기관을 갖는 복잡한 유기체가 된다. 임신 시에 정상인은 23개의 염색체를 받는다. 이 염색체는 22쌍의 상염색체와 한 쌍의 성 염색체, 모두 23쌍으로 정렬된다. 부모로부터 X염색체를 받으면 여자가 되고, 아버지로부터 Y를 받게 되면 남자가 된다. 태내의 발달단계는 발아기, 배아기, 태아기로 구분된다.

발아기는 수정이 된 순간부터 10일 내지 2주일간이다. 배아기는 수정된 후 2주에서 8주 사이이다. 그리고 태아기는 수정된 후 8주에서 출생까지이다. 태아는 모체 내에서 어머니의 영양상태에 영향을 받는데 약물복용, 음주, 흡연 등의 요인에도 영향을 받는다.

신체 성장의 원리 중 하나는 두미원칙이다. 머리로부터 신체 하부로 진행되는 과정을 말한다. 다른 하나는 근래원칙이다. 신체의 중심 부분에서 말초 부분으로 진행된다. 신체기관의 발달은 그 속도에 있어서는 차이가 있지만 일반적으로 나이가 증가함에 따라 속도가 감소한다.

그러나 인간의 전 생애를 보면 급격한 성장을 보이는 시기는 유아기에 나타나는 제1성장 급등기와 사춘기에 나타나는 제2성장 급등기다. 제1성장 급등기인 4세인 경우에는 성인 크기의 약 80%에 이르고, 12세가 되면 성인 크기에 이르게 된다. 이에 비해 성기와 성선은 2세까지 약간 발달하고 2세에서 사춘기까지는 거의 발달하지 않다가 사춘기에 제2성장이 급등한다.

심리사회적 발달

심리사회적 발달은 다른 사람과의 관계에서 일어나는 변화들을 포함한다. 인간의 신체적, 인지적, 심리사회적 요인은 발달의 각 측면에서 상호 관련되어 있는데, 인간은 시기마다 발달과 성숙과정을 거친다. 초기 발달의 특징은 연령의 변화와 함께 일어나는 신체 크기의 변화이다. 이를 일반적으로 성장이라고 한다. 성장은 유기체 내에서부터 신진대사과정을 통하여 일어난다. 인간은 점점 감퇴되지만 많은 동물은 죽을 때까지 성장과정을 거치는 경우가 있다.

성숙은 한 집합 내에서 생물학적 능력이 다소 자동적으로 전개되며 역전 불가능하다. 성장과 성숙 모두가 생물학적 변화를 지니고 있으나 성장은 각각의 세포와 조직에서 증가를 언급하며, 성숙은 기관이 기능을 발휘하는 것을 말한다. 이러한 변화는 환경적 현상들과 독립적이다. 예를 들어 쥐기, 앉기, 서기, 걷기 등은 일정한 순서를 따른다. 갓 태어난 신생아는 일반적으로 생각하는 것보다 많은 감각 및 지각 기능을 갖고 있다(Goobe, 1990). 감각이란 감각기관을 통하여 정보를 받아들이는 것을 말하고, 지각은 감각기관을 통해 정보를 해석하고 의미하는 것을 말한다.

인지발달은 피아제의 인지발달 이론에 의하면 생물체는 각기 환경에 순응하기 위하여 자기의 신체구조를 바꾸어 가듯이 인간도 환경 내의 여러 사상을 수동적으로 받아들이는 것이 아니라 능동적인 활동을 통해 끊임없이 자신의 인지구조를 재구성해 나간다. 인지발달의 네 가지 구성 요소를 보면 생득적 요인인 신체적 성숙, 환경적 요인과의 접촉을 통해 축적되는 물리적 경험, 타인과의 상호작용으로 인한 사회적 요인, 그리고 평형화 요인이 있다. 이 요인은 개인이 스스로 자신의 인지구조를 형성하고 재구성하는 개인의 내재적 능력으로 인지발달의 핵심 기능이다.

피아제의 이론에 의하면 평형화는 동화와 조절 기능의 통합과정이다. 동화는 외부 현실을 자신의 도식에 맞춰 받아들이는 과정이며, 동화에 의해 지식이 확장되는 것이다. 조절은 외부 현상이 자신의 도식이나 구조에 맞지 않을 때에 도식이나 구조를 새로운 대상에 맞게 변화시켜 적응하는 과정이다. 피아제의 인지발달단계는 다음과 같다.

- 감각운동기(출생~2세) : 이 시기의 중요한 인지발달은 대상 영속성이다. 이 시기는 감각활동과 운동이 차차 내면화되어 2세 때에 이르면 표상적인 사고를 할 수 있다.
- 전조작기(3~7세) : 이 시기는 인지발달과정의 뚜렷한 전환점이 된다. 언어를 사용하여 외계의 현상이나 사상에 대한 표상을 형성하며 이들 표상을 구조화하여 상징적 회상 등을 통해 표상 구조를 행동으로 나타낸다.
- 구체적 조작기(8~11세) : 이 시기는 비논리에 근거한 사고에서 논리에 근거한 사고로의 극적 전환을 나타낸다.
- 형식적 조작기(11세 이후) : 이 시기는 추상적인 상징체계의 개념이 가능하며 이 가설들을 검증하며 재평가하고 재진술, 그리고 조합적인 사고가 가능하다.

청소년기의 성

청소년기의 신체적 변화 중 가장 큰 특징은 2차 성징이 나타난다는 것이다. 2차 성징은 사춘기 전기부터 시작되는데 신장과 체중이 급속히 증가되고 골격, 근육, 피부, 발모상태, 유방, 후두 등 외형적으로 보아 남녀의 구별이 뚜렷이 나타난다. 정신적으로는 자아 확립의 시기이며 부모에 대한 독립과 반항기이다. 또한 성에 눈을 뜨는 시기이며 이성에게 강한 매력을 느끼는 시기이기도 하다. 이 모든 것은 성인이 되기 위한 하나의 정상적인 과정이다.

2차 성징인 사춘기가 되면 성호르몬의 분비가 왕성해져 남자는 남자다워지고 여자는 여자다워진다. 남자의 사춘기는 13~15세이고, 여자의 사춘기는 11~13세이다. 사춘기의 신체적 변화는 여러 가지 호르몬에 의해 초래되며 이러한 호르몬은 사춘기의 시작과 더불어 20배로 급증한다. 이 시기에 남학생은 신장의 현저한 성장과 더불어 근육과 골격이 남자다워지며 체중도 증가하고 음모, 턱수염이 나고 변성이 되며 음경과 고환이 커지고 부고환과 전립선이 발육하며 사정이 나타나게 된다. 사정은 고환에서 만들어진 정액이 요도를 통하여 몸 밖으로 나오는 현상을 말한다. 그리고 유정은 어떤 물체로 성기를 압박 받거나 나체 사진을 보는 것 등으로 성선이 자극을 받아 자연적으로 사정되는 것을 말한다. 몽정은 사춘기에서부터 청년기에 흔히 일어나는 현상으로 저장된 정자의 자연적인 배설이다. 결혼하여 성생활을 하면 자연히 없어진다.

일반적으로 개인의 발달과정에서 신장의 증가율은 2세 이후 계속 감소하다가 청소년기에 갑자기 증가한 후 다시 감소하는 경향을 보인다(Tanner, 1978). 청소년기의 신장과 체중은 계절적인 변화에 따라서도 달라지는데, 신장은 4~5월, 체중은 9~10월에 증가한다. 그리고 남자는 여자보다 조금 크게 태어나는 데, 이 같은 신장의 차는 10세 정도까지 유지되다가 11~14세까지는 여자가 남자의 신장을 능가하는 현상을 보이다가 남자가 다시 약 4년간 성장하여 일생 동안 여자보다 큰 신장을 지니게 된다. 남자들의 성적 성숙은 빠르면 11세, 늦으면 14세에 시작되고, 남성 호르몬인 테스토스테론이 후두세포를 자극하여 목소리가 저음이 되며, 외부 생식기의 발달과 함께 내부 생식기관도 발달하기 시작하여 14~15세경에 이르면 사정이 가능하다.

한편 여자들의 성적 성숙은 두 가지 신호로 나타나는데 하나는 유방 성장의 급등이고 또 다른 하나는 초경이다. 가슴은 개인차가 있기는 하지만 13~15세경에 이르면 발육은 끝이 나고, 초경은 성장 급등의 절정기가 지난 다음에 나타난다. 초경은 19세기 중반에는 평균 17세였으나 보통 10~16세에 시작되며, 최근의 성장 가속화 현상으로 12~13세 이하로 낮아지고 있다(Tanner, 1973). 한편 최근 환경 파괴 등의 영향으로 초경 연령이 높아지는 추세를 보인다(Dann & Roberts, 1993; 장휘숙, 2004).

그뿐만 아니라 내분비선(endocrine glands) 자체도 급증한다. 호르몬 분비의 피드백 체계는 사춘기가 시작될 때 중요한 역할을 한다. 실제로 영아기 동안 시상하부 → 뇌하수체 → 생식선 → 안드로겐(androgen)과 에스트로겐(estrogen)으로 구성된 피드백 체계가 발달한다. 여기서 시상하부는 뇌하수체(pituitary gland)를 통제하는 뇌 영역이며, 뇌하수체는 일반적인 호르몬 수준을 통제하는 역할을 한다. 생식선(sex glands)은 남성의 고환과 여성의 난소를 의미하고, 남성 호르몬인 안드로겐과 여성 호르몬 에스트로겐을 방출한다(장휘숙, 2004).

안드로겐과 에스트로겐은 각기 남성 및 여성 호르몬임에도 불구하고 남성과 여성은 출생 시부터 이미 이 두 가지 호르몬을 모두 가지고 태어난다. 그러나 청년기 동안 보통의 남성은 에스트로겐보다는 안드로겐을 더 많이 분비하고, 보통의 여성은 안드로겐보다는 에스트로겐을 더 많이 분비한다. 사춘기 직전부터 남성에게는 안드로겐, 여성에게는 에스트로겐이 극적으로 증가하게 되어 여성 호르몬과 남성 호르몬의 비에 따라 여성성과 남성성이 나타난다. 여성에게 너무 많은 남성 호르몬이 분비되면 수염이나 털이 많이 난다든지 또는 남성과 같은 근육질이 발달하는 현상이 나타난다. 반면에 남성에게 너무 많은 여성 호르몬이 분비되면 수정 능력이 떨어지고 가슴이 커지는 현상이 나타난다.

신체발달은 개인차에 따라 조숙(early maturation)과 만숙(late maturation)의 현상으로 나타난다. 그리고 사춘기의 시작 시기는 개인차가 있지만 발달순서는 일정하게 이루어진다.

허록(Hurlock, 1973)은 청소년의 신체 및 성적 발달에 따르는 심리적 영향의 원인이 되는 요인을 빠른 변화, 준비 부족, 조숙과 만숙, 이상과 실현, 사회적 기대에 대한 갈등과 혼란, 그리고 사회적 불안을 들고 있다.

아트워터(Atwater, 1992)와 설리번(Sullivan, 1953)은 신체의 내외적으로 일어나는 여러 가지 발달과 새로운 기능들은 청소년의 지적, 정서적 발달의 기반이 되고, 성격 형성의 중요한 요인이 되며, 사회적, 심리적 적응에 중요한 영향을 미친다고 하였다. 청소년의 신체발달의 조숙과 만숙은 장단점이 있다. 그러나 신체적 조숙과 만숙의 긍정적, 부정적 영향에 대한 의견이 분분하다.

리브손과 페스킨(Livson & Peskin, 1980)은 신체적 조숙이 여학생의 경우 사회적 적응에 긍정적 조건이 될 수 있다고 보았다. 반면에 파우스트(Faust, 1977)와 크라우젠(Clausen, 1975)은 신체적 조숙이 여학생에게는 사회화에 불리한 조건이 된다고 보았다. 그리고 킴멜과 와이너(Kimmel & Weiner, 1980)와 아트워터(Atwater, 1984)는 청소년기의 외모는 자아 개념에 크게 영향을 미친다고 보았다.

미국에서 1950년대부터 1980년 사이에 청소년을 대상으로 '조숙과 만숙이 청소년의 사회화에 어떤 영향을 미치는가에 대한 연구'(Gross & Duck, 1980; Faust, 1977; Clausen, 1975; Tanner, 1978; Livson & Peskin, 1980)를 실시한 결과 조숙과 만숙이 성별에 따라 사회화 과정에 관계된다고 보고하였다. 이에 따라 청소년의 심리적, 사회적 적응과 이성 간의 관계에 영향을 미쳐, 조숙한 남자들은 또래 집단에서 매력의 대상이 되고, 일찍 성관계를 가질 수 있다(Perry, 2000). 그러나 성에 대한 무지로 인해 임신을 할 수(시킬 수) 있고, 성병에 감염되기 쉽다(Ozer, 1998). 반면에 만숙한 남자들은 자신을 부적절하다고 느끼며, 의존적이고 부모에게 반항적인 경향이 있다(Clausen, 1975).

정신적 건강과 성적 성숙

설리번(Sullivan, 1953)은 인간 성격의 지배적인 주체를 대인관계로 보았고, 대인관계 중에서도 특히 개인 생활에 의미를 부여하는 타인에 대한 지각과 태도에 강조점을 두고 있다. 정신적으로 건강한 사람은 타인과 통합적인 관계를 맺으며, 항상 현실적으로 관계를 맺고 행동한다. 따라서 정신건강의 문제는 개인의 문제로 끝나지 않고 사회의 비행과 관련이 되고, 그들이 성인이 된 후에도 중요한 문제가 될 수 있음을 인식할 필요가 있다.

킬란다(Kilanda, 1962)는 "정신건강이란 인간이 환경을 바람직하게 조성하고 잘

적응하며, 적당하게 만족과 성공과 능률과 행복을 누릴 수 있는 능력"이라고 보았다. 다시 말해 정신건강의 문제는 한 개인의 확실한 이상증상만을 의미하는 것이 아니라, 각 개인이 환경과 상호작용하면서 변화하는 정서적 상태가 불안정한 경우를 의미한다고 볼 수 있다. 따라서 청소년기의 정신건강 문제는 일부 청소년에게만 국한된 문제로 보기보다는 전체 청소년이 직면할 가능성이 있는 문제로 인식할 필요가 있다.

캐롤(Carroll, 1969)은 건전한 정신건강의 개념 속에는 네 가지 요소가 있다고 하였다. 정신적으로 건강한 사람은 첫째, 자기와 타인을 존중한다. 둘째, 자신의 한계와 타인의 한계를 이해하고 수용한다. 셋째, 모든 행동에는 원인이 있다는 사실을 안다. 넷째, 자아현실에 대한 동기와 이해를 갖는다.

매슬로(Maslow, 1970)는 정신건강을 자아실현으로 보았으며, 그 특성으로 효율적인 현실지각, 본성, 타인, 그리고 자신에 대한 일반적 수용, 자발성, 솔직성, 자연스러움, 자율성, 창의력 등을 들고 있다.

바우어(Bower, 1970)는 정신건강에 대한 정상 기준으로 네 가지를 들고 있다. 첫째, 언어, 숫자, 음성, 예술 등의 상징을 잘 다룰 수 있어야 한다. 이러한 능력이 결여되어 있으면 학습부진에 빠지게 된다. 둘째, 규칙이나 법이 명시하는 권위를 다룰 수 있어야 한다. 규칙을 수용할 수 없고 상습적으로 위배하게 되면 습관이 형성되어 결국에는 범죄자가 된다. 셋째, 원만한 대인관계를 형성할 수 있어야 한다. 넷째, 감정을 자제할 수 있어야 정신적으로 건강하다고 말할 수 있다는 것이다.

김은지(1997)는 자아 존중감이 높은 사람들일수록 전통적 도덕성을 바탕으로 한 성의식을 가질 것으로 보고 연구한 결과, 자아 존중감이 높은 집단이 낮은 집단에 비하여 성태도와 성지식 점수 평균이 높게 나왔고, 자아 존중감이 낮은 집단은 성행동 점수 평균이 높게 나타났으며, 자아 존중감이 높은 집단은 결혼할 때까지 자신의 성을 잘 관리하는 것이 바람직하다고 인식하기 때문에 성행동을 일으킬 경향이 낮으며, 조현병과 같은 정신적인 증상은 성과 관계가 있는 것으로 보았다(Erica & Sandra, 1993).

한동세(1995)는 정신병의 빈도와 성과는 복잡한 관계가 있다고 보았다. 그리고 안현진(2002)은 '미혼남녀의 성태도와 정신건강과의 상관관계의 연구'에서 혼전 성경험 후의 정신건강과 공포 불안과는 유의미한 상관관계가 있다고 보고하였다. 박찬비(2001)는 여학생의 경우 혼전 성경험이 많을 때 성문제 해결 능력이 떨어지는 것으로 나타난다고 발표하였다.

이상에서 청년기의 신체 변화에 따른 심리적 현상은 자아인식과 성인의식을 형성시키며, 자신의 능력을 과신하거나, 실패할 때 열등감에 빠지게 되며, 신체적 개인차로 인한 사회적 적응에 곤란과 신체 부조화로 인한 정서적 불안, 그리고 성적 욕구로 인한 문제 내지는 부적응을 일으킬 수 있는 것으로 나타났다. 그리고 청소년기의 신체 및 성적 발달은 인간의 모든 활동에 기반이 되고 사회생활에 중요한 영향을 미친다. 특히, 신체의 내외적인 조숙과 만숙은 청소년에게 사회화 과정의 중요한 요인이 되고 심리, 사회적 적응과 성적 성숙에 큰 영향을 미쳐 정서적으로 건강하지 못한 청소년은 정서적으로 건강한 청소년보다 성충동과 성행동 면에서 더 심한 갈등과 성행동 또한 높게 나타난다. 따라서 신체적, 정신적 건강은 성적 성숙과 밀접한 연관이 있다고 하겠다.

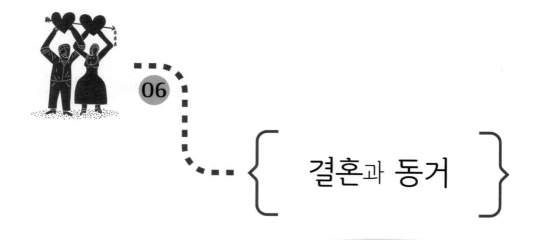

06

결혼과 동거

결혼

결혼의 의의

결혼이란 성인 남녀가 그들이 거주하는 사회의 법률에 따라 정서적 관계와 서로에 대한 법적 책임과 공적인 의식을 갖는 하나의 합의이다(김정옥 외, 2002). 모든 결혼은 혼인신고를 필요로 하며, 이것은 재산의 양도를 규정하고 자녀를 적출로 인정하는 것이다. 그리고 결혼은 법적, 사회적으로 결합을 인정받는 것을 말한다(정현숙 외, 2003). 현대사회에서 결혼이란 애정을 느끼는 두 사람이 결합한다는 개인적 측면이 중시되지만 공적인 의식을 통한 새로운 사회적 관계의 정립을 알리는 것이기도 하다. 이에 따라 성인으로서의 책임과 권리가 부여되는 사회적 측면이 강한 하나의 제도로, 동거동찬(同居同饌), 동거동재(同居同財)이다. 결혼의 정의를 구체적으로 살펴보면 다음과 같다.

첫째, 결혼은 정서의 관계이다. 대부분의 사람들은 '사랑하기' 때문에 결혼을 한다고 말한다. 이는 결혼이 서로를 보살피고, 함께 있음을 즐거워하며 영원히 삶을 함께하고자 하는 관계라는 사실을 반영한다.

둘째, 결혼은 법적 책임의 관계이다. 우리나라 가족법에서는 배우자가 사망할 경우에 직계비속이 있으면 생존 배우자는 그들과 공동 상속한다.

셋째, 결혼은 자녀의 적출을 보장하는 관계이다. 혼인 신고는 결혼하는 부부에게서 태어나는 자녀를 적출로 인정하고 부모에게 자녀를 보살필 법적 책임을 부여한다.

넷째, 결혼은 공적 의식의 관계이다. 결혼은 결혼 의례를 통한 공적인 의식이 이루어진다.

결혼의 목적

삶에 있어서 3대 중요한 사건은 출생, 죽음, 그리고 결혼이다. 그중에서도 인간이 자유를 행사할 수 있는 것은 결혼이다. 결혼의 목적은 다음과 같다.

- 사랑의 실현이다. 현대의 결혼 욕구 중 가장 강한 동기는 사랑하는 사람과 함께 지내고 싶기 때문이다. 사랑의 실현을 위해 결혼을 하게 되며, 결혼생활을 통해 성숙한 사랑을 이루어 나간다.
- 성적 욕구의 충족이다. 결혼은 법적으로나 사회적으로 인정된 성적 욕구를 충족시키게 된다. 즉, 사회가 기대하는 성역할을 수행하게 하여 마음의 평화와 안정감을 얻게 된다.
- 경제적 안정 유지이다. 오늘날 배우자를 선정할 때 중요한 요인 중의 하나가 경제적 안정이다.
- 정서적 안정 유지이다. 결혼은 개인에게 정서적, 감정적 안정을 부여해 준다. 결혼을 함으로써 생의 동반자로서 서로를 이해해 주고, 정서적 안정을 제공해 줄 수 있다.
- 자녀 출산의 기회이다. 결혼은 자녀 출산을 가능하게 하여 자기보존은 물론 종족을 계승해 주는 의미를 갖고 있다. 또한 적절한 시기에 자녀를 갖고 싶은 욕구도 결혼을 결정하는 데 요인이 된다.
- 성인으로서의 신분 획득이다. 결혼은 성년이 되는 중요한 단계이므로 누구나 독립

된 신분을 인정받고 싶어 하여 결혼을 한다. 또한 결혼을 함으로써 부모로부터의 독립된 생활을 하게 된다.

- **사회적 기대의 부합이다.** 결혼을 한다는 것은 어느 사회에서나 성인이 되는 신분을 부여하므로 사회에 적응하기 위해서는 결혼이 필요하게 된다. 우리나라에서는 결혼에 대한 기대가 크므로 적령기가 되도록 독신으로 있는 젊은이에게는 일반적으로 주위에서 은근한 압력을 주게 된다. 그러므로 사람들은 대부분 결혼함으로써 사회적으로 인정을 받고자 하며 또한 그에 따른 생활의 안정과 지위 향상도 추구하게 된다.

바람직하지 않은 결혼의 동기

바람직하지 않은 결혼의 동기는 현실 도피와 반발, 지위상승과 순간적인 열정, 그리고 혼전 임신을 들 수가 있다.

- **현실 도피** : 사람들은 부모들이 억압적이고 불행한 가정 상황일 때 현실을 도피하기 위해 결혼한다. 현재의 불행한 가정을 탈출하기 위하여 별로 원하지 않는 사람과 결혼하는 것은 좋은 결혼이라 할 수 없다.
- **반발심** : 상대방이 다른 사람과 결혼할 때 반발의 결과로 나타나는 경우다. 이러한 황급한 결혼은 부부문제, 재정문제, 자녀문제 등 더 많은 문제를 야기할 수 있다.
- **지위상승 수단** : 결혼을 자신의 목표 달성의 수단으로 삼는 사람이 있다. 그러나 두 사람 간의 사랑이 없는 결혼은 결국 매매혼과 다름이 없으며 오래 지속되기 어렵다.
- **순간적인 열정** : 단기간에 만나 바로 결혼을 결정한다는 것은 바람직하지 않다. 순간적인 열정만으로 상호 이해의 기반이 약하다.
- **혼전 임신** : 교제하는 동안 결혼에 대한 구체적인 생각이 아직 준비되지 않은 상태에서 임신을 하는 경우 상대방에 대해 죄의식을 느끼고 결혼하는 경우가 있다. 그러나 결혼생활을 지속하면서 자신의 인생 목표가 좌절될 경우에 원망하게 되고, 미성숙한 상태에서 부모 역할을 하기 때문에 문제가 발생할 수 있다.

결혼의 유형

결혼의 유형은 배우자의 수에 따라 크게 단혼제와 복혼제, 그리고 집단혼으로 구분된다. 일반적으로 대부분의 문화권에서 볼 수 있는 결혼의 유형은 단혼제와 복혼제이나 현대사회에서는 복혼제보다 단혼제이다. 그리고 일부 집단에서 행하는 집단혼제가 있다.

- 단혼제 : 단혼제는 결혼 기간 중 한 사람의 배우자와 결합하는 것만을 인정하는 일부일처제로서 법적인 허용이다. 한편 오늘날과 같이 이혼율과 재혼율이 급증하는 사회에서는 한 사람이 일생 동안 여러 차례의 일부일처제를 경험할 수 있다. 미국의 경우 결혼과 이혼을 반복하며 두 번 이상의 일부일처제를 경험하는 비율이 높은 것으로 나타나고 있다. 이러한 결혼 유형을 연속적 단혼제라고 한다.
- 복혼제 : 복혼제는 일부 문화권에서 결혼기간 중 동시에 다수의 배우자와 결합하는 것을 말한다. 한 남성이 다수의 아내를 취하는 일부다처제와 한 여성이 다수의 남편을 취하는 일처다부제의 두 가지 유형이 있다. 일부다처제에는 여러 부인의 지위를 동등하게 인정하는 아랍이나 아프리카 식의 다처제가 있고, 한 부인을 정실로 인정하고 나머지를 소실로 두는 동양식의 축첩제도가 있다. 일처다부제는 히말라야의 티베트족, 인도의 토다족, 호주의 마케사스섬에 사는 원주민 등 소수의 사회에서만 나타나는 현상이다.
- 집단혼제 : 집단혼은 한 집단의 모든 남녀가 동시에 다부다처의 결합을 이루는 원시적인 형태이다. 이 결혼 형태는 극히 일부 집단에서 나타나는 현상이다.

동거

동거의 의미

동거란 결혼 유무에 관계없이 법적으로 혼인 신고를 하지 않은 상태에서 두 사람이 함께 거주하며 사실상의 부부관계를 유지하는 것이다. 일반적으로 동거는 결혼에서와 마찬가지로 정서적이고 성적인 부부관계뿐만 아니라 경우에 따라서는 자녀 출산과 양육도 포함한다.

동거와 결혼의 차이

첫째, 동거는 결혼보다 훨씬 일시적이다. 동거하는 대다수가 2년 이내에 헤어지거나 합법적인 결혼을 결정한다(Glick & Spanier, 1980). 동거를 끝내고 결혼하는 경우를 보면 대개 자신들의 관계를 공식화하거나 자녀를 갖기 위해, 혹은 부모와 주위 사람들의 압력 때문에 결혼을 결정한다.

둘째, 동거는 서로 간에 애정이다. 동거를 유지하는 가장 강력한 요인은 서로에 대한 애정인 반면에 결혼관계의 유지에는 서로에 대한 애정뿐만 아니라 결혼에 대한 책임감이 중요한 요소로 작용한다. 또한 동거는 관계를 유지하는 데 결혼한 부부들만큼 강하지 않다. 따라서 두 사람 사이에 문제가 생겼을 때 동거관계는 언제든지 헤어질 수 있는 가능성이 높지만 결혼관계는 그에 대한 책임감 때문에 문제해결을 위한 변화를 모색할 가능성이 높다.

셋째, 경제적으로 독립적이다. 결혼의 대안으로 동거를 선택하는 이유 중의 하나가 경제적 독립이기 때문에 동거하는 경우에는 수입을 각자 관리하며 경제적으로 상호 독립적인 반면, 결혼한 부부들은 미래를 계획하며 경제적으로 협력하는 경향이 있다. 또한 결혼관계에서는 전통적으로 남편이 직업을 갖고 부양자 역할을 기대하는 받는 반면, 동거관계에서는 남녀의 구분 없이 둘 다 취업을 하며 스스로를 부양하는 경향이 있다.

동거의 장점

- 결혼을 전제로 하는 동거일 경우 사전에 서로에 대해 파악할 수 있다. 특히 결혼 후 성격 차이로 이혼하는 부부가 많은데 사전에 예방할 수 있다.
- 결혼을 전제로 하지 않는 동거일 경우에 경제적으로 도움이 된다. 혼자 사는 것보다 둘이 모아 함께하기 때문에 경제적이다.
- 서로에게 얽매일 필요가 없다. 서로에 대한 책임감이 없으니 마음은 가볍다.
- 기존의 결혼제도가 주는 부담에서 자유롭다.
- 자발적으로 동거를 하는 경우 기존의 결혼이란 틀에서 벗어나 있기 때문에 결혼제도 안에서 아내와 남편의 역할분담과는 다른 관계가 성립된다.

동거의 단점

- 무책임한 동거는 큰 불행을 가져올 수 있다. 적절한 피임 없는 동거생활 중 아이가 생긴다면 결혼 의사가 없던 두 남녀관계는 복잡해질 수 있다.
- 법적으로 보호를 받을 수 없다. 상대방이 결혼을 전제로 한 동거를 했다 하더라도 결혼 전 동거관계까지이기 때문에 법적으로 보호받을 수 없다.
- 혼전 동거를 바라보는 사회의 시선이 따갑다. 아무리 신세대들이 동거를 선호한다고 하지만 주위 사람들이나 가족들에게 숨기는 분위기다. 결혼을 하지 않을 경우 여성 쪽에서 불명예를 안게 된다.
- 결혼의 신성함이 퇴색될 수 있다. 결혼을 필수가 아닌 선택이라고 하면서 동거를 하게 될 경우에 결혼의 신성함이 무너지게 된다.
- 결혼으로 연결되지 않을 때 상처가 될 수 있다. 동거는 상대방에 대한 환상을 순식간에 깨뜨릴 수 있으며, 결혼을 하지 못했을 경우에 상처가 될 수 있다.
- 쉽게 헤어질 수 있다. 결혼생활을 통해 서로 부족한 부분을 감싸며 믿음으로 살아가는 것과는 달리 동거생활에서는 믿음을 갖기가 쉽지 않아 헤어질 수가 있다.
- 동거를 떳떳하게 밝힐 수 없다. 동거에 대해 찬성하는 이들도 막상 자신의 배우자가 동거를 했다는 사실을 알 경우 싫을 수 있다. 그리고 마지막으로 아이를 낳았을 경우와 인공임신중절로 인한 문제가 야기될 수 있다.

동거의 유형

최근 동거 유형을 보면 첫째는 결혼을 배제한 동거이다. 둘째는 결혼을 전제로 한 동거이다. 셋째는 결혼이 가능한 동거이다. 넷째는 룸메이트 개념의 동거이다. 룸메이트 개념의 동거는 대학생들 사이에서 가장 일반적이다. 특히 지방 대학의 경우 다른 지역에서 유학 온 학생들끼리 동거하는 경우는 더 이상 낯선 사례가 아니다. 동거 중인 대학생들은 생활비의 절감을 가장 큰 장점으로 내세운다. 동거의 유형은 리들리(Ridley, 1978)의 유형과 맥클린의 몰입 정도에 따른 유형(Macklin, 1983)이 있다.

리들리의 유형

1. **라이너스 담요형** : 라이너스 담요(Linus blanket)형은 만화인 '피너츠'의 등장인물 중 유아기적 성격을 지닌 라이너스가 항상 담요를 가지고 다닌 데서 유래된 말로, 커플 중 한 사람은 상대방에 대한 의존도가 높아 혼자 있는 것을 불안해한다. 일반적으로 라이너스 담요형은 서로에 대한 욕구의 정도가 다르기 때문에 오래가지 못한다.

2. **해방형** : 해방(emancipation)형은 두 사람 중 한쪽 혹은 양쪽 모두가 부모의 영향력으로부터 벗어나기 위해 동거를 선택하는 것이다. 이 유형에서는 부모가 상대방보다 더 많이 관여하면, 동거하는 두 사람이 친밀한 관계로 발전하는 것이 가로막히게 된다.

3. **편의형** : 편의(convenience)형은 법적 구속력이 없이 경제적 이익이나 성, 또는 안정된 거주지를 원하는 사람들이 동거하는 것으로, 이 관계에서 성은 매우 중요한 요소가 된다. 즉, 대개 결혼하기를 원하는 쪽은 여성이며, 두 사람이 동거관계에서 얻는 이익이 같지 않을 때에는 착취관계로 변하기 쉽다.

4. **실험형** : 실험(testing)형은 결혼의 시험적인 성격을 띠는 것으로서 동거관계가 만족스러울 때에는 결혼으로 연장될 가능성이 높다.

맥클린의 몰입 정도에 따른 유형

1. **데이팅 동거(dating-going together)형** : 서로가 좋아서 함께 있고 싶은 욕구 때문에 동거하는 유형으로, 두 사람의 애정이 식지 않는 한 동거관계는 계속된다.

2. **결혼에 대한 일시적 대안(temporary alternative to marriage)형** : 결혼을 원하는 두 사람이 결혼을 할 적절한 시기가 올 때까지 일시적으로 동거하며 결혼을 연기하는 유형이다.

3. **결혼에 대한 영구적 대안(permanent alternative to marriage)형** : 두 사람이 장기적으로 실질적인 부부관계를 맺고 있지만, 법적 혹은 사회적 결혼은 거부하는 유형이다.

동거의 동기

동거의 동기(정현숙 외, 2003)는 다음과 같다.

- 상대방의 신체적 매력에 이끌릴 때이다.
- 상대방과의 정서적 관계가 매우 강할 때이다.
- 정서적 유대관계를 맺고 싶은 욕구이다.
- 친밀감과 성관계를 갖고 싶은 욕구이다.
- 새로운 생활양식을 실험하고자 하는 욕구이다.
- 개인적 성장에 대한 욕구이다.
- 동거를 하고 있는 동료들의 영향이다.
- 결혼의 적합성을 검증하고자 하는 욕구이다.

각국 동거의 현황

미국을 보면 18~29세의 연령층 10명 중 1명꼴로 동거를 하고 있는 것으로 보고되었으며, 성인 인구의 4분의 1가량이 일생 중 어느 시기에 동거를 경험하는 것으로 추정하고 있다. 프랑스는 미국보다도 동거의 역사가 오래되고 더욱 보편적이며 동거가 만연하여 혼외 출산이 급증하고, 1970년대까지만 해도 유럽 사회의 전형적인 가족 형태였던 핵가족을 분해시키는 요인으로 작용하고 있다. 한국은 1990년대 들어 대학가를 중심으로 동거하는 학생이 생기기 시작하여 점점 증가하는 추세이다.

임신

여성의 생식기관은 크게 자궁과 난소로 나누어지고 이 자궁과 난소를 연결해 주는 것이 나팔관이다. 자궁은 1개 난소와 자궁의 양쪽에 각각 1개씩 2개의 나팔관이 있다. 자궁은 아기가 10달 동안 자라는 장소이고, 자궁의 양쪽에 각각 위치한 작은 밤 크기의 난소에서는 한 달에 한 번씩 난자를 배출한다. 나팔관은 정자와 난자가 만나서 수정이 일어나고 수정이 된 수정란이 자궁으로 이동하게 되는 통로 역할을 한다. 자궁의 아랫부분에 질부가 있는데 이곳은 외부에서 자궁으로 들어가는 현관과 같은 곳이다. 질부는 부부관계 후 사정된 정자가 여성 생식기 내에 처음 놓이게 되는 곳이다.

남자의 정자가 만들어지는 고환은 2개의 음낭에 싸여 있다. 정자는 부고환을 거쳐 정관으로 나오게 되는데, 이 정관의 끝부분에 전립선과 정낭이 달려 있고 아래쪽으로 방광에서 나오는 요도와 길이 합쳐진다. 전립선과 정낭은 각각 전립선액과 정낭액을 분비하여 정액을 만들고 이러한 정액은 정자를 보호하고 정자에게 영양을 공급한다.

난소에서는 매달 배란이 일어난다. 생리가 시작되면 난자는 배란이 되기 전 성숙과정을 거친다. 난자는 난포라는 주머니 속에 들어 있는데 난자가 들어 있는 난포는 그 크기가 점점 커진다. 난포가 커지는 것은 초음파 기계로 측정할 수가 있다. 크기가 약 2cm 정도로 크면 배란이 된다. 배란이 되는 날짜는 대개 생리 시작일로부터 보름가량 되었을 때이다. 난자가 배란이 되면 배란된 난자는 나팔관으로 들어가 정자를 기다린다.

한편 정자는 사정을 통해 여성의 질부에 놓이게 되고 약 20분간 정액은 묵과 같이 굳은 상태를 보이다가 물처럼 풀어진다. 그 후 정자는 경부를 거쳐 나팔관 끝 쪽에 있는 난자를 만난 후 수정을 일으킨다. 수정된 수정란은 세포분열을 하면서 나팔관에서 자궁으로 이동하게 되고 자궁으로 들어간 수정란은 자궁내막에 자리를 잡게 된다. 이를 착상이라고 한다. 수정이 되어 착상이 될 때까지는 약 4~5일이 걸리고, 태아 때 난소가 생기고 초경 후 배란이 시작된다.

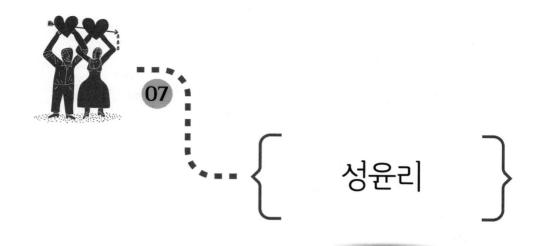

성윤리

'윤리(ethics)'는 도덕과 달리 어원에 있어서 헬라어 '에토스(ετως, 풍습, 습관)'와 이와 동의어인 '이소스(ιθως, 품성)'로부터 만들어진 형용사 '이시코스(ιθικοζ)'로부터 파생된 단어(김두헌, 1957)로 외양간이라는 말에서 나왔다(Proul, 1990). 그 의미는 안정되고 영속적인 주거장소라는 뜻이다.

반면에 '도덕(moral)'은 라틴어 'mos(단수 1격)', 'moris(단수 2격)', 그리고 'mores(복수 2격)'에서 나온 말로서 의지, 습관, 제도 등의 의미로 한 사회의 행동양식을 나타낸다(김영일, 1998).

윤리의 개념은 수직적인 개념으로 어떤 근원과의 관계에서 무엇을 해야 하는 근원을 규정해 준다. 반면에 도덕은 횡적인 개념으로 무리를 이루고 주어진 환경에서 현재 어떤 제도를 택하여 살아가고 있는가를 말한다. 윤리는 혼자로서는 성립될 수 없는 관계 중심적이다. 여기서의 관계란 사람과 사람, 사람과 사물이나 자연, 혹은 사람과 시대 혹은 문화일 수도 있다. 그리고 윤리의 특징은 다음과 같다(기윤실 총서, 1996).

윤리

첫째, 윤리는 목적적이다. 윤리는 '당위'와 관계되어 있다. 여기에는 항상 '자발성'이 전제되어 있다. 다시 말하자면 '그렇게 해야 되지만 그렇게 하지 않을' 자유도 있다는 것이다. 윤리란 일종의 책임을 묻는 행위인데, '하지 않을 자유'가 보장되어 있지 않는 곳에는 책임의 소재 또한 존재하지 않는다.

둘째, 윤리는 창조적이다. 윤리는 고정되어 있지 않다. 시대와 문화에 따라서 나름의 질서를 가지고 동적으로 변화해야 한다. 여기서의 변화의 주체는 도덕적 행위자이다. 도덕적 행위자는 단순히 도덕률의 추종자일 뿐만 아니라 동시에 도덕률의 입법자이기도 하다. 도덕에 있어서 창조적 역할에 대한 기대는 현대에 들어와서 더욱 두드러지고 있다. 사회가 복잡해지고 하루가 다르게 새로운 분야가 탄생하는 이 시점에서의 도덕적 창조성은 매우 중요한 덕목이다(기윤실 총서, 1996)

셋째, 윤리는 현실적이다. 반 퍼슨(Van Peursen, C.A., 1994)은 "윤리란 자연과 사회 속에 작용하는 비인격적 힘을 인간의 결정 영역 안에 끌어들이는 전체적인 전략을 일컫는 것이다."라고 언급하였다. 윤리는 바로 삶의 문제이다. 삶은 곧 현실이다. 윤리에 있어서 현실성이 중요한 이유는 윤리적 명제가 '삶을 설명'하는 명제가 아니라 어떠한 삶을 살아가도록, '행위를 규정'하는 명제이기 때문이다.

넷째, 윤리는 관계 중심적이다. 관계가 없는 윤리란 존재하지 않는다. 관계 가운데 있는 힘의 상호작용 속에서 윤리의 필요성이 제기된다. "어떻게 살아야 하느냐?"는 물음 가운데서 가장 중요한 부분을 차지하는 것은 '대인관계'의 문제, 즉 "남을 어떻게 대접해야 하느냐?"는 물음이다.

다섯째, 윤리는 보편적이다. 시대와 문화에 따라 윤리에 있어서의 수많은 차이점과 다양성을 보이는 것이 사실이지만, 그 차이와 다양성만큼이나 공통점과 보편성이 나타나는 것 또한 사실이다. 사랑이 미움보다 값지다는 것, 평화가 전쟁보다 바람직하다는 것, 일부다처제가 통용되는 사회라 하더라도 일부일처제가 부부 상호간의 인격적인 관계를 유지하는 데 훨씬 효과적일 것이라는 것은 모든 사람이 인정할 수 있는 보편 타당한 원리이다. 윤리적 명제가 지닌 힘의 일부분은 적어도 이 명제들에 함축된 공평성에 기인한다(기윤실 총서, 1996).

여섯째, 윤리는 우선적이다. 윤리적 가치체계는 다른 가치체계에 우선한다. 서구적 전통에 속해 있는 대부분의 도덕 철학자와 정치 철학자들이 법률은 도덕 기준에 의해 평가되어야 한다고 주장했듯이 윤리는 바로 여러 가지의 상황 속에서 가장 '우선'되는 것을 선택하는 행위라고 표현할 수 있다(기윤실 총서, 1996).

그리고 윤리적 가치체계는 다른 가치체계에 우선한다. 이를 쉽게 말하면 생명은 쾌락과 행복에 우선한다. 따라서 생명이 쾌락과 행복보다 우선하는 것이 윤리의 특징이라면 생명의 원인이 되는 성의 문제를 다루는 성윤리는 어떤 윤리, 도덕보다 우선한다. 인공임신중절이 법적으로 금지되는 이유는 아이가 정상적인 삶을 살아갈 권리가 부모가 자신의 행복을 추구할 권리에 우선하기 때문이다. 이를 쉽게 명제화한다면 "생명은 쾌락에 우선하고, 생명은 행복에 우선한다."가 될 것이다(기윤실 총서, 1996).

성윤리

오늘날 우리는 그릇된 성윤리가 심각함에도 불구하고 이에 대해 심각성을 느끼지 못하고 있다(이만갑, 1997). 그리고 지금은 성윤리가 단순한 성윤리의 차원이 아니라 이데올로기로 발전하고 있다. 가족을 하나의 이데올로기로 보는 견해가 문화인류학에서도 나타나고 있다(Harris, 1995). 특히 포스트모더니즘의 영향을 받아 성윤리 의식 또한 상대화되고 있다.

그러나 성은 상대화할 성질의 것이 아니다. 왜냐하면 성에서 생명이 잉태되기 때문이다. 세상에서 천하보다 소중하고 귀한 것은 생명이다. 그렇다면 생명보다 더 귀하고 소중한 것은 성이다. 성은 세 가지 기능을 갖고 있다. 하나는 생명의 잉태이다. 성을 떠나서 생명의 잉태란 존재할 수 없다. 생식이 성의 전부는 아니지만 성을 가치 있게 만드는 것이 바로 생식이다. 생명의 연장이나 다음 세대를 잇는다는 사실은 궁극적으로 성을 성스럽게 만들어 준다. 본능으로서의 생식은 성의 정당성을 판단하는 가장 기초적인 잣대라고 볼 수 있다. 요컨대 생명은 쾌락에 우선한다(기윤실 총서, 1996).

다른 하나는 성은 즐거움(쾌락)을 준다. 또 다른 하나는 사랑과 신뢰이다. 성은 총체적인 인격 중에도 인격적인 관계의 회복과 관련되어야 한다. 특히 성은 신뢰와 사랑에 연관되어야 한다. 성의 세 가지 기능 중 하나라도 충족되지 않을 때 건강한 성이란 있을 수 없다. 예를 든다면 동성애는 쾌락과 사랑이 수반되지만 생명은 잉태할 수 없다. 매춘이나 외설, 그리고 포르노는 쾌락은 있을지 모르지만 생명도 없고 사랑이 없다. 따라서 건강한 성이라 할 수 없다. 성의 특징은 다음과 같다(기윤실 총서, 1996).

성은 목적론적으로 다루어질 수 없다

성이 목적이 된다는 것은 성을 기준으로 하여 가치 평가가 가능하다는 말이 된다. 다른 말로 하면 성이 윤리적으로 가장 우선적일 수 있다는 것이다. 윤리적으로 우선적일 수 있는 것은 삶에 있어서 '필수적'인 것에 한해서이다. '필수'는 '잉여'에 우선한다. 그렇다면 성은 삶에 있어서 필수적인가? 성은 필수적인 면과 그렇지 않은 면을 동시에 갖고 있다. 우선 필수적인 면부터 살펴보면, 성은 생식과 관련하여 필수적이다. 생명을 잉태하고 자손을 번식시키는 데는 이성 간의 성 접촉을 제외하고는 다른 어떤 방법도 있을 수 없다. 생명과 관련하여 성은 필수적인 면을 가지고 동시에 목적론적으로 다루어질 수 있다.

그러나 성은 또한 살아가는 데 필수적이지 않다. 성이 삶에 있어서 필수적이라면 성을 포기한 사람의 삶은 뭔가 결핍되고 왜곡되고 괴상해야 할 것이나 실상은 그 반대로 나타나고 있다. 요컨대 성은 생식을 제외하고서는 필수적이지 않다. 그러므로 성은 성보다 필수적인 다른 가치에 의해 규정되고 평가되어야 한다. 성은 목적론적으로 다루어질 수 없다(기윤실 총서, 1996)

성은 단순히 생식을 위한 도구가 아니다

성을 목적론적으로 다루는 극단의 다른 저편에는 성을 단순히 생식을 위한 도구로만 취급하려는 또 다른 극단이 존재한다. 이른바 자연법 윤리학이 이에 해당되는데 생식을 목적으로 하지 않는 성은 모두 죄악시된다(Harris, 김학태 외 역, 1994). 물론 성에 있어서 생식은 본질적인 문제이다. 하지만 성은 생식 이상이다.

생물의 전반적인 성적 경향성이 생식에 있다고 해서 그것을 사람에게 곧바로 적용시킬 수는 없다. 왜냐하면 사람은 동물과 달리 '결혼'이라는 제도가 있기 때문이다. 만일 성이 생식을 위한 수단뿐이라면 결혼이란 제도는 무의미해질 것이다. 다른 동물들처럼 발정기가 될 때 그 자리에 있는 다른 이성과 관계를 맺으면 그만이기 때문이다. 따라서 결혼이란 제도는 남녀 간의 성적인 관계를 수반하므로 생물학적이라고 말할 수 있다.

그러나 거기에는 동물에게는 없는 약속을 근거로 하는 '정신적인 요소'가 내재되어 있다. 사랑, 신뢰 등의 가치들은 동물적인 성적 본능으로는 도저히 설명될 수 없는 부분이다(손봉호, 1994). 이 세상의 어느 누구도 정상적인 사람이라면 그냥 성적 충동이 일어난다고 해서 아무 데서나 상대를 가리지 않고 성관계를 하는 사람은 없다.

그리고 정신적인 요소를 배제한 성은, 종종 동물들의 경우보다 더욱 비참한 모습을 보이기도 한다. 강간, 동성애 등은 동물조차 하지 않는 성관계이다. 성은 생식을 위한 수단만이 아니다. 생식 외에도 인격적인 만남이 있고, 신뢰의 표현이 있다. 사람들은 성을 나누며 정신적인 신뢰를 육체의 모습으로 표현하고 느낀다. 성경에서 하나님과 사람이 서로 '안다'는 표현을 부부관계로 빗댄 것은 의미심장하다(Stott, 1985). 부부 간의 성관계는 다름 아닌 인격 대 인격의 만남을 구체적으로 표현한 것이다.

성은 총체적인 인격과 관련되어야 한다

마르틴 부버는 인간의 관계를 '나-너'와 '나-그것'의 두 근원어로 설명하였다(Martin, 1974). '나-너'는 내가 '나'의 온 존재를 기울여서만 비로소 말할 수 있는 데 반해, '나-그것'은 '나'의 온 존재를 기울여 말할 수 없다는 것이다. '나-그것'의 관계는 인간의 객체적인 경험, 즉 지식의 세계 안에 있는 것이요, '나-너'의 관계는 인간의 주체적인 체험, 즉 인격의 세계 안에 있는 것이라고 할 수 있다.

오늘날 인간성 상실은 인격과 인격의 사귐 가운데 있어야 할 인간의 삶이 비인격화되어 '그것'으로 전락하게 된 데 있다. 이러한 비인격화에 과학이란 이름의 학문이 적잖은 기여를 하였다. 이제 사람은 더 이상 인격이 아니라 생리학적 구조가 되었고 심리적 대상이 되었으며 사회적 계급이 되었다. 사람을 만날 때도 그 사람이기 때문에 만나는 것이 아니라 그 사람이 어떠하기 때문에 만난다. 결혼할 때도 학벌과 집안과 경제력을 고려해야만 안심하게 된다. 그러나 이러한 매개물은 만남의 절대적 장애물이다. 이것은 나와 너와의 만남이 아니라 나와 그것과의 만남, 성적인 대상과의 만남이다. 그러므로 성은 총체적인 인격에 관련되어야 한다.

성은 결혼 안에서만 정당하다

결혼은 사람들이 성을 매개로 해서 맺는 인간관계 중에 가장 일반적인 형태이다. 그러나 결혼에는 성관계만 있는 것이 아니다. 이 세상의 어느 누구도 성관계를 맺기 위해서만 결혼하지는 않는다. 사람들은 결혼이라는 관계를 '성'이 아니라 '약속'에 근거해서 이루어 간다. 다시 말하면 결혼은 단순한 성적 결합이 아닌 상호 인격에 대한 신뢰에 바탕을 둔다. 그리고 결혼은 '사회적 동의'를 전제하고 있다. 다시말해 성은 결혼 안에서 정당할 수 있다.

성윤리의 중요성

성윤리의 중요성은 다음과 같다(우남식, 1999).

1. **성은 도덕적, 윤리적 차원을 넘어선 생명윤리이다.** 성은 단순한 쾌락의 수단이 아니라 고귀한 생명을 잉태하는 힘이다. 성은 하나님에 의해 창조되었으며 생명과 연결되어 있는 신성하고 고귀한 것이다. 그러므로 성윤리, 곧 생명존중 사상과 직결된다. 성윤리가 타락하는 곳에는 생명존중 사상이 파괴되기 때문에 각종 성범죄, 인신매매, 성폭행, 인공임신중절, 강간 등이 야기되고, 각종 성병이 만연하여 사회의 근간을 흔들어 혼란에 빠뜨리게 된다. 오늘날 인공임신중절은 태어나는 어린아이의 3배에 달한다고 한다. 이처럼 생명존중 사상이 파괴될 때 인류에게 닥칠 재앙은 상상을 초월하게 될 것이다. 그러므로 성윤리는 그 어떤 도덕, 윤리보다 우선한다. 역사적으로 보더라도 성윤리가 타락할 때 국가와 인류에게 재앙이 나타났다. 한 예로 천형이라 일컫는 에이즈를 들 수 있다. 성윤리는 생명과 직결되기 때문에 성교육은 아무리 강조해도 지나치지 않는다.

2. 성은 거룩한 사랑의 윤리이다. 성을 건전하게 쓰면 생명을 잉태하는 힘을 가져온다. 반면에 잘못 사용되면 곳곳에 병리현상을 일으키게 된다. 그동안 성은 억압되어 있었다. 성이 억압되어 있었을 때 많은 문제가 야기된다. 성 억압도 문제가 있지만 성 개방도 위험하기는 마찬가지다. 성을 올바로 사용해야 함에도 불구하고 올바로 사용하지 않을 때 죄가 된다. 죄는 가치관을 상실케 하고, 삶의 존재의 미와 목적과 방향을 상실케 한다. 이처럼 죄에도 강력한 힘이 있다. 그러나 죄의 고리를 끊을 수 있는 것이 있는데, 그것은 거룩한 하나님의 사랑이다. 하나님의 거룩한 사랑은 불건전한 방향의 성을 건전한 방향으로 돌이키는 힘이 있다. 이것은 죄에 대한 묵인이나 방조가 아닌 적극적인 해결방안이다. '성교육'은 '성(聖) 교육'이 되어야 한다.

3. 성은 부부가 가정에서 이루어 내는 윤리이다. 사람은 누구나 불행한 삶을 원치 않고 행복을 추구하며, 행복한 삶을 추구한다. 행복은 일차적으로 가정에서 이루어져야 한다. 이를 위해 결혼이란 제도를 통해 가정이 세워졌다. 따라서 가정의 행복의 근원은 부부의 건전한 성윤리의 정립에서 온다고 본다.

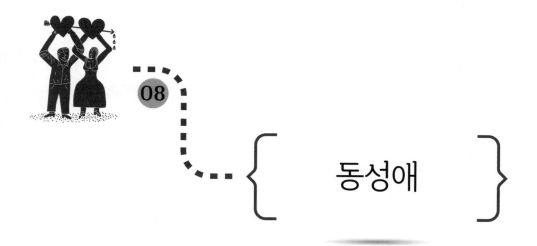

동성애

성적 지향의 대상을 성별에 따라 분류하면 여성, 남성, 양성, 무성 등으로 나눌 수 있다. 이러한 성적 지향성을 바탕으로 자신의 성적 상황을 스스로 인식하고 그 인식을 바탕으로 자신의 성적 주체성을 정립시켜 나가는데 첫째는 이성애(heterosexuality)이다. 이성애는 성적 관심이나 성행동 대상이 이성이다. 둘째는 양성애(bisexuality)이다. 양성애는 성적 관심이나 성행동 대상이 양성이다. 셋째는 동성애(homosexuality)이다. 동성애는 성적 관심이나 성행동 대상이 동성이다. 넷째는 무성애(asexuality)이다. 무성애는 성적 관심이나 성행동의 대상이 없을 경우를 말한다. 동성애 성향과 동성애 행위는 구별된다(Stott, 1997). 동성애 성향은 같은 성을 사랑하는 성적 정체성을 말하고 동성애 행위는 남성의 성 정체성을 가지고 남성을 사랑하거나, 여성의 성 정체성을 가지고 여성을 사랑하는 것으로 동성 간의 육체적 결합을 지칭한다.

동성애의 호모(homo)란 용어는 그리스어로 남성과 여성 사이에 이루어지는 이성애에 대한 반대 개념이다. 이 용어가 동성애자로 사용된 것은 19세기 말의 헝가리 의사가 그 이전의 동성애를 종교적 또는 도덕적으로 모멸하는 용어인 소도미

(sodomy)를 대신하여 병리학적 인식으로 만든 용어이다. 그러나 산업화 이후 동성애자들에 대한 탄압이 시작되면서부터 동성애와 동성애자를 모멸하는 용어로 사용되기 시작하였다. 게이(gay)라는 용어는 동성애자들이 어두운 동성애자의 이미지에서 벗어나 밝은 이미지의 기쁨이란 의미를 부여하면서 사용되기 시작되었다. 원래는 남녀 동성애자 모두를 지칭했으나, 지금은 주로 남성 동성애자를 가리킨다. 레즈비언(lesbian)은 여성 동성애자를 지칭한다. 고대 그리스의 유명한 여성 시인 사포가 그의 여제자들과 살았던 레스보스섬에서 유래한다. 그리고 커밍아웃(coming out of the closet, coming out stage)이란 용어는 '벽장 속에서 나오기, 혹은 무대로 나오기'의 축약으로, 동성애자 스스로가 자신의 정체성을 밝히는 것을 말한다.

동성애의 역사

고대 서양에서의 동성애는 플라톤의 향연에 아리스토파네스의 연설에 나타나 있고(이정직, 2000), 구약성경의 창세기 19장 5절에 소돔성에 두 천사가 롯의 집에 찾아왔을 때 소돔 사람들이 집 주위를 둘러싸고 "너희 집에 온 그들을 끌어내라. 우리가 그들과 상관하리라!"고 협박을 하는 장면이 나온다. 여기에서 상관한다는 것은 영어 성경에 'have sex with them(NIV)'으로, 성적 행위를 뜻하는데 소도미라는 단어를 보건대 동성애를 지칭한다고 볼 수 있다. 로마 황제들 가운데 동성애자가 많았다는 사실 또한 사료를 통해 확인할 수 있다.

한국에서 역사적 기록에 언급된 최초의 동성애자는 신라 원성왕(785~798)대에 묘정이라는 미소년의 얘기가 삼국유사에 나온다. 그는 용모가 출중하여 신라 안팎에 소문과 칭찬이 자자했으며, 신라 고관들의 사랑을 받았고 후에 당 황실에 들어가 황제의 총애도 받았다고 전해진다. 그리고 신라 제36대 혜공왕(758~780)의 이야기에도 있다. 삼국유사의 기록에 따르면 그는 8세의 어린 나이에 왕위에 올랐다. 평소 여자같이 행동하고 옷 입기를 즐겨하여, 신하들이 의논하기를 원래 왕은 여자였는데 남자의 몸으로 왕이 되었으니, 나라에 불길하다고 하여 죽였다고 전해진다. 고려시대에 와서는 공민왕(1330~1374)이 있다.

왕은 몽고 출신의 노국공주가 병사하자 큰 슬픔과 고통 속에서 살다가 자제위라는 궁정 청년 근위대를 만들고 그들과 동성애를 즐기다가 후궁 익비와 사통한 홍륜에게 죽임을 당한다. 조선실록의 세종기에 세자빈 봉씨가 후궁들과 오랫동안 동성애를 즐기다 발각되어 궁에서 쫓겨난 사건도 기록되어 있다. 구전으로 전해진 민간의 동성애 전통과 관련된 민담과 구전가요는 화랑에서 찾아볼 수 있다. 몇몇 향가의 기록 속에 은근히 배어 나오는 화랑도들 간의 사랑과 그리움의 감정 등을 감안했을 때 화랑도에서 동성애적 행위와 사랑은 공공연하게 이루어졌음을 짐작할 수 있다. 또 유랑 예인집단 남사당과 그 외 승방과 머슴 사이에서 남자끼리, 또는 여자끼리의 사랑 얘기는 많이 전해진다.

문학작품에서 동성애의 감정을 기록한 것은 고려시대 경기체가 한림별곡에서 찾아볼 수 있고, 또 박지원의 열하일기에서 청나라 상인들과 미소년들이 거래를 통해 동성애 행위를 하고 있다고 기록하고 있다. 이러한 단편적인 기록들이나 구전을 통해 우리 역사 속에서 동성애가 존재했음을 알 수 있다.

미국의 동성애 운동이 본격화된 것은 동성애 인권운동에 참여하게 된 1960년대 이후라고 할 수 있다. 그 전개과정을 보면 1890년경부터 제2차 세계대전 직전까지를 동성애 운동의 발아기라 할 수 있다. 미국에서 동성애 조직이 최초로 만들어진 것은 1924년이다. 독일계인 헨리 게르버(Henry Gerber)가 주도한 Society for Human Rights는 불과 몇 개월 만에 제2회에 걸쳐서 'Friendship and Freedom'이라는 잡지를 간행하여 미국 동성애사의 서장을 열었다(Adam, 1995).

1945~1969년은 형성기로 이때는 제2차 세계대전 직후로, 매카시즘이 파고들어 동성애자들이 탄압을 받고 있었던 때다. 그들은 이에 대한 대응책으로 전용 술집을 만들어 자구책을 세워 나갔다(Adam, 1995). 이러한 억압적인 분위기 속에서 킨제이는 1948년의 보고서에서 백인 남성의 50%만이 평생 이성애적인 성관계를 원한다고 주장하여 동성애 욕구가 얼마나 보편적인가를 사회에 부각시켰다. 그럼에도 불구하고 1940~1950년대의 사회는 동성애 운동에 대해 배타적이었다(D'Emilio, 1983). 그러다가 1960년대 반전 운동과 미국 사회 전반에 일어난 급진주의는 동성애 운동의 새로운 기회를 제공하였다.

1969~1980년은 정착기로 볼 수 있다. 특히 1969년은 동성애 운동의 중요한 획을 그은 해이다. 1969년 6월 27일에 뉴욕 경찰이 그린니치 빌리지의 선술집 스톤

월 인(Stone Wall Inn)에 급습함으로써 동성애자들의 공격적인 저항과 조직적 집단 행동이 발발했기 때문이다. 스톤 월 인 사태는 동성애자들을 하나의 정치적 세력으로 결집시켰다. 스톤 월 인 사태 1주년 기념행사로 시작된 동성애자(게이)들의 행진은 연례행사가 되어 커밍아웃을 독려하는 축제로 정착되었다.

1981~1990년은 전환기로, 스톤 월 인 사태 이후 점차 입지를 넓혀 가던 미국의 동성애 운동은 1980년대에 들어 에이즈라고 하는 전혀 예상치 못한 돌발 변수를 만나게 되었다. 1980년대에 많은 동성애자(게이)들이 에이즈로 사망하게 되고, 1980년의 신보수주의적 사회 분위기로 동성애에 대한 억압이 강화되기 시작하였다. 이런 환경 속에서 게이들은 에이즈와 동성애의 분리를 시도하여 에이즈의 예방이나 치유를 위한 방안과 에이즈와 동성애는 별개라는 전략과 대응책을 강구하기 시작하였다(Vaid, 1995).

우리나라 대학가에 동성애가 등장한 것은 1995년 10월 연세대학교에서 성정치라는 용어가 등장하면서부터이다. 2000년에는 한국 인기 탤런트 홍석천의 커밍아웃이 일반인들에게 적잖은 충격을 주었다. 그들의 주장에 의하면 동성애는 정신질환이 아니며 이성애와 다를 바 없다고 주장한다(LG 애드, 1997; 장휘숙 재인용, 2004). 이제는 동성애자들이 동아리를 조직하여 드러내 놓고 활동하고 있다. 우리가 인식하지 못하는 사이에 우리 주변에 은밀하게 퍼져나가고 있다. 최근 우리나라에 동성애를 다루는 웹사이트는 약 50여 개가 있는데, 그곳에 올라온 동성애 관련 질문은 총 10,000여 개가 넘으며 그 밖에 동성애를 다룬 서적과 전문 자료는 4,500권을 웃돈다. 또한 이태원, 종로에는 동성애자들의 공간도 100여 곳이 있는 것으로 추정되고 있다. 이를 볼 때 우리가 생각하는 것 이상으로 동성애에 대한 관심과 그 대상이 폭넓음을 짐작할 수 있다.

우남식(2014)의 2004년과 2014년의 대학생의 성의식의 비교에서 '동성애는 자연스러운 성의 한 표현이다'라고 생각하는 대학생이 2004년에 5점 만점에 1.78이었다면 2014년에는 2.76이었고, 남학생이 2.29였고 여학생은 2.78이었다. 그리고 '서로가 원한다면 동성끼리의 성관계는 괜찮다'라는 생각은 2004년에 1.72였다면 2014년에는 2.80으로 증가하였고, 남학생이 2.32, 여학생이 2.69로 나타났다. '동성애는 사회적으로 인정되어야 한다'고 생각하는 대학생이 2004년에 1.99였던 반면 2014

년에는 2.90으로 증가하였고, 남학생은 2.50, 여학생은 2.80으로 나타났다.

2006년에 1,200만 명의 관객을 동원한 '왕의 남자' 또한 동성애 분위기를 묘사한 영화로 꼽힌다. 그리고 해피 투게더(1998년), 아이다호(1991), 패왕별희(1993년), 필라델피아(1994년), 토탈 이클립스(1995년), 헤드윅(2000), 프랑스 영화인 타임 투 러브(2005년), 브로크백 마운틴(2006), 일본영화인 메종 드 히미코(2006년), 그리고 우리나라 영화로는 후회하지 않아(2006), 친구 사이(2009) 등이 있다. 이제 동성애를 다룬 작품들이 영화를 벗어나 '인생은 아름다워'와 같은 드라마로 가정에 파고들고 있다. 어린이들이 그 드라마를 보고 영향을 받아 남아끼리 포옹하고 뽀뽀하며 성장하여 남아끼리 결혼한다(2010년 11월 30일 국민일보 동성애 ②)는 기사까지 나오고 있다.

동성애자의 생활양식

동성애자들은 동성애자들이 어디에서 살고, 어떻게 성 상대자를 구하는가에 관심을 보인다.

첫째, 신호체계 발달(남성의 경우)이다. 상대방의 눈을 오랫동안 응시하는 행위는 남성끼리의 성적 관심의 표현이다. 그리고 일부 남성 동성애자는 하나의 귀고리만을 착용하면서 동성애자임을 밝힌다고 한다. 오른쪽에 착용하면 자신이 수동적임을, 왼쪽에 착용하면 공격적임을 나타낸다고 한다. 손수건을 바지 뒷주머니에 넣고 다니는 방법도 있다. 여성의 경우 안면 표정이나 행동 변화를 더 정확히 감지하는 경향으로 인해 덜 발달하였다고 한다.

둘째, 성 상대자이다. 남성의 경우 무분별하게 많은 사람을 성적 상대로 상대하는 반면, 여성 동성애자의 경우 71%는 단지 1~2명과만 상대하고 교제한다고 한다. 이러한 경향은 1980년대 초반 에이즈가 사회문제로 부각되면서 확인되었다. 미국의 질병통제센터(Center for Disease Control) 보고에 의하면 에이즈에 감염된 남성 동성애자 50명을 대상으로 분석한 결과 성적으로 접촉한 대상자의 수는 평균 1,100명이며 그중 몇 명은 2만 명까지 상대한 것으로 나타났다. 에이즈에 걸리지 않았던 120명의 동성애 비교집단의 경우는 평균 550명을 상대하였다.

동성애의 원인

- **생물학적 이론** 최근까지 동성애가 생물학적으로 결정되는가를 확인하려는 연구들은 주로 유전설(세포 유전학)이다. 동성애는 강한 유전적 경향성을 갖는다는 것이다(Savin-Williams, 2005). 유전설은 부모로부터 받은 유전적 요인이 동성애적 지향을 결정하는가를 밝히기 위한 방법으로 주로 쌍둥이를 표집 집단으로 삼고 있다. 동성애가 유전되는 것은 아니지만 자궁 내에 있을 때 신경계통의 이상으로 출생하면서 동성애 기질을 갖고 태어난다는 설명이다. 1952년 미국의 칼만은 쌍둥이들의 동성애에 관한 연구에서 한쪽이 동성애자이면 다른 한쪽이 동성애자일 가능성이 100%라는 연구 결과를 발표하였다. 10년 후에 독일의 슈레겔도 113쌍의 쌍둥이를 조사했는데 칼만과 비슷한 결과를 얻었다. 그러나 이 연구들은 연구에 대한 문제점 때문에 객관성을 상실한 것으로 판명이 났다. 예를 들면 칼만의 경우 그 표본이 교도소 및 정신병원 수감자들을 대상으로 한 연구였기 때문에 그 결과를 일반화시킬 수 없으며, 또 일란성 쌍둥이라는 진단에 대한 설명이 부족한 상태에서 연구되었다는 비판을 받았다.

  그리고 동성애가 생물학적, 사회학적 요인에 의해 결정된다고 주장하는데, 생물학적 요인에 의해 결정된다고 주장하는 근거는 호르몬의 영향 때문이라는 것이다. 사춘기 동안의 호르몬 변화는 성행동을 활성화하지만 활성화되는 성행동의 패턴은 인생 초기에 이루어지는 뇌의 호르몬 경로가 조직화되는 방식에 따라 달라지는데, 동성애자들은 태내기 동안의 뇌조직화 과정에서 성행동 패턴에 영향을 주는 어떤 호르몬에 노출되었다는 것이다(Meyer-Bahlburg, 1995). 이 가정은 게이는 여성적이며, 레즈비언은 남성적이라는 전제가 필요하다. 그러나 동성애자들의 호르몬 구성이 이성애자들과 전혀 차이가 나지 않았으며, 게이에게 남성호르몬(테스토스테론)을 주입한다고 해서 성행동의 유형이 바뀌어지지 않았다.

- **뇌 구조설(신경해부학)** 동성애자들의 뇌의 구조가 이성애자들과 다르다는 것이다. 자신이 게이이기도 한 르베이는 1991년 에이즈로 사망한 19명의 남성 동성애자와 16명의 남성 이성애자, 6명의 여성 이성애자들의 뇌를 해부해 보았다. 그 결과 인간의 성행동을 지배하는 뇌에 있는 시상하부의 일부분이 남성 동성애자와

남성 이성애자 간에 큰 차이가 있고, 오히려 남성 동성애자와 여성 이성애자의 시상하부의 일부분이 크기가 같다는 사실을 밝혀냈다. 이 연구 결과로 동성애자는 선천적으로 타고나는 것이라는 주장을 하기도 한다. 그러나 르베이도 이 연구 결과로 동성애의 원인을 밝힐 수 없다고 이야기했고, 또한 이 연구의 신빙성이 떨어지는 이유는 이 연구의 조사대상자들이 모두 에이즈로 사망한 자들이라는 것이다.

- **심리분석적 이론** 이들은 프로이트의 견해를 따르는 것이 공통점이다. 어머니에 대한 성적 욕망에의 공포증이나 혹은 오이디푸스 콤플렉스에서 온다는 것이다. 다시 말하여 프로이트는 인간은 원래 양성적 존재로 태어나는데, 동성애자들은 자라는 도중 부모와의 갈등과 가족의 상호작용이 잘못되어 동성애적 성향에 고착된다고 보았다. 그리고 프로이트는 아동기의 발달장애로 보고, 동성애가 이성애보다 미숙한 형태의 성적 행위로 본다. 의식적 선택의 결과가 아니라 심리적 콤플렉스로 보는 것이다. 생물학적인 기질이 아니라 환경과 심리적인 현상으로 본다.

  허록(Hurlock, 1949)은 성의식의 발달에는 다섯 단계의 시기가 있다고 보았다. 그중에 심취시기가 있다. 이 시기는 육체적인 접촉보다 정신적인 공명의 희열감이 중심이 되고 있는 동성애의 심리가 나타난다. 이 시기는 13세부터 16세 무렵까지의 사이에 일어나며, 이 현상은 동성애가 아니라 성발달 단계의 지극히 정상적인 현상이다. 그런데 이 시기에 동성애자로 될 가능성이 없지 않아 있다.

  동성애자로서의 인식은 보통 10~18세 사이에 이루어진다. 이 시기는 에릭슨이 말하는 정체성을 갖는 시기이다. 이 시기에 동성애자는 성적 지향성을 확인하게 되면 갈등하고, 죄책감을 느끼고, 누가 알까 봐 두려워하면서 이성애자로 살고자 노력한다. 자신의 동성애 지향성을 수용하기 위해서는 청년 후기나 성인 초기에 이르러야 한다(장휘숙, 2004).

- **비정상적 가정환경에 기인한다는 견해** 어머니의 지나친 보호와 사랑으로 아버지의 사랑을 맛보지 못한 아들은 동성애에 빠지기 쉽다는 것이다. 다시 말해 동성애란 의식적 선택 결과가 아니라 환경과 심리적인 콤플렉스에서 온다는 견해이다. 남성이 조루증으로 알려졌을 때 여성의 질에 대해 공포를 느낀 나머지 동성애자가

되는 경우도 있고, 여성은 남성의 성기가 자신들의 성기에 삽입되는 것을 두려워하는 나머지 여성 동성애자가 되는 경우도 있다. 그래서 여성들은 그러한 끔찍한 성기가 없는 사람들과 성을 즐기게 된다. 이처럼 동성애자는 생물학적인 기질에 의해서가 아니라 환경과 심리적인 현상으로 인해 정상적인 性행위를 통한 즐거움보다 같은 性의 사람과의 관계를 통해 즐거움을 찾고자 한다. 학습 이론에 기초해서 동성애를 부모나 가족 환경으로 영향을 받은 조건 형성이라는 것이다.

동성애의 문제점

WHO에서 성적 건강(sexual health)에 대한 정의를 "개인의 인성, 의사교환 능력 및 사랑의 감정을 키워주기 위하여 신체적, 정서적, 정신적 및 사회적인 영역 등에서 개인이 성적인 존재로 통합되는 것이다."라고 하였다(Byer & Shainberg, 1994). 김흥규(2003)는 성숙과 건강의 개념을 "성숙한 사람이란 신체적으로나 정신적으로 건강하고 심리적, 사회적으로 성숙된 상태다."라고 정의하였다.

DSM-I과 DSM-II(1965)에서는 동성애를 성격장애로 분류하였다. 그러나 동성애자들의 소수 인권을 주장하는 사람들이 1970년 샌프란시스코에서 열린 미국정신의학회 학술대회에서 동성애를 인정하는 활동을 전개하였다. 이로 인해 DSM-III(1980)에서는 동성애를 장애진단 기준에서 삭제시키는 대신, 보다 제한적 개념인 자아 이질적(ego-dystonic)으로 교체하였다. 그러다가 DSM-III-R(1987)에서는 자아 이질적인 동성애 조항이 삭제되어 동성애 진단평가가 사라졌고, DSM-IV, V(1994, 2013)에서는 동성 간의 성관계에 관한 단어조차 존재하지 않게 되었다. 그 대신 아동기 분야에서 정체성장애(Gender Identity Disorders) 조항만이 다루어지고 있다. 그 이전 1972년에 미국심리학회는 이미 동성애를 성격장애의 분류에서 제외시켰다. 이런 영향으로 한국도 동성애를 합법적으로 다루려고 한다. 여기에 몇 가지 문제점이 있다.

첫째, 성은 심리적 현상으로 구분하지 않는다. 동성애는 선천성이냐 후천성이냐는 논쟁인데, 성이란 용어인 서양어의 '섹스(sex)'라는 단어는 '나눈다', '분리하다'의 뜻인 'seco', 'sec'에 관련된 라틴어 '섹서스(*sexus*)'에서 유래한다(Joseph, 1967). 이는 성교나 성관계를 의미하기보다 생물학적인 면에서 남녀를 구분한 것으로, 개인이 태어나면서부터 남성, 여성으로 구분된 선천적인 성을 뜻하는데, 이를 성적 주체성(sexual identity)이라 한다(윤가현, 1990). 인간은 태어날 때부터 남성과 여성으로 분리된다. 다시 말해 남성과 여성을 구분할 때 외적인 남성과 여성의 성기를 통해 구분한다. 심리적으로 혹은 유전인자를 보고 여성이냐 남성이냐 구분하지 않는다. 그리고 성경은 남자와 여자를 구분하여 창조한 것으로 말한다(창 1:27).

둘째, 동성애는 생명을 잉태할 수 없다. '섹스(sex)'는 6이란 숫자, 즉, six에서 왔다. 이는 10계명 중 제6계명의 간음하지 말라는 뜻이다(개신교의 10계명 중 7계명, 천주교는 6계명). 따라서 성이란 순결을 뜻한다. 그리고 성관계는 두 가지 기능을 갖고 있다. 하나는 출산이고 또 다른 하나는 쾌락이다. 성관계는 둘 다를 포함한다. 전통적으로 성관계는 출산에 한하도록 엄격하게 제한되어 있었지만 성의 에로틱한 즐거움을 분명히 긍정한다(잠 30:18,19). 넬슨(1978)은 "성은 후손들을 보기 위한 것만이 아니라 오히려 즐거움과 긴장을 풀려는 욕구다."라고 하였다. 그러니까 성관계의 기능 중에 하나라도 빠지게 되면 건강한 성이라고 할 수 없다. 건강한 성인 남녀가 성을 나눌 때 거기에는 쾌락이 있고 생명을 잉태하게 된다. 그러나 동성애자들의 경우에는 쾌락은 누릴지 모르지만 생명을 잉태할 수 없다. 그러므로 동성애는 성윤리의 문제 이전에 생명의 문제이다.

셋째, 동성애자의 육아 문제이다. 동성애자들은 상당수 결혼을 한다. 동성과 결혼했을 때 생명을 잉태할 수 없다는 것은 이미 밝혔다. 그래서 동성애자들은 입양을 하게 된다. 그렇다면 입양한 아이들은 어떻게 될 것인가? 심리학자 타일러는 가정에서 92%가 3세 이전에 문화화, 사회화 과정을 다 겪는다고 하였다. 에릭슨은 1~5세까지 가정이라는 공간에서 가족, 특히 어머니의 중요성을 강조한다. 그리고 심리학자 반두라는 부모를 자녀의 역할 모델의 첫째로 보고 있다. 그래서 그는 이혼한 경험이 있는 가정에서 성장한 사람이 이혼하지 않은 가정에서 태어난 사람보다 이혼 가능성이 높다고 보고 있다. 이것은 아이들이 알게 모르게 자의든 타의든 부모의 영향을 받게 된다는 것이다. 그렇다면 동성애자 가정에서 자란 아이들이 또 다른 동성애자가 되지 않는다고 누가 보장할 수 있겠는가? 입양한 아이들은 선천성이 아닌 후천성 동성애자가 된다. 이렇게 되면 동성애자들은 확대 재생산되게 된다. 그리고 동성애자들이 주장하는 선천성이라는 것은 의문의 여지가 있다.

넷째, 가정의 위기이다. 하나님이 인간의 행복을 위하여 두 가지 기관을 창설하셨다. 하나는 교회이고, 다른 하나는 가정이다. 그런데 교회보다 가정이 먼저 세워졌다. 가정은 생명이 창조되고, 행복이 만들어지는 곳이다. 가정은 인간이 만나는 최초의 사회 공동체이고, 행복한 가정에서 자란 자녀가 가정의 소중함을 알고 결혼의 소망을 갖게 된다. 가정은 삶의 법을 배우며 사회화되는 생의 보금자리이고, 사회 근간이 유지되고 발전되는 곳이다. 그래서 페스탈로치는 도덕상의 학교라고 할 만큼 가정에서의 교육을 중요하게 여긴다. 그런데 동성애의 결혼이 증대할 때 가정이 어떻게 되겠는가? 동성애자들이 확대 재생산될 때 가정은 위기를 맞게 된다. 가정이 무너지면 사회 공동체를 지탱하는 근원적인 터를 잃게 된다. 성경은 기초의 중요성을 이렇게 설명한다. "터가 무너지면 의인이 무엇을 하랴."(시편 11:3) 사회의 터가 되는 가정이 무너지면 사회 공동체가 무너지고, 인류 공동체는 존재할 수 없게 된다.

다섯째, 에이즈 감염이다. 국립보건원 전염병관리 보고서를 보면 감염인들은 51.6%가 성생활을 하지 않으며, 24.0%는 배우자 또는 애인과 고정된 성생활을 한다고 밝혔으나, 22.1%는 다양한 동성과 잦은 성생활을 하고 있다고 응답하였다. 특히 여성 감염인 3명은 많은 여성과 자주 동성애 관계를 맺고 있다고 밝혀 여성 동성애 관계를 통한 에이즈 전파가 우려되고 있다. 또 감염인들은 22.2%가 항문성교를 할 때 콘돔을 전혀 사용하지 않거나 가끔 사용한다고 밝혀 에이즈가 동성애 집단에서 확산될 가능성이 높은 것으로 조사결과 드러났다. 그 결과 게이 남성의 경우 에이즈나 다른 질병의 감염에 더욱 취약하다.

2005년 상반기 감염 경로가 확인된 에이즈 감염인은 2,962명(전체 3,468명 중)이며, 그중 역학조사를 통해 동성 감염인과의 예방조치 없는 성 접촉으로 감염된 비율은 35.8%이다. 약 65%가 이성애자란 이야기이니, 숫자상으론 동성애자가 이성애자보다 적겠지만 문제는 전체 인구의 비율이다. 동성애자 커뮤니티가 좁다는 건 모두가 인정하는 사실인 만큼, 감염인 중 동성애자가 차지하는 비율은 매우 높다고 볼 수 있다. 여기에 자신이 동성애자임을 감추기 위해 역학조사 시 이성과의 성관계로 감염이 되었다고 대답한 경우도 상당히 많다는 것이 다년간 실무를 겪어 온 감염내과 전문의, 에이즈 관련 단체, 감염인 단체의 공통된 의견이다. 따라서 실제 비율은 35.8%보다 더 높을 것으로 추정된다.

2014년 8월 24일 보건복지부 질병관리본부가 제출한 '연도별 HIV/AIDS 신고현황' 자료를 보면 지난해 국내 의료기관 등을 통해 에이즈 바이러스 감염자로 신고된 인원은 1,114명이었다. 내국인은 1,013명, 외국인은 101명으로 집계돼 하루에 평균 3명의 내국인이 에이즈 바이러스에 감염되는 것으로 나타났다. 해마다 새로 신고되는 내국인 감염자 수는 1995년 108명(전체 114명)으로 처음 100명을 넘어선 후 2011년 888명(전체 959명)을 기록했다가 지난해 1,000명을 넘은 것이다.

질병관리본부는 감염 경로는 대부분 에이즈 바이러스 감염자와의 성 접촉에서 비롯된 것으로 분석하였다. 에이즈로 숨지는 내국인 사망자도 2011년 148명, 2012년 110명, 2013년 139명으로 이어지고 있다. 에이즈 바이러스 감염자가 꾸준히 늘고 있지만 정부의 지원 예산은 감소하고 있는 것으로 분석됐다. 올해 예산액은 100억 700만원이었지만 2015년 예산안은 95억 원으로 감소하였다. 지난해 복지부가 인권침해 논란에 휩싸였던 에이즈 전문요양병원의 지정을 취소하면서 에이즈 환자들이 요양치료를 받을 병원도 마땅치 않은 상황이다. 이 의원은 "에이즈는 조기 진단해 치료하는 것이 바람직하다."면서 "정부는 에이즈 감염자 지원 예산 증액을 위해 노력해야 하고, 환자들이 편하게 치료할 수 있는 장기요양병원도 꼭 필요하다."고 말하였다.

미국에서 처음 발생한 에이즈 감염인이 동성애자였고 동성애가 드러낼 수 없는 사회적 흐름이라 음성적으로 이루어지기 때문이다. 그리고 의학적으로도 항문성교가 질 삽입 때보다 음경에 상처를 낼 확률이 높고 직장이 파열되는 확률도 높다. 가정을 잘 이루지 않으므로 무분별하게 상대를 만나고 그 수가 다수일 경우가 많다. 임신에 대한 두려움이 없어 콘돔을 사용하지 않는다.

여섯째, 윤리는 보편적이고 우선적이다. 윤리의 원칙 중에 보편성의 원리가 있다. 윤리에 있어서 시대와 문화에 따라 수많은 차이점과 다양성을 보이는 것이 사실이다. 그러나 그 차이와 다양성만큼이나 공통점과 보편성이 있다. 사랑이 미움보다 값지다는 것, 일부다처제가 통용되는 사회라 하더라도 일부일처제가 부부 상호 간의 인격적인 관계를 유지하는 데 훨씬 효과적일 것이라는 것은 모든 사람이 인정하는 보편타당한 원리이다. 이성애가 동성애보다 보편타당하다는 것은 주지의 사실이다.

일곱째, 성경은 동성애를 금한다. 성경은 동성애를 금하고 있다(레 20:13). 그리고 순리를 역리로 바꾸어 쓸 때 하나님의 심판이 임하며, 그 심판은 그들 스스로 상당한 보응을 받는다고 기술하고 있다(롬 1:26-27).

여덟째, 이상(disorder)의 기준을 볼 때 정상(order)이 아니다. 이상(disorder)과 정상(order), 건강과 건강하지 못한 것에 대한 정의는 명확하게 구분지을 수 없다. 다만 다음과 같을 때에 이상한 행동이라고 말할 수 있다. 첫째는 통계적 빈도상 규준에서 벗어나는 드문 행동을 할 때 이상으로 간주한다. 둘째는 사회에서의 용인 규준에서 벗어나면 이상으로 간주한다. 셋째는 개인행동의 사회적 인식에서 벗어나면 이상으로 간주한다. 넷째는 주관적인 감정과 고통이 있을 때 이상으로 간주한다. 한편 정상적인 사람은 첫째는 자신의 삶을 비교적 현실적으로 인식한다. 둘째는 동기와 감정을 어느 정도 인식한다. 셋째는 자신의 행동을 통제할 수 있다. 넷째는 자신을 인정하고 타인으로부터의 인정받고 있음을 인식한다. 다섯째는 타인과 친밀하다. 여섯째는 자신의 능력을 생산적 활동에 이용한다. 그렇다면 동성애는 정상이 아니라 이상이다. 이성애가 동성애보다 보편적이기 때문이다.

결론적으로 보면 다음과 같다.

- **동성애는 생명을 잉태할 수 없다.** 성의 기능은 생식, 즐거움(쾌락), 사랑(신뢰)을 수반한다. 생물학적으로 볼 때 성의 기능 중 하나는 생식임에 틀림이 없다. 난자와 정자와의 만남을 통해 생명이 잉태된다. 그리고 DSM-V에서 쾌락이 없는 것을 장애(orgasm disorder)로 분류하고 있다. 그리고 사랑이 없는 것은 매춘에 불과하다. 따라서 이 셋 중에 하나라도 빠지면 건강한 성이라 할 수 없다. 매춘이나 포르노가 정상일 수 없는 것은 쾌락은 있을지 모르지만 생명이 없고 사랑과 신뢰가 없기 때문이다. 동성애 또한 생명이 없다. 그리고 동성애자들의 은어인 식성이 있다. '식성'에서는 성적 대상이 하나가 아니라 식성이 맞기만 하면 성적인 대상이 된다. 그렇다면 사랑도 없고 오직 쾌락만 있을 뿐이다.
- **생명보다 더 귀한 것은 없다.** 지금 환경윤리를 주장하는 사람들이 4대강의 문제점

을 지적한다. 환경윤리에 대한 그들의 주장도 생명존중 사상에서 비롯된 것이다. 생명은 성에서 온다. 성은 생명의 잉태를 가져다준다. 그러므로 생명은 곧 성이라고 할 수 있다. 사람들은 인권을 중요시한다. 그렇다면 생명을 잉태하는 성 또한 중요하다. 생명이 없는 인권존중은 그 기초가 허물어질 수밖에 없다. 오늘날 인권존중의 차원에서 주장하는 동성애자의 권리는 생명을 잉태하는 가장 기본적인 보편적인 생명윤리에서 벗어나고 있다.

- **다수의 인권도 중요하다.** 소수 인권을 중요하게 여기는 것은 문명사회, 건강한 사회이다. 동성애자들의 인권은 마땅히 존중되어야 한다. 그렇다고 다수 인권을 무시하는 것도 보편성의 원리에 어긋난다. 가령 군대에서는 내무반에서 여자와 동침할 수 없다. 그러면 동성애자들이 이성애자들과 같은 내무반에서 생활할 수 있는가? 아니면 그들끼리 따로 내무반 생활을 하도록 한다는 것인가? 만일 동성애자들을 함께 생활하도록 하게 한다면, 이것은 군대의 내무반에서 성적 행위를 용인하는 것이 된다. 소수 동성애자들의 인권 보장을 위해 별도의 집단생활을 용인할 때, 다수의 이성애자인 군인들이 군내무반에서 여성과 동침하지 못하도록 하는 것은 불평등하다. 소수의 인권만큼 다수의 인권도 중요하다.

- **성은 하나님의 선물이다.** 오늘날 동성애의 문제는 소수 인권의 보호라는 측면에서 옹호되고 그 세력이 커지고 있다. 일부 진보주의자들과 동성애자들, 그리고 이를 반대하는 세력들은 서로 상반되는 의견으로 대립하고 있다. 그러나 동성애 문제는 소수 인권 보호 이전에 하나님이 인간에게 주신 선물이다. "생육하고 번성하여 땅에 충만하라."(창 1:28) 아기를 잉태하고 양육하는 것은 하나님께서 인류에게 주신 복이다. 그렇다면 생명 잉태는 소수 인권 보호 이전의 문제이며, 생명윤리보다 우선하는 윤리는 없다. 그러나 생명윤리보다 앞선 것은 성윤리이다. 왜냐하면 성에서 생명이 잉태되기 때문이다. 따라서 건강한 성윤리에 기초한 성정체성을 확립하여 가정을 지키고 보호하는 것은 인류의 보편적인 가치이자 근간을 세우는 일이다.

- **가정의 붕괴이다.** 동성 결혼이 합법화되고 성행될 때 성정체성의 혼란을 가져오게 되고 가정은 위기를 맞이하게 될 것이다. 가정이 무너지면 사회 공동체를 지탱해 온 터가 무너지게 된다. 동성애자들의 자유의지와 사랑에 의한 동거는 그들

의 결정이지만, 결혼이라는 법적 형태로 정착하는 것은 동성애를 비윤리적이고 장애로 보는 다수의 국민들의 의견 수렴 없이 결코 결정할 수 없다.

● 성은 성(聖)으로 대해야 한다. 성을 건전하게 쓰면 생명을 잉태하는 힘을 가져온다. 반면에 잘못 사용되면 곳곳에 병리현상을 일으키는 힘을 갖고 있다. 따라서 성(性)은 성(聖)이 되어야 한다.

성폭력과 성매매

성폭력

성폭력이란 타인의 의사에 반하여 성적 행위 및 성적 행위를 강요하는 행위로서 강요된 키스나 신체 일부분의 애무에서부터 강간 미수와 강간까지 포함한다. 성폭력에 대한 사회적 관심이 확산되면서 성폭력에 대한 정의는 더욱 광범위해졌고, 최근에는 성희롱이나 가벼운 추행도 성폭력에 포함되고 있다. 그러나 현실적으로 어떤 행동이 성폭력에 해당하는가에 대해서는 전문가와 일반인들의 개념에 차이가 있다. 여기서 성폭력을 규정짓는 가장 중요한 요인은 행위의 강제성이다. 부부라 할지라도 상대방의 동의 없이 이루어지는 성적 행위는 성폭력으로 규정된다(장휘숙, 2004).

성폭력 발생 원인을 보면 첫째로 성을 소중하게 생각하지 않고 쾌락을 얻기 위한 목적으로 무절제하게 사용하는 문화 때문이고, 둘째는 여성을 남성에게 쾌락을 주는 대상으로 생각하기 때문이다. 셋째는 남자와 여자가 성에 대해 가지고 있는 태도의 차이로, 서로에 대한 관심을 바르게 표현하는 방법을 모르기 때문이며, 넷째는 주변의 성폭력 위험에 대해 잘 알지 못하여 주의하지 않기 때문이다.

성폭력의 예방법으로는 집에 혼자 있을 때 누가 오면 문을 열어주지 않는다. 다른 집을 방문할 때 혼자 들어가지 않는다. 모르는 사람의 차를 타지 않는다. 주변에 아무도 없는 곳이나 공중 화장실에서 혼자 놀거나 가지 않는다. 혼자서 어두운 거리를 다니지 않는다. 운동이나 체력을 단련하여 자신감 있는 태도를 갖는다. 성폭력 발생 시 공포보다는 분노로서 대응하고 큰 소리를 지른다. 본인이 불안을 느낄 때면 언제든지 그 자리를 피하거나 도망가는 것이다.

대학생의 성폭력에 대한 정확한 통계치가 없다. 그러나 불행하게도 한국은 성폭력 발생률이 세계 1위를 차지한다. 성폭력의 발생은 매년 증가되는 추세에 있으나 신고율이 대단히 낮아 숨은 범죄라고 불릴 정도로 심각성이 분명하게 드러나지 않고 있다. 그리고 한 번 성폭력을 당한 피해자들은 그들의 삶에 미치는 피해가 반복적이고 장기적이다(장휘숙, 2004).

성매매

성매매(prostitution)는 돈으로 성을 사고파는 행위이다. 성의 기능은 앞에서 열거한 것처럼 세 가지 기능을 갖고 있다. 출산과 즐거움, 그리고 사랑이다. 성매매는 단순히 즐거움, 쾌락을 추구하는 행위이다. 그리고 성은 생명보다 우선한다고 하였다. 생명보다 우선하는 성을 돈으로 사고파는 성매매는 21세기의 문명사회에서는 있을 수 없다.

성매매는 일반적으로 윤락, 매춘, 매음, 매매춘 등의 용어로 불린다. 원조교제도 성매매에 포함된다. 청소년 성매매의 주요 원인은 매스미디어의 발달로 성 정보와 성에 관련된 유해 환경으로 전통적인 성윤리 의식이 무너지고, 서구 문화의 유입으로 인한 성 개방 풍조로 성에 대한 가치관의 혼란과 의식 구조의 큰 변화로 인함이다. 그리고 도시화, 산업화, 과학화로 인하여 사회는 가부장적 가족제도에 의해 유지되었던 전통적인 성 규범이 해체되었기 때문이다. 또한 서구 문화의 유입으로 인한 성 개방 풍조로 청소년의 성에 대한 가치관의 혼란과 의식 구조의 큰 변화로 인함이다.

그 내용을 좀 더 자세하게 살펴보면 돈이면 뭐든지 살 수 있다는 황금만능주의와 돈으로 모든 것을 해결하려는 생각과 이에 돈을 쉽게 벌 수 있다는 생각이 성매매의 가장 큰 원인이 될 수 있다고 본다.

그리고 편하고 재미있는 것만을 추구하는 시대적인 흐름과 이에 부응하는 가치관 때문이다. 또한 무분별한 개방의식 때문이기도 하다. 성매매의 형태에 대해 살펴보기로 하자.

원조교제

청소년이 성인에게 성을 파는 현상은 아시아나 유럽, 미국 등 전 세계를 통틀어 근절되지 않는 사회적 문제이다. 특히 원조(원조해 주는 교제)라는 명칭으로 중고등학교에 재학 중인 청소년이 성을 파는 이 특이한 현상은 일본과 한국에서만 존재한다. 일본에서 원조교제라는 용어가 처음으로 매스컴에 등장하게 된 시기는 1980년대였다. 우리나라의 경찰청에서는 2001년 5월 15일, '원조교제'를 '청소년 성매매'로 고쳤다.

당시는 '계약 애인'을 맺는 성풍조를 나타내는 용어였지만, 90년대 중반이 되자 원조교제는 여고생이나 여중생이 금품을 매개로 성적 행위를 하거나 데이트를 하는 것을 지적하는 한정적인 의미로 사용되었다. 원조교제는 종래의 매매춘과 구별되면서 매매춘으로 지각하지 못하게 하는 특성이 있다. 원조교제를 하는 소녀들은 언뜻 보기에 극히 평범한 보통의 소녀들이고, 또 그들은 죄책감을 거의 느끼지 않으며 정신적인 상처를 입는 경우도 없다(菊島 充子, 松井 豊, 禮富 護, 1999, 김시업 재인용, 2000). 1996년 동경에 거주하는 중고등학생(1,291명)을 대상으로 한 생활과 의식에 관한 조사에 의하면, 원조교제의 경험자는 5점 만점에 여고생이 4.0, 여중생이 3.8이었다. 원조교제는 사회문제화되었을 뿐만 아니라 그 심각성이 날로 더해 가고 있다(Kikushima, Matsui, & Fukutomi, 1999; Ui & Fukutomi, 1998, 김시업 재인용, 2000).

일본의 원조교제가 한국으로 건너와 사회적 문제가 되고 각종 매스컴의 집중을 받기 시작한 것은 1990년대 중반 이후이다. 최근 10대 여성의 향락산업 유입 실태에 대한 연구에서 향락산업 유입 경험이 있는 10대 여성 25명 중 원조교제 경험이 있는 여학생이 5명이었고, 연령분포는 15~18세까지였다(한국여성연구원, 1999).

2000년 7월 청소년 성보호에 관한 법률이 시행되어 원조교제가 법적 구속력을 가지고 있음에도 불구하고 아직 그 강력한 실행은 미비하다(김시업, 김지영, 2000). 여성부(2004)는 성매매 방지대책 추진 점검단 제2차 회의에서 인터넷을 이용한 성매매 총검거 1,552건에서 청소년이 1,332건으로 86%, 성인의 경우 19%로, 대부분 청소년이 차지하고 있는 것으로 나타났다.

인터넷 성매매

인터넷 성매매는 휴대전화나 인터넷 성매매 인터넷 화상 채팅으로 성매매가 이루어지고 있다. 청소년의 매춘은 전화방으로부터 시작되었다. 그리고 휴대전화 보급은 부모의 통제에서 벗어났기 때문에 휴대전화를 통한 채팅, 심지어는 남녀 간의 만남을 주선해 주는 프로그램들을 개발함으로써 더욱더 가속시키고 있다. 인터넷이 보편화되기 이전의 만남은 펜팔이나 미팅이 전부였다. 성매매의 가능성을 만들 수 있는 상황이 별로 없었다.

그러나 인터넷의 발달로 이메일과 채팅을 통하여 불특정 다수와의 만남이 많아졌으며, 이로 인해 어른과 학생 간의 만남이 비밀리에 이루어질 수 있게 되었다. PC 통신으로는 개인 신상이 공개되기에 어느 정도 조심스러운 면이 있었지만 인터넷의 발달은 비공개 채팅 사이트의 탄생으로 인해 상대를 확인하지도 않은 만남을 만들었다.

그뿐만 아니라 음란 비디오가 심어준 잘못된 성에 대한 가치관이다. 음란 비디오들은 사람들의 관심을 얻기 위해 성폭력, 성매매, 근친상간 등 온갖 변태성 내용을 담아내고 있다. 이러한 비디오들의 만연으로 사람들의 성의식을 흐리게 하며 미성년자의 성 타락을 조장하고 있다.

성매매가 사회에 끼치는 영향

첫째, 가정파탄을 초래한다. 성매매를 하고 있는 남편이나 아니면 딸의 경우 그 성매매의 사실을 가족 구성원이 알게 되었을 경우 남편의 경우는 부인이 이혼을 청구할 수 있는 이혼사유가 되기 때문에 이혼이나 결혼생활에 불화가 발생하게 되어 가정 파탄까지도 갈 수 있다. 그리고 딸의 성매매가 가족 구성원 중 한 명에게 알려지는 경우에는 부부 간의 교육문제에 따른 가정불화나 부모와 자녀 간의 대립으로 인한 자녀의 가출문제까지 발생하게 된다.

둘째, 윤리의식의 혼란을 가져오게 된다. 성매매가 하나의 범죄인데도 불구하고 그 범죄가 성립되지 않는다고 생각한다면 가치관 속에 포함된 윤리의식이 붕괴된다.

셋째, 생명의 존엄성이 파괴된다. 성교육이 부족한 청소년을 상대로 성매매를 하였을 경우 임신 가능성이 높다. 이때 만약 청소년이 임신한 경우 생명에 대한 소중함과 경외감이 형성되지 않아 대부분의 경우 인공임신중절을 택하게 되는데 이런 인공임신중절을 반복하게 된다.

넷째, 성매매의 연쇄파급 효과가 크다. 한 명이 성매매를 하게 될 경우 성매매를 하는 청소년이 자기 친구를 소개시켜 줌으로써 마치 유행처럼 번질 가능성이 있을 수 있다.

다섯째, 낙인이 찍힌다. 청소년기에는 이성의 경우 미성숙의 단계에 있기 때문에 성에 대해 호기심을 가지고 대할 수 있다. 이 경우에 실수를 깨우치고 사회에 적응하려고 해도 주위 사람들이 사회악처럼 바라보게 됨으로써 나쁜 아이로 만들어 갈 수 있다.

여섯째, 여성의 성상품화, 여성의 비하 문화를 강화시키게 된다. 한국에서는 문화적으로 남성우월주의가 아주 강하다. 남성우월주의 문화에서는 한국 사회에서 여성이 돈을 벌기 위해 성을 파는 것이 가능하다. 그리고 여성이 남성의 성 욕구를 채워주기 위해 돈을 받고 성매매에 참여하는 것은 거꾸로 남성우월주의 문화를 한층 강화시켜 주는 요인이 된다.

일곱째, 폭력적이 된다. 지배적인 위치에 있는 많은 성인 남성들이 자신들이 보호해야 할 어린 여자 청소년을 보호하기는커녕 성적 욕구를 충족시키는 대상으로 여긴다는 것은 사회의 전반적인 분위기를 이기적, 폭력적으로 만든다.

여덟째, 성매매는 궁극적으로 사회의 미래를 위태롭게 한다. 성인들이 자기만족을 위해서 폭력도 불사하게 될 경우, 청소년들이 돈을 위해 성을 쉽게 사고팔 경우 한국 사회는 더 이상 건강할 수 없다.

성매매 대처 방안

- **성교육의 활성화이다.** 성매매를 함으로써 발생할 수 있는 임신과 성병 등의 교육과 성윤리 의식의 중요성과 성은 쾌락의 도구가 아니라는 인식과 성의 소중함을 교육을 통해서 올바른 가치관을 확립할 수 있도록 가르쳐 주어야 한다.
- **사회단체활동 강화이다.** 청소년들이 성문제에 관한 고민과 상담을 할 수 있는 사회단체의 증가와 노력을 확산시켜서 대화를 통한 올바른 청소년 선도에 힘써야 한다.
- **재활교육의 필요성이다.** 청소년기는 정신적인 성장이 이루어지지 않았기 때문에 충동적이고 감정적이다. 이런 특성으로 성매매라는 한때의 실수를 범할 수 있다. 문제가 되는 것은 그들이 그 한때의 실수를 뉘우치고 그들의 자리로 돌아왔을 때 사회의 시선이다. 물론 사회의 시선이 좋게 받아들이지 않을 것은 분명하지만 그들의 실수를 감싸주고 올바른 가치관과 인격형성을 심어주고 더 나은 사회의 일꾼으로 만드는 것은 무엇보다도 중요하다고 할 수 있다. 물론 예방도 중요하지만 예방할 수 없었을 때 피해를 최소화하는 것도 중요하다.
- **가정과 학교가 바로서야 한다.** 성매매에 빠져드는 청소년의 환경을 살펴보면, 가정의 무관심과 편애, 부모의 가출과 이혼 등 학교에서의 따돌림과 부적응, 상실감, 교사로부터의 소외감을 경험하고 있다는 것을 기억할 필요가 있다.
- **가출 청소년에 대한 대책이 필요하다.** 가출을 사회적 가치나 규범에서 벗어난 일탈 행위로 본다. 또한 가출 청소년을 부모의 양육이 불가능한 자, 버린 자, 포기한 자 등으로 여기고, 가출을 불량행위로 보며 음주, 싸움을 하거나 유흥업소 출입, 성도덕 문란 행위로 자기 또는 타인의 덕성을 해롭게 하는 것으로 본다. 이에 대한 시각을 바꿀 필요가 있다. 그리고 절대 다수가 가출을 한 후 매춘을 하게 되므로 가출의 요인을 방지하는 데 초점을 맞추어 대책을 강구해야 한다.

성지식, 성태도, 성행동

성지식

성지식은 "자신이나 상대방의 신체적, 심리적 성에 관한 지식으로 성행동을 하는 데 있어 무지나 오해로 인해 부적절한 결과를 보이지 않도록 도와주는 인지적 틀"(김혜원, 2003), 그리고 "남녀의 신체적 차이와 그것으로 인한 욕구와 표현의 차이에 대해 아는 것을 포함하여 건강한 지식인으로서 알아야 할 성에 대한 광범위한 내용"(김남정, 2000)을 말한다. 그래서 성에 대한 지식에는 건강한 지식인으로서 알아야 할 성에 대한 광범위한 내용으로 생리적 현상뿐만 아니라 성에 관한 기본 지식이 포함되어야 하고, 이러한 정보는 사회적, 정서적, 도덕적으로 또한 보다 과학적이고 합리적인 방법으로 얻어져야 한다(조순희, 2001). 따라서 성에 대한 정확한 지식은 개인의 인식과 가치관, 그리고 태도를 변화시키는 중요한 역할을 한다(남명희, 1999).

성지식이 많다고 생각하는 학생은 성관계나 성에 대한 언급을 하여도 수치감이나 죄의식을 덜 느끼며, 일반적으로 남학생이 여학생에 비해 성지식이 더 많다고 생각하는 경향이 있다(윤가현, 1992; 인인숙, 1994). 고교생을 대상으로 조사한 조정숙(1981)의 연구에 의하면 성에 관해 가장 모르는 내용은 피임법(90.7%), 그다음이 성병(87.2%)과 몽정(81.6%), 그리고 임신에서 출산까지의 과정(80.4%) 등의 순인 것으로 나타났다. 대학생 경우에는 4학년이 다른 학년에 비하여 성지식이 높았다(이영휘, 1997). 또한 종교를 가지고 있는 경우와 성적이 우수할수록 성지식이 높은 것으로 나타났다(박애신, 1992).

성태도

성태도(sexual attitude)와 성행동(sexual behavior)은 다르다. 동일한 성행동이 다른 동기에서 일어날 수 있고, 성에 대한 본인의 태도나 가치관과는 관계없이 성행동이 일어날 수도 있기 때문이다. 그러나 대체로 성태도는 성행동에 영향을 준다. 성태도란 성욕에 대해 개인이 가지고 있는 체계화되고 일관성 있는 사고, 감정 및 행동의 양식이다.

성에 대해 진보적인 태도를 가진 사람이 보수적인 태도를 가진 사람보다 혼전 성경험이 많다(Delamater & MacCorquodale, 1979). 그렇다고 성태도와 성행동이 반드시 일치가 되는 것은 아니다. 이것을 페스틴거(Festinger)의 이론, 즉 인간에 있어서 형평이 깨뜨려지면 이를 회복하려는 힘이 작용한다는 인지불협이론(theory of cognitive dissonance)으로 설명해 보면 혼전 성행동을 지지하지 않던 사람도 일단 혼전 성을 경험하게 되면 그 후 그의 태도는 실제의 행동에 맞게 변화될 수 있다(한국청소년개발원, 1997).

사이먼 외(1972)에 의하면 여학생 중 25%와 남학생 중 35%가 자신들이 생각하고 의도했던 것보다 실제의 장면에서 성적으로 더 적극적이 되었다고 보고하였다. 이것은 성행동이 자신이 가진 태도와 다르게 표현될 수 있음을 알 수 있는 일례이다. 이런 현상은 성충동이 자제하기가 어려운데서 오는 것으로 보인다. 이와 같이 성에 대한 태도가 행동에 영향을 주지만 상황에 따라 성행동이 성태도보다 진보적일 수 있다. 그러나 성은 개인적인 문제이기 때문에 정확한 실상을 파악하기란 어렵다. 그리고 성에 대한 태도는 문화에 따라 많은 차이가 있다(한국청소년개발원, 1997).

허록(Hurlock, 1973)은 청소년기의 성태도는 어린 시절에 근거를 두기 때문에 성 지식을 얻는 시기, 범위, 영향을 준 사람의 태도에 따라 좌우된다고 하였다. 주리치와 주리치(1974)는 성에 대한 억제가 심한 현대사회에서 성태도에 대해 다음과 같이 다섯 가지 기준을 제시하였다.

1. 순결은 반드시 지켜야 한다. 혼전 성교는 어떤 이유이든 남녀 모두에게 허용해서는 안 된다.
2. 애정이 있으면 허용해도 좋다. 약혼이나 결혼할 대상이나 사랑하는 사이에는 남녀 관계없이 허용해도 좋다.
3. 애정이 없어도 좋다. 육체적 매력만 있으면 남녀 구별 없이 허용해도 된다.
4. 이중기준이다. 혼전 성관계는 남자에게는 괜찮지만 여자는 안 된다.
5. 동의에 의한 허용이다. 사랑의 감정을 포함하든, 포함하지 않든 두 사람이 상호 동의하면 혼전 성행동이 가능하다.

사회 각 분야에서 이 이중기준이 만연해 있다. 미혼여성은 혼전 성행동이 허용되지 않고, 기혼여성 또한 혼외관계가 허용되지 않으면서 남자는 혼전 성관계를 묵인하는 것은 매우 역설적이다. '애정이 없어도 좋다'는 기준 또한 성행동과 애정을 분리시킨다. '애정이 있으면 괜찮다'는 기준은 위의 기준들과는 달리 상대방과의 성숙되고, 안정된 정서적 애착관계를 중히 여기게 된다. 미국 청소년은 이 기준에 동조하고 있다(Reiss, 1966).

한국 문화에서 가장 공식적으로 지지를 받는 기준은 절대 혼전의 순결은 지켜야 한다는 기준이다. 결혼 이외의 성관계는 법적으로나 관습적으로 보호받지 못하는 것이 우리 사회의 통념이다. 그러나 결혼 전에는 절대로 성행동을 해서는 안된다는 신념을 가진 사람들이 실제로 많이 있지만, 실제 행동에서 이 신념이 지켜지는가에 대해서는 의문이다(한국청소년개발원, 1997).

대부분의 문화에서 결혼관계 이외의 성행동, 즉 결혼 전의 성행동과 결혼관계 이외의 성행동을 인정하고 있지 않기 때문에 청소년기의 성이 특히 문제가 된다. 성에 대한 태도는 부모의 가치관, 종교, 친구들의 태도, 나이 성숙의 정도에 따라 각기 다르다. 조숙한 남자들은 동갑 친구들에 비해 성행동을 더 빨리 시작하지만, 조숙한 여자들은 실제적인 성행동보다는 남자에 대한 관심이 더 빨리 나타난다.

대학생의 성태도를 보면 혼전 성관계에 대한 태도를 보면 남학생은 48.18%가 두 사람이 서로 사랑하면 가능하다고 응답했고, 여학생은 54.32%가 남녀 모두 절제해야 한다고 응답하였다(장휘숙, 1995). 따라서 여학생이 남학생보다 보수적이다(문인옥, 1998; 장선화, 1997). 혼전 성관계가 남성에게는 허용되지만 여성에게는 허용되지 않는다는 기준의 찬성 비율이 남성은 1.13%, 여성은 0.39%를 나타내어 이중기준이 사라지는 현상이다. 그리고 상호적 이해와 동의가 있다면 사랑과 상관없이 혼전 성관계가 가능하다는 답변이 남녀 모두 20% 수준이다. 이는 한국 대학생의 혼전 성관계에 대한 태도가 자유로워지고 있음을 보여주며, 이런 태도는 언제든지 실제 행동으로 옮겨질 수 있는 가능성을 나타낸다. 혼전 순결과 혼전 성관계에 대해서는 개방적인 것보다는 꼭 지켜야 한다는 보수적인 태도를 더 많이 가지고 있는 것으로 조사되었다(장선화 1997; 차선희, 1999).

성행동

성태도와 성행동이 구별해야 되듯이 성행동 또한 동기와 구별해야 한다. 혼전 성행동의 동기가 성욕과 애정의 동기 이외에 단순히 육체적 쾌락 때문에, 사랑의 표현으로서, 애인 관계를 유지하려고, 아니면 부모로부터 독립했음을 증명하려고, 또는 상대방을 통제하기 위해서, 혹은 반항의 수단이나 단순히 호기심 때문에, 하나의 통과의례 등 여러 원인이 될 수 있다(한국청소년개발원, 1997). 그러나 청소년에게는 늘 위험 요인이 존재한다. 위험 요인이 부정적인 결과만을 낳는 것은 아니지만 부정적 결과의 확률이 높다(장휘숙, 1994).

스몰과 러스터(1994)는 청소년에게 14개의 위험 요인을 열거하였다. 그 속에는 알코올 사용, 학업 수행, 지속적인 이성 친구의 존재, 부모의 가치관 및 자아존중감 등이다. 또한 성호르몬이 남녀 모두 성욕을 발생시키는 데는 필수적이지만, 성호르몬의 증가가 성욕을 증가시킨다는 증거는 없다. 즉, 호르몬의 활동은 성욕을 직접 유발시키는 데 영향을 주거나, 신체 변화와 연합되어 사회적 자극에 의해서 간접적으로 영향을 주지만 직접 영향을 준다고 말할 수 없다. 남자들에게는 2차적인 성징의 발달과 관계없이 성호르몬의 수준이 성적인 활동에 직접 영향을 준다. 반면에 여성에게 성호르몬은 성적인 활동보다 이성과 상관이 있다. 이는 여성의 성행동은 생리적 요인보다 사회적 요인이 더 중요하다는 의미이다(윤가현, 1992).

대학생의 혼전 성관계는 남학생 26.7%, 여학생이 19.3%(강재연 외, 1995; 성한기, 1996)이고, 서울 소재 대학생을 조사한 연구 결과(문인옥, 1997)를 보면 남학생 30.54%, 여자 대학생이 8.1%이다. 대학생의 연구를 보면 남학생 39.7%, 여학생이 20.5%로 나타났다(우남식, 2005).

남자 대학생의 성 상대자로는 여자 친구가 68.5%, 윤락 여성이 20.2%, 모르는 여성이 7.1%, 유흥업소 종업원이 1.8%, 기타가 2.3%로 나타났다. 혼전 성관계의 이유는 성충동, 호기심, 술이나 약물 영향, 분위기에 휩쓸려서, 그리고 자신이 원해서라고 응답한 사람도 있었다. 여학생은 상대의 요구로, 사랑하므로, 술이나 약물의 영향으로, 분위기에 휩쓸려서라는 응답이 많았다(김혜원 외, 2002). 따라서 남자는 성충동, 여자는 상대방의 요구, 그리고 모르는 사람일 수도 있음을 알 수 있다(장휘숙, 2004).

자위행위

자위행위(masturbation)란 성적 흥분이나 성적 쾌감을 불러일으키기 위해 자신의 신체나 성기를 의도적으로 자신이 자극하는 행위를 말한다(Bullough & Bullough, 1977: Carrera, 1992: Sparrow. 1994). 'Masturbation'이라는 단어는 원래 라틴어의 동사 *Masterbare*에서 유래했는데, 이는 '손으로 더럽힌다', 또는 '손으로 오염시킨다(수음)'이다. 그리고 일반적으로 오나니즘이라는 용어도 자위행위라는 뜻으로 쓰이고 있는데 이는 구약성경에서 유래한다(창 38:8-10).

18세기에 스위스 의사인 티솟(1758)은 자위행위를 과학적 주제로 끌고 나와, 자위행위에 대한 시각을 죄로부터 질병으로 전환시키기에 이르렀다. 그는 지나친 자위행위는 정신이상을 일으킬 수 있다고 보았다. 특히 그는 자위행위는 혼자서 언제든지 얼마든지 할 수 있다는 데 그 위험성이 있다고 보았으며 특히 어린아이의 성장 발달에 심각한 유해 요소가 된다고 기술하였다. 그의 주장은 빅토리아 여왕 시대의 성적인 사고에 지대한 영향을 미쳤다.

19세기 말 빅토리아 여왕 시대에는 자위행위나 동성애, 일주일에 1회 이상의 성관계 등은 정액 낭비라며 죄로 여겼다. 20세기 초에 들어와서는 자위행위가 정신 및 신체질환의 주요한 원인이라고 여기던 견해에 대해 반박되기 시작하였다. 엘리스는 1905년 자위행위를 자기자극으로 표현하며 인간뿐만 아니라 다른 동물에게도, 또 거의 모든 문화권에서 나타나는 보편적인 현상이라고 언급하며 자위행위가 해롭지 않다는 증거를 최초로 객관적으로 검증하였다. 1910년대의 정신분석학자들은 자위행위란 젊은이에게 있어서 정상이라고 여겼다. 분석학자들은 자기 귓불을 잡아당기거나, 코를 비비거나, 머리카락가닥을 꼬는 행위 등의 반복적 시도를 자위행위의 대체, 곧 상징적인 자위행위로 해석하였다.

현대에 이르러 과학은 자위행위를 자연적인 방법 중의 하나로 보게 되었다. 1940년대 후기와 1950년대 초기의 킨제이 보고서에서 남성 92%와 여성 62%가 자위행위를 한다고 응답하였다. 킨제이는 자위행위를 통해 성적 긴장감 방출이 이루어지고, 그렇지 못하면 사람들이 신경질적이고, 초조해지며, 어떤 문제에 집중하기 어려워지고, 살아가기도 힘들다고 기술하였다. 킨제이 보고서는 인간의 성에 대한 과학적이고 사실적이며 통찰력 있는 정보를 제시하여 주었다. 마스터즈와 존슨에 이르러서는 자위행위가 어떠한 신체적 해가 없다는 견해를 강조하였다.

남자의 최초 자위행위 경험 시기는 15~16세가 41.4%로 가장 많고, 13~14세가 24.1%로 그다음이다(문옥련, 1981). 여자의 최초 자위행위는 13세이다. 여자가 남자(14세)보다 자위행위를 더 일찍 시작하는 이유는 2차 성징의 출현이 남아보다 여아가 1~2년 이르기 때문에 신체적, 정신적으로 성숙한 결과이다. 자위행위를 한 후의 심리상태는 허탈감에 빠지는 사람이 남학생 56.7%, 여학생 53.6%, 기분이 좋아진다가 남학생 21.6%, 여학생 6.5%, 그리고 죄의식을 느낀다는 남학생 18.1%, 여학생 38.4%이다(이춘재, 1992).

피임

피임 방법에는 콘돔 사용, 자궁내 장치(일명 루프), 약제를 이용한 피임방법인 젤리, 크림, 질 좌약, 호르몬 주사, 먹는 피임약 등이 있다.

한국 사람의 피임 실태를 보면 2004년 한국갤럽이 서울, 부산, 대구, 대전, 광주 등 5대 도시의 만 20~45세 성인 남녀 711명(남 355명, 여 356명)을 대상으로 피임에 대해 조사한 결과, 피임상식이 100점 만점에 평균 40.7점이었다. 우리나라에서 피임은 여전히 터부시되는 문제로 남아 있다. 태어나는 아기가 70만 명인 데 비해 인공임신중절이 150만 건이나 되는 것으로 추정하고 있다. 이는 피임이 제대로 이루어지지 않기 때문이다.

피임에 대한 노력은 예나 지금이나 변함이 없다. 기원전 1850년 파피루스 기록에 의하면 정충을 죽이기 위한 목적으로 코끼리나 악어의 배설물을 껌 모양으로 만들어 질 내에 넣었다고 한다. 정확한 효과는 입증되지 않았지만 그 당시 코끼리 배설물은 구하기 어려워 고위층에서만 사용했다고 한다. 피임약의 원조는 4천년 전에 중국에서 수은을 마시기 시작한 것이 시초이다.

기원전 1850년경의 고대 이집트인들은 정자를 죽이는 여러 가지 다양한 성분을 시험해 보았다. 영국이 여성의 산아제한을 위해 자궁내 삽입장치(IUD)를 처음 사용한 것은 19세기 말경이다. 그러다가 1959년 경구피임약, 즉 필이 미국 식품의약품국(FDA)의 승인을 얻었다. 이것은 성의 혁명이라 할 수 있는 획기적 사건이었다. 이제 여성은 하루 한 알의 필을 먹는 것으로 수태 능력(월경주기)을 조절하여 원하지 않는 임신의 공포로부터 차츰 벗어나게 되었다. 그리고 주요한 피임방식은 콘돔이다. 이는 콘돔이라는 이름의 의사에서 유래하는데, 그는 17세기 영국 찰스 2세의 궁정의사로 있었다. 실제로 이탈리아의 해부학자인 팔로피우스(팔로피안 튜브, 즉 나팔관의 명명자)는 그보다 100년쯤 먼저 콘돔을 만들었다. 그의 주요 목적은 임신을 막는 것이라기보다는 성병을 막는 것이었는데, 그의 연구에 따르면 콘돔이 매우 효과적이었다.

피임은 네 가지 기본방식이 있다. 불임수술, 호르몬 요법, 차단 방식, 자연적 가족계획이다. 불임수술에는 두 가지 유형이 있다. 여성들을 위한 것(난관불임술)과 남성들을 위한 것(정관수술)이다. 호르몬 요법은 호르몬을 조절함으로써 임신이 되지 않게 하는 것이다. 처방대로 규칙적으로 복용한다면 경구피임약은 불임수술만큼이나 효과적이다.

피임에 대한 한국갤럽(2004)의 실태를 보면 서울, 부산, 대구, 대전, 광주 등 5대도시의 만 20~45세 성인 남녀 711명(남 355명, 여 356명)을 대상으로 조사한 결과, 피임상식이 100점 만점에 평균 40.7점으로 낮게 나타났다.

인공임신중절

인공임신중절(abortion)이란 태아의 생존이 가능한 발육과정에서 임신상태가 종결됨을 뜻한다. 일반적으로 인공임신중절은 부지불식간에 나타나는 자연적 임신중절, 그리고 모체나 태아의 건강을 목적으로 이루어지는 치료적 인공임신중절과 기타 이유로 유발적인 인공임신중절로 구분된다. 자연적 임신중절은 유산을 의미하며, 치료적 인공임신중절인 경우에는 첫째, 본인 또는 배우자가 대통령령이 정하는 우생학적 또는 유전학적 정신장애나 신체질환이 있는 경우, 둘째, 본인 또는 배우자가 대통령령이 정하는 전염성 질환이 있는 경우, 셋째, 강간 또는 준강간에 의해 임신된 경우, 넷째, 법률상 혼인할 수 없는 혈족 또는 인척 간에 임신된 경우, 다섯째, 임신의 지속이 보건의학적 이유로 모체의 건강을 심히 해롭게 하거나 해롭게 할 우려가 있는 경우 등을 들고 있다.

인공임신중절은 고대 여러 문화권에서 시행되었다. 기원전 1550년경 이집트 파피루스에는 여러 가지 약초를 배합하여 질 속에 넣으면 인공임신중절이 된다는 기록이 있다. 플라톤은 가족마다 토지 상속인을 1명으로 제한해야 지역사회의 안정을 가져온다고 강조하면서, 인구 조절을 위해 40세 이상의 여성이 임신하면 인공임신중절을 권하였다. 아리스토텔레스도 상속문제를 원만하게 해결하려면 인공임신중절로 인구를 조절해야 한다고 주장하였다.

인공임신중절에 대한 찬반논쟁은 언제 생명이 시작된다고 보는가의 입장에서 출발한다. 문화권에 따라 인공임신중절에 대한 입장이 다른데 한국은 1962년 가족계획을 실시하기 이전까지 인공임신중절을 비교적 엄하게 법으로 규제하였다. 그러나 가족계획사업 실시와 전 세계적으로 자유화 추세에 따라 인공임신중절을 규제하는 형법의 조항은 그 실효성을 잃어 갔고, 1973년 모자보건법 제정으로 임신 28주일 이내의 치료적 인공임신중절의 경우를 법으로 허용하고 있다. 또 유발적 인공임신중절은 형법 제270조에 의해 인공임신중절죄가 성립되지만, 인구조절정책과 맞물려 법적 규제를 제대로 발휘하지 못하였다.

인구조절정책으로 인공임신중절을 법제화한 최초의 나라는 일본이었다. 중국은 1993년 가족계획을 더욱 강화하여, 이미 1명의 자녀를 둔 부부가 임신하면 강제로 인공임신중절을 시켰는데 이는 20세기 후반까지 지속되었다. 20세기에 들어와서 이를 법으로 허용했던 최초의 나라는 구소련이다. 1920년부터 산아제한의 주요한 방법으로 인공임신중절을 이용하였다. 미국은 1960년대부터 찬반논쟁이 시작되었는데, 단지 여성의 생명이 위독한 경우에만 인공임신중절을 허용하다가 1973년 임신 3개월 이내의 인공임신중절을 법제화하였다.

한국의 미혼여성의 인공임신중절 현황(이숙경, 1993)을 보면 한 해 동안 이루어지고 있는 인공임신중절은 공식적으로 150만 건(한국보건사회연구원, 1991), 비공식적으로 200만 건이 넘는다고 한다. 1년에 60여 만 명의 아기가 태어난다는 통계가 있으니 인공임신중절로 죽어가는 아기는 태어나는 아기의 3배가 넘는다. 한국의 연간 인공임신중절 건수는 세계 2위이다.

인공임신중절을 하지 않기 위해서는 첫째, 피임을 당연하게 여기도록 해야 한다. 둘째, 일방적이고 남성 중심적인 혼전 성관계를 상호적인 것으로 변화시켜야 한다. 셋째, 생명존중 사상이 필요하다. 한국보건사회연구원보고서(2000)를 보면 인공임신중절의 10대 비율이 1991년 24.3%, 93년 32.4%, 1996년 42.5%, 1997년 47.9%로 갈수록 높아지고 있다. 미혼모가 된 주된 이유는 32.8%가 피임 실패, 29.4%가 성에 대한 무지이다. 인공임신중절에 남학생들은 긍정적인 반면 여학생들은 부정적이다(문인옥, 1998).

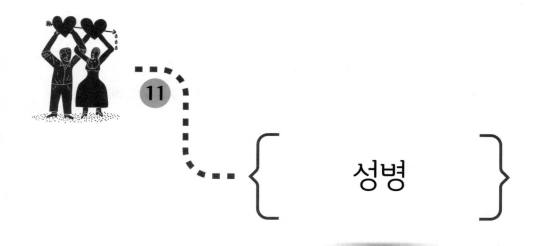

성감염증(Sexuality Transmitted Diseases, STD), 혹은 성병(Venereal Diseases, VD)이라고 불린다. 주로 성관계에 의해 감염되는 병으로서 심각한 후유증을 남기는 전염성 질환이다. 성병은 주로 성관계에 의해 감염된다. 가장 심각한 성병은 매독과 임질 및 에이즈(AIDS)이다. 매독(syphilis)과 임질(gonorrhea)은 전염성이 매우 강하다. 매독환자 중 95%는 성관계를 통해 감염되고, 5% 정도만 키스로 인하여 혀, 입, 입술에 전염되거나 매독환자인 유모로부터 수유시 감염되기도 하며 수혈, 매독환자를 취급하는 의사, 조산부, 간호원에 의해 감염되는 수도 있고, 매독환자인 부모에 의해 선천적으로 태어날 때부터 감염되어 있는 수가 있다. 임질도 거의 성관계 때에 전염된다. 전 세계적으로 15~30세 사이의 사람들에게서 높은 비율이 발생하고 여자보다 남자에게서 훨씬 높다(장휘숙, 2004). 성병 예방을 위해서는 다음과 같은 사항들에 대해서 주의해야 하지만 그보다 더욱 중요한 것은, 정상적인 성의식을 가져야 한다.

첫째, 개인의 위생관리가 중요하여 성적 접촉을 하기 전후로 생식기와 직장 부위를 씻어야 한다. 매독과 임질을 일으키는 병원균은 비누와 물에 아주 민감하므로 성적인 접촉 전후에 생식기 등을 씻는 것이 중요하다.

둘째, 성병의 증세를 알아야 한다. 그래야만 병을 예방하고 적절한 치료를 받을 수 있다.

셋째, 성병은 완전히 치료된 후에도 면역이 생기지 않는 병이므로, 치료 후 같은 성병에 또 다시 걸리지 않도록 주의하여야 한다.

넷째, 여러 사람과 성적 접촉을 하지 말아야 한다. 특히 알지 못하는 사람, 여러 사람과 성관계를 하고 있는 사람, 사회에서 금하고 있는 약물을 사용하고 있는 사람과의 성관계는 절대로 피해야 한다.

다섯째. 성교 직후에 소변을 보도록 하는 것이 좋다. 이 방법은 여성에게는 효과가 없지만 남성에게는 중요하다.

여섯째, 성 상대자 모두에게 알려주어 그들이 함께 치료를 받도록 하고, 다른 사람에게 옮기지 않도록 하는 것이 중요하다.

일곱째, 자신의 피, 정액 기타 신체기관이나 조직 등을 다른 사람에게 주어서는 안 된다.

성병의 종류

임질

가장 흔한 성병의 하나인 임질(Gonorrhea)은 고대 인도와 중국뿐 아니라 그리스 로마에도 만연하였던 병이다. 교육사상가인 루소도 임질로 고생하였다는 기록이 있다. 임질은 *Neisseria Gonorrhea*(발견자인 Albert Neisser에서 따온 것임)라 불리는 세균이 원인균이며, 이 임질균은 음경, 질, 직장과 같은 몸의 개구부 안쪽에 있는 습하고 따뜻한 데서 생존하기 때문에 인체 밖의 공기에 노출되면 죽는 특성이 있다. 균의 잠복기간은 2~9일이며 생식기나 목, 직장에 감염되기 쉽다. 전염경로는 생식기(음경과 질), 목, 직장, 눈 등이 가장 감염되기 쉬운 부위로 모든 성 접촉(오럴 섹스, 키스, 성기 접촉, 항문성교 등)과 감염된 손을 통해 전염된다. 자궁경부감염이 90%, 요도감염이 70%, 항문감염이 30~40%, 인후감염이 10% 정도로 나타난다. 인후감염은 음경에서 인후로, 인후에서 음경으로 교환 전염되고, 감염된 여성의 성기에서 남성의 인후로 전염되기도 한다. 눈에 감염될 경우 실명의 위험이 있다. 전염률은 여성의 경우가 40%, 남성의 경우가 20~25%로 여성에게 더 높은 전염률을 보인다.

증상은 남성의 경우는 요도를 통하여 고름과 같은 노란색의 분비물(황색농성 요도 분비물)이 분비되며 빈뇨 현상, 배뇨 시 타는 듯한 통증, 소변에 피가 섞이기도 하고, 귀두가 빨개지기도 한다. 여성의 경우 50%가 무증상이거나 미약한 증상을 보이며, 초록색 또는 황녹색 질 분비물의 증가, 외부 성기의 자극, 방뇨 시 통증 및 빈뇨, 비정상적인 월경, 골반통, 직장의 불쾌감, 저열 등이 나타난다. 흑색임질(black gonorrhea)은 피가 섞인 농루가 나오는 임질이다.

진단은 남성의 경우 요도 분비물, 인후, 항문의 시료로부터 임질균을 현미경으로 확인하거나(90%) 세균 배양검사(100%)로 진단한다. 여성의 경우에는 자궁경부, 항문, 인후에서 시료를 채취하여 세균 배양검사를 통해 진단한다. 치료는 페니실린 처방으로 완치 가능하며, 성관계를 가진 사람과 함께 치료를 받아야 하며, 완치가 될 때까지는 성 접촉을 피해야 한다.

임질균은 대개 생식기관과 비뇨기관을 통해서 몸 속에 들어가 몸 속에 머물면서 결국 생식기관 내부를 파괴하는 무서운 세균이다. 남성의 경우 방치 시에는 전립선, 음낭에 전염되어 심한 통증, 고열, 불임을 야기한다. 전립선이 침범되면 남성은 사정을 빨리 하게 되고, 더 발전하여 전립선암으로 이어지기 쉽다. 또한 요도염으로 진전이 되고, 요도가 막혀 방광이 터지거나 오줌이 몸 안으로 역류하여 신장이 침범되므로 생명에 치명적일 수도 있다. 여성의 경우에는 자궁경부, 자궁, 난관, 난소로 전염되어 골반감염증(아랫배의 통증, 고열, 구토, 성교 시의 통증)을 야기하고 여성불임증과 자궁외임신의 주요인이 되기도 하며, 때로는 자궁을 적출해야 되는 경우도 발생한다. 임질은 조산의 원인이 되기도 하며, 분만 시에는 신생아의 눈에 감염되어 안질(임균성 결막염)을 일으켜 눈에서 진한 고름이 섞인 분비물이 나오고 눈꺼풀이 빨갛게 부어오르다가 선천성 맹인으로 발전하기도 한다. 그러나 아기를 낳은 지 수초 이내에 질산은 용액이나 페니실린을 눈에 한 방울 떨어뜨림으로써 100% 방지될 수도 있다. 또한 유아의 경우는 임질균이 수막염과 관절염을 일으킬 수도 있다.

매독

매독(Syphilis)은 15세기 말경에 유럽에서 발병하여 전 세계로 전파되었으며, 우리나라 조선시대에는 천포창, 양매창이라고 칭하였다. 원인은 *Treponema Pallidum*이라는 나선균(Spirochetes)이며 이 매독균은 따뜻하고 습한 곳에서 생존하기 때문에 인체 밖에서는 곧 사멸하며, 전염성이 매우 빠른 질병이다. 잠복기는 1주~3달로, 평균적으로 3주 정도가 지나면 증상이 나타나기 시작한다.

전염경로는 주로 성관계에 의해서 감염되며, 침(입맞춤)이나 정액 또는 질의 분비액과 같은 체액에 의해서도 쉽게 감염된다. 드물게 수혈에 의해서도 감염되고, 출산 시에 임신부로부터 신생아로 수직 감염되어 태아매독을 야기하기도 한다. 가벼운 피부 접촉에 의해서는 감염되지 않는 것으로 보이나, 아주 드물게 감염될 수도 있다.

매독은 성병 중에서도 사망률이 매우 높은 병으로, 제1기의 초기 증상의 특징은 하감(작은 피부궤양)이라는 수종이 나타나는 것인데, 감염 후 10~90일 사이(평균 21일)에 출현한다. 이 궤양은 남성의 경우 음경, 요도 안쪽, 음낭에 발생할 수 있으며, 여성의 경우에는 질, 외음부, 자궁경부, 요도에서 발생할 수 있다. 또한 입술, 혀, 입, 눈꺼풀, 얼굴, 손, 가슴, 기타 매독균이 최초로 체내에 침투한 부위이면 어디든지 형성된다. 처음에는 기미처럼 보일 때도 있는가 하면 수포 혹은 진무름처럼 보일 때도 있다.

초기 궤양은 가장 전염성이 강한 수종으로 수백만 개의 매독균을 갖고 있어서 이것에 어느 누구의 점막조직이 접촉만 되었다 하면 영락없이 균에 감염된다. 초기 궤양이 때로는 너무 작게 형성되기 때문에 눈에 보이지 않는데, 특히 여성의 외음부나 질 내부에 있으면 발견하기가 힘들다. 1495년 샤를 8세가 이끈 프랑스 군대의 패배는 표면상 퇴각이라고 하였지만 숨은 이유는 매독이었다. 프랑스 군인들이 나폴리 윤락녀들에게 성병을 얻어 게걸음으로 어기적거리면서 다니게 되어 정상적으로 전투를 할 수 없었다. 매독으로 고통을 겪은 유명인 중 모파상은 매독 때문에 평생 편두통에 시달렸고 결국 정신병원에서 숨을 거뒀으며, 이탈리아의 독재자 무솔리니도 매독에 걸려 정서불안과 과대망상에 시달렸다고 한다.

진단은 항문 안쪽이나 목에 아주 작은 궤양이 생기며 발견하기가 어렵다는 단점이 있고 혈액검사로도 100% 검진이 불가능하나 제2기 매독은 100% 검진이 가능하다. 치료는 전문의에 의한 항생제(페니실린) 처방으로 쉽게 완치될 수 있으나, 다량의 페니실린이 필요하므로 반드시 의사의 처방하에 사용해야 한다. 제1기와 제2기, 그리고 잠복기에서는 이러한 약이 효과를 볼 수 있지만 제3기 매독에서는 쉽게 치료되지 않으므로, 증상이 보이면 전문의를 찾아가 초기에 치료받는 것이 중요하다. 또한 매독은 면역이 생기지 않아 재감염이 가능하므로 치료 후에도 주의를 해야 한다.

초기 매독의 증상이 사라진 후 1주~66개월 동안에 제2기 매독 증상이 나타난다. 이 단계가 되면 매독균은 충분히 번식하여 전신에 많은 염증, 손바닥과 발바닥에 붉은 발진, 모세혈관 출혈, 감기 증상, 고열, 목의 통증, 심한 두통, 관절통, 식욕감퇴, 체중감소, 성기나 항문 주위에 축축한 피부염증이 나타난다. 또 머리털이 반점 모양으로 빠지기도 한다. 매독 제2기 증상은 흔히 땀띠나 알레르기 반응 정도로 가볍게 보아 넘길 수도 있다. 이러한 제2기 매독 증상들이 3~6개월 동안 사라지고 나타나는 것이 반복되다가 증상이 완전히 사라지고 잠복기로 들어간다. 잠복기는 수년이 될 수 있고, 때로는 일생이 될 수도 있어서 잠복기 환자의 50~70%는 자기가 건강한 사람이라고 생각하고 생을 마치기도 한다. 매독이 체내에 남아 있어 다른 사람에게 전염시키며, 세균이 혈류와 림프선을 따라 계속해서 이동하고 있기 때문에 잠복기 동안에 각 기관에 침투하여 피부, 심장혈관계, 중추신경계, 눈, 뇌, 뼈, 폐를 감염시킨다. 치료받지 않고 방치한 환자의 50~70%는 죽을 때까지 이런 잠복기로 지내게 되고 나머지 30~50%의 감염자는 제3기(말기)로 접어들게 된다.

잠복기에서 말기로 진전되면 신체 여러 기관에 여러 가지 손상이 나타난다. 치료를 받지 않는 말기 환자의 약 23%는 불구가 된다. 증상으로는 심각한 심장질환, 안과질환, 중추신경계 장애, 매독성 정신장애(부전마비), 졸도, 발광, 실명, 결국 사망에까지 이른다. 임산부의 경우에는 매독이 태아에 전염될 가능성이 크기 때문에 가능한 한 속히 의사에게 진찰을 받아야 한다. 감염된 태아는 대부분 사산되지만 생존하여 출생하더라도 곧 사망하게 되거나 선천성 결함을 갖는 심각한 기형아가 된다. 콧잔등이 주저앉아 말안장 같이 생긴 코, 표면에 주름이 있고 끝이 울퉁불퉁한 치아, 구부러진 다리뼈 등 골격과 치아에 이상이 생기고, 빈혈증, 신장염, 실명, 귀가 먹는 장애, 만성염증 등의 심각한 장애가 발생한다. 매독은 치료될 수 있으나 기형은 완치되지 않는다. 임신 16주 이전에 치료해야 이러한 태아 매독을 방지할 수 있다. 또한 매독은 에이즈를 쉽게 전염시킬 수 있다.

단순포진

HSV(Herpes Simplex Virus)라 불리는 바이러스가 원인균이며, 지속성 혹은 잠복성 감염을 일으키는 것이 특징이다. 이 바이러스는 DNA 바이러스로 두 종류가 존재한다. 감기종기(cold sores)라 불리는 제1형 포진(herpes type 1)은 주로 입 주위에 포진을 유발하나, 음부포진(genital herpes)이라 불리기도 하는 제2형 포진(herpes type 2)은 성기 주변에 포진을 유발하며 1970년대 이후 급속히 성행하고 있다. 그러나 그 형에 관계없이 어느 부위에나 감염될 수 있으며, 음부포진 중 10~25%는 제1형에 의해 발병된다. 균의 잠복기는 5일에서 10일 정도이다.

전염경로는 모든 성 접촉(성기 접촉, 입맞춤, 항문성교, 구음성교), 피부의 상처를 통해서 전염되며, 매우 드물지만 변기, 옷, 침대를 경유하여 전염되거나 손을 통해 눈이나 입으로 전염될 수도 있다. 외음부의 접촉뿐만 아니라 이미 감염된 신체 부위의 접촉에 의해서도 전염되기 때문에 포진의 전염부위를 만졌다면 손을 철저히 씻고 자신의 다른 부위를 만져서는 안 된다. 따라서 감염되지 않도록 청결하고 안전한 생활 태도가 가장 중요하다.

성관계에 의한 감염률은 여성의 경우 80~90%, 남성의 경우 50%로 여성의 감염률이 더 높다. 여성의 경우 아무런 증상을 보이지 않아도 생식기 속에 잠복하고 있어서 타인에게 쉽게 감염시킨다. 또한 모유의 수유나 입맞춤에 의해서 어린아이에게 전염될 수도 있다.

증상은 입 주위, 눈, 음경, 요도, 항문, 회음, 질, 대음순, 자궁경부에 포진, 수증, 대상포진이 나타나고 타는 듯한 피부의 따가움을 야기한다. 이러다가 포도송이와 같은 물집이 나타나 발진과 통증을 야기하고 궤양으로 발전하여 걷거나 방뇨 시의 통증, 음경이나 질로부터의 고름이 나오기도 한다. 이러한 포진과 궤양은 1~3주 후에 흔적만 남기고 사라져 잠복기에 들어간다. 감염자의 10%는 증상의 재발이 일어나지 않지만, 나머지는 매달 내지 몇 년에 한 번씩 재발한다. 재발의 원인은 스트레스, 햇빛의 과다 노출, 몸살, 특정 음식(예 : 땅콩, 커피, 술 등)의 섭취를 들 수 있으며, 이것은 사람마다 다양하게 나타난다.

진단은 성기에 난 포진을 검사하여 정밀하게 진단하며, 무증상의 경우에는 정액, 자궁경부의 점액, 질 분비액으로부터 채취한 시료의 배양으로 진단한다. 포진은 주기성을 가지고 나타나므로, 적어도 일주일의 간격을 두고서 세 번 이상 반복하여 검사를 해야 하며, 여성의 경우는 암으로 전이될 가능성이 있으므로 6개월마다 자궁진단이 필요하다.

치료는 물집과 통증을 완화시키거나 재발 횟수를 감소시킬 수는 있으나 완전히 치료되지는 않는다. 보통 오랫동안 잠복하며 대부분 재발한다. 의사의 처방을 빨리 받으면 받을수록 쉽게 치료될 수 있고, 성관계를 한 사람과 함께 치료를 받아야 하며, 좋아질 때까지는 성적 접촉을 피해야 한다.

합병증은 눈, 코, 입, 후두, 폐, 장관, 뇌 등에 감염되며 신열, 두통(뇌막염), 근육통, 요통이 생기고, 때로 잠을 이룰 수 없을 만큼 통증이 심하며, 그 통증이 다리 부위까지 전달되기도 한다. 에이즈에 걸려 면역체계가 약해진 경우에는 물집이 온몸에 번지며 몇 달 동안 계속되는 심각한 증상을 보이기도 한다. 배변 시에 통증을 느낄 수도 있다. 산모의 경우 신생아의 뇌와 같은 신경세포에 전염되어 사산이나 유산을 일으키거나 태아에 헤르페스성 뇌염을 일으켜 지체부자유증에 이르게 하고 때로는 뇌가 완전히 괴멸되기도 한다.

후천성면역결핍증

에이즈(AIDS)는 매년 놀라운 정도로 증가하고 있다. 1980년대 말에는 수십만 명이 이 질환으로 사망하였고, 수백만 명이 감염되었으며, 1997년까지 에이즈로 사망한 전 세계 환자 수는 640만 명에 이른다. 여성과 아동의 감염도 증가하여 1996년 한 해 동안 전 세계 어린이 감염자는 두 배로 늘어나 83만 명에 이른다. 2003년에는 한 해 동안 새로운 에이즈 감염자는 약 500만 명이고, 에이즈로 사망한 사람은 300만 명에 이르고, 2003년 전 세계의 HIV(Human Immunodeficiency Virus, 인체면역결핍 바이러스) 양성 반응자는 4,000만 명으로 추산되었다. 2년마다 HIV에 감염되는 청소년의 수가 75%씩 증가하고, 대학생 500명 중 1명(남학생 200명 중 1명)의 비율로 HIV 양성반응을 보인다(Slap & Jablow, 1994; Gayle 등, 1990).

에이즈는 성병 중에 가장 치명적이고 위협적이다. 에이즈는 면역체계를 파괴하는 바이러스로 발생한다. 여러 가지의 바이러스가 있지만 대부분의 에이즈는 HIV로 발생한다. HIV란 인체면역결핍 바이러스로서, 이 바이러스가 질병에 대한 인체의 면역력을 저하시켜 에이즈를 일으킨다. HIV는 정액과 질점액 및 혈액으로 감염되므로 남성의 동성 성교와 양성 성교 및 약물 주사는 물론 이 바이러스에 이미 감염된 이성과의 성관계에 의해서도 에이즈에 감염된다. 또한 HIV는 모체로부터 태아에게 전달되고, 감염된 모유를 먹은 아기 중에도 이 바이러스에 감염된 사례가 많이 있다. 이 외에도 피임하지 않은 채로 여러 명과의 성관계, 성적 학대경험이 있는 사람 혹은 임질과 같이 이미 다른 성병에 감염된 사람들이 HIV에 감염되기 쉽다(Hein 등, 1995).

에이즈는 1981년에 처음 발견된 이래 놀라운 속도로 전파되고 있다. 일단 에이즈에 감염되면 신체적 고통뿐만 아니라 법정 전염병으로 보건당국의 관리 대상이 되고, 주위 사람들이 만나고 접촉하기를 두려워한다. 에이즈의 주된 증상은 고열과 구토, 설사, 그리고 가려움증 및 관절 비대 등으로 나타난다. 이 병은 면역체계가 파괴되므로 개인에 따라 증상의 차이가 있다. 에이즈로 진단되면 대개 2~4년의 생존이 가능하다. 에이즈 치료약들이 수많이 개발되고 있으나 아직까지 그 효과가 의문시된다. 더욱이 에이즈 예방 백신의 개발은 아직 이루어지지 않은 상태이므로 철저한 예방만이 에이즈를 막을 수 있는 유일한 방법이다. 예방책으로는 우선 혈액뿐만 아니라 여러 가지 체액이 교환되지 않도록 하고, 성행동을 할 때는 반드시 콘돔을 사용하도록 하고, 성 대상을 선택하는 데 많은 주의를 해야 한다.

에이즈는 1981년에 알려진 20세기의 페스트로, 1979~1981년경에 미국 캘리포니아 주와 뉴욕시에서 몇 명의 젊은 남성이 갑자기 사망하면서 의학적 관심이 생기기 시작하였으며, 이후 사망자의 숫자가 폭발적으로 계속 증가하고 있다.

에이즈를 발병시키는 원인균 HIV는 레트로바이러스(Retrovirus)계의 RNA 바이러스로 밝혀졌으나 변종들이 나오고 있어 연구가 계속되고 있다. HIV는 림프구에 대한 조직 선호를 가지며 선택적으로 T세포(T4 Helper Cell)라는 백혈구 세포를 감염하여 파괴시킨다. 그 결과 면역체가 완전히 파괴되어 세균, 바이러스, 기생충, 암

세포가 몸 안에서 동시 다발적으로 쉽게 성장하는 것이다.

에이즈의 기원이 어디에서 유래된 것인지는 확실하지 않으나, 많은 과학자들이 HIV는 중앙아프리카의 야생 녹색원숭이에 있는 전염성 바이러스(Simian Immunodeficiency Virus, SIV)로부터 세계에 퍼져나간 것으로 생각하고 있다. 즉, 이 원숭이의 60%가 에이즈 바이러스에 감염되어 있으나 에이즈 증상을 발병시키지 않고 아시아의 마카크(Macaques) 원숭이에 발병시켜, 이것이 사람에게 전염된 후에 돌연변이로 변종되어 치명적인 에이즈 바이러스가 생긴 것으로 추정하고 있다. 원숭이의 SIV와 사람의 HIV를 연결해 줄 수 있는 중간형으로 사람에게 감염은 되나 병원성이 없는 바이러스가 확인되어 이를 지지해 주고 있다.

에이즈의 감염경로는 미국에서 발생한 25,000명의 에이즈 환자 중 65%가 동성애 남자들이고, 17%는 동성애자이면서 마약 사용자, 8%가 동성 또는 이성애자들이면서 마약 사용자들, 7%가 에이즈 보균자들의 이성 성교 상대자들, 나머지 2%가 에이즈 바이러스가 감염된 혈액을 수혈하여 발병한 사람들로 되어 있다. 에이즈는 주로 동성애자의 성관계로 전염되는 것으로 초기에 생각했으나, 현재는 모든 성관계에 의해서 감염될 수 있는 것으로 밝혀져 있다. 에이즈의 환자 비율은 남자가 90%이나 아프리카에서는 남자와 여자의 감염률이 거의 동일하다. 연령층은 20~49세까지의 연령층이 전체의 70% 이상을 차지한다.

국민건강보험공단은 1999년에 243만 명이던 성병 환자가 2001년에는 358만 명으로 증가하였다고 발표하였다. 국립보건원에 따르면, 1987년에 처음 에이즈가 발생한 이래 1988년 30명, 1989년 50명으로 점점 증가하다가 2004년에 2,045명으로 늘어났다. 이는 2003년 한 해 동안 398명이 새로 감염된 수치이다(장휘숙, 2004). 그리고 보건복지부 질병관리본부에서 제출받은 연도별 HIV/AIDS 신고 현황의 자료를 보면 2013년 국내 의료기관 등을 통해 에이즈 바이러스 감염자는 1,114명이었다.

내국인은 1,013명, 외국인은 101명을 집계돼 하루에 평균 3명의 내국인이 에이즈 바이러스에 감염되는 것으로 나타났다. 해마다 새로 신고되는 내국인 감염자 수는 1995년 108명(전체 114명)으로 처음 100명을 넘어선 후 2011년 888명(전체 959명)을 기록했다가 지난해 1,000명을 넘은 것이다. 질병관리본부는 감염경로는 대부분 에이즈 바이러스 감염자와의 성 접촉에서 비롯된 것으로 분석했다. 에이즈로 숨지는 내국인 사망자도 2011년 148명, 2012년 11명, 2013년 139명으로 이어지고 있다. 이를 볼 때에 우리나라도 에이즈의 안전지대가 아님을 알 수 있다.

발병 원인

첫째, 성적 접촉에 의한 전파이다. 성적 접촉에 의한 환자의 발생이 78%이다. 한 번의 성기 접촉으로 에이즈에 감염될 확률이 여성은 1/1,000이고 남성은 1/2,000이나, 한 번의 항문성교로 감염될 확률은 1/50~1/100로 상당히 높다. 이유는 항문의 점막이 매우 얇아서 항문성교 중에 쉽게 상처가 나고, 이 상처를 통해서 사정 시 정액에 섞여 있던 에이즈 바이러스가 쉽게 혈액 속으로 침투할 수 있기 때문이다. 타액(침)에는 에이즈 바이러스의 농도가 극히 낮으나 타액을 교환하는 깊은 입맞춤에 이즈가 전염되기도 한다. 그 이유는 입 속의 잇몸이나 입술, 또는 입안 벽에 작은 상처가 나 있을 때가 많아 이 상처를 통하여 바이러스가 침투하기 쉬워지기 때문이다. 입술을 대는 것 정도는 염려할 것이 못 되나, 최근 미국 에이즈협회의 보고에 의하면 키스에 의한 감염 사례가 보고되어서 입맞춤을 통한 에이즈의 감염 위험성을 경고하고 있다. 또한 입으로 성기를 자극하여 성 흥분을 일으키는 오럴 섹스의 경우에도 에이즈 바이러스가 많이 분포한 정액이나 질 분비액이 입 속의 상처를 통해 감염된 경우가 보고되었다.

둘째, 수혈이나 혈액제제에 의한 전파다. 수혈로 인해서 혈우병 환자에게 많이 전염되며, 특히 어린아이들에게 전염되기도 한다. 그래서 수혈이 필요한 자들은 수술이 있기 전 몇 주간이나 한 달 동안에 자신의 피를 뽑아 놓았다가 수술에 이용하는 자가수혈(autologous transfusion)을 시행하고 있다.

셋째, 오염된 주사기나 주삿바늘에 의한 전파이다. 마약과 같은 향정신성 약물을 습관적으로 투여하는 약물 중독자들은 일반적으로 건강 상태와 영양 상태가 나빠져 있고 면역체계도 이미 다른 질병들에 의해서 떨어져 있는 상태에서 주사기를 공동으로 사용함으로써 에이즈 바이러스에 대한 감염을 더욱 촉진시킨다.

넷째, 산모에서 신생아로의 전파다. 신생아가 에이즈에 감염되는 경우는 전체 아이의 78%가 어머니에게서 물려받은 것이다. 임신 자체가 에이즈의 진행을 촉진시킬 뿐만 아니라 에이즈 보균자인 산모에서 출생한 신생아 중 20~50%가 에이즈에 전염된다. 그래서 임산부의 경우에는 유산을 해야 한다.

다섯째, 감염된 사람으로부터 장기조직과 정액을 제공받는 경우이다. 에이즈에 감염된 사람으로부터 장기조직을 제공받아 장기이식을 하거나 정액을 제공받아 시험관 아기를 출산하는 경우에도 에이즈에 감염될 수 있다.

증상

에이즈의 잠복기는 평균 3~10년(몇몇 사람의 경우에는 15년)이며 에이즈는 단계별로 다음과 같은 증상을 보인다.

- **항체 형성** : 감염경로가 무엇이었든 간에 에이즈 바이러스가 혈액으로 침투한 다음에 면역체계는 이 바이러스에 대한 항체를 만들기 시작한다. 이 바이러스에 대한 항체는 초기 감염의 두 달 이내에 나타나지만, 때로는 6개월 혹은 그 이후에도 항체가 나타나지 않을 경우도 있다.
- **초기 증상** : 최초의 감염 시에 아무런 증상을 보이지 않으나, 10~25%는 감염된 후 2~5주 후에 단순한 병세를 나타낸다. 즉, 감기와 유사한 증상인 신열, 오한, 메스꺼움, 피로, 근육통, 림프절의 부어오름, 가벼운 발진들이 나타난다.
- **무증후성 잠복상태** : 이 시기에는 증상이 전혀 나타나지 않는다. 그러나 여전히 바이러스는 체내에 존재하며 항체도 만들어지고 있다. 이 시기에 해당하는 감염자들은 대개 그들의 혈액 속에 존재하는 T세포가 이미 감소되어 있다. 이런 무증상의 시기에 있는 보균자도 아무도 모르는 상태로 타인에게 바이러스를 전염시킬 수 있다. 즉, 이들은 에이즈 바이러스는 가지고 있으나 에이즈가 발병되지 않은 사람들이다.

  이런 무증상 기간이 얼마나 길어지는지는 확실하지 않으나, 많은 사람들이 에이즈 증상을 나타내기 이전에 3~5년 동안의 이런 기간을 지낸다. 현재 나타난 통계로는 감염자의 30%가 3년 이내에 증상을 보이기 시작하고 70%가 10년 이내에 증상을 보이기 시작하는 것으로 추산하고 있다.
- **에이즈 관련 합병증** : 어떤 사람들에게는 에이즈 바이러스 감염이 에이즈 증상보다

가벼운 증상으로 나타나기도 한다. 일반적으로 AIDS 관련 증후군(AIDS-related complex, ARC)이라고 부르는 이런 증상은 몸의 여러 부위에서 나타나는 림프절의 종창(목이나 겨드랑이)과 이와 함께 나타나는 합병증들로 특징지어진다. 가장 흔한 합병증은 설사, 신열, 체중감소, 피로 등이다. 이 밖에도 생명에는 지장이 없는 것들로서 대상포진의 원인이 되는 균류의 감염이 자주 생긴다. 현재까지 알려진 바에 의하면 ARC 환자의 20%가 2년 후에는 에이즈로 진전되고, 5년 후에는 30%가 에이즈 환자로 전환된다. 그리고 ARC 증상을 나타낸 모든 환자가 종국에는 에이즈 환자가 된다. 현재에는 대부분의 경우에 에이즈의 발병 후에 2~4년 내에 예외 없이 생명을 잃는다. 에이즈 환자들은 직장생활을 계속하려고 하지만 몸무게의 감소, 계속되는 피로, 다발성 감염들 때문에 불가능해진다. 마지막에는 굶은 사람처럼 보이게 되면서 육체적인 고갈뿐만 아니라 정서적인 불안, 집중력의 해이, 고열로 인한 심한 통증이 따르고, 심한 기침, 근육통 등으로 최후의 상태에는 육체와 정신이 완전히 쇠진된 상태가 된다.

에이즈의 진단

첫째, 면역학적 검사법으로 말초혈액 내의 림프구 수의 계수 T4/T8 세포의 비율계산, 여러 면역 관련 세포들의 활성 조사, 면역글로불린의 정성 및 정량 분석을 포함한다.

둘째, 혈청학적 검사법으로 감염과정을 통해 노출된 각각의 바이러스 단백질에 대하여 형성된 항체를 검출(ELISA)하는 것으로, 항체가 형성된 경우 HIV 양성이라고 하나 항체 형성기가 3~6개월 정도이므로 감염된 지 6개월 이내에 검사했을 경우 음성이 나올 가능성이 존재한다. 이러한 시간차 때문에 음성 판정을 받고도 타인에게 에이즈를 전염시킬 수 있다. 더욱 에이즈 바이러스에 감염된 직후 60일간이 전염력이 가장 높은 시기이다.

셋째, 바이러스학적 검사법으로 환자들로부터 바이러스를 분리 동정하거나 바이러스성 물질들을 증명하는 것으로 바이러스의 감염성을 측정하는 방법, 바이러스 항원을 조사하는 방법, 바이러스의 핵산을 검사하는 방법 등이 있다.

다섯째, 구강타액 검사(orascreen HIV rapid test)법으로 약물 처리된 시험지를 입

안에 넣어 에이즈 감염 여부를 진단하는 최근에 개발된 방법으로, 값이 싸고 빠른 진단이 특징이다.

치료법

치료법으로는 에이즈에 감염된 인구가 전 세계적으로 3,000~4,000만 명에 이르고 있다고 최근 발표되는 등 심각한 실정에 있는 현시점에서 에이즈의 치료를 위해 많은 의학자와 과학자들이 치료약을 개발하기 위해 노력하고 있다. 약물치료로 에이즈 바이러스의 증식을 늦추거나, 고통을 덜게 하고 기운을 차리게 해서 증상을 완화시켜 수명을 연장할 수는 있지만, 원인 치료는 아직 불가능한 실정이다. 예방 방법은 체액이 교환되지 않는 방법의 성관계와 타액의 교환이 되는 깊은 입맞춤을 피하고, 콘돔을 사용하면 크게 에이즈 감염률을 떨어뜨릴 수 있다. 에이즈 바이러스는 감염이 되었다 해도 증상이 나타나기 위해서는 몇 년이 걸린다. 따라서 증상이 나타나기 이전에 대개 감염된 사실을 본인도 모르는 것이 대부분이다.

에이즈에 한 번 감염되면 치료가 불가능하기 때문에 평소 건강한 성윤리 의식을 갖고 남녀가 성인이 되어 가정을 이루어 가정에서 은밀하게 인격적으로 사랑과 신뢰 속에서 성을 나누어야 한다.

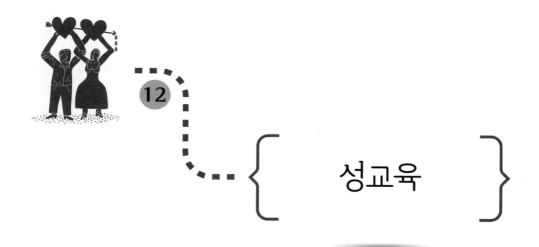

12

성교육

성교육의 관점

성교육의 궁극적인 목표는 성에 대한 태도나 의식이 사람에 따라 다양한 것처럼 성
교육에 관한 관점, 성교육 내용, 성교육 방법도 다양하다. 성교육의 관점은 다음과
같다.

- 성교육은 불필요하다는 입장이 있다. 성은 종족보존을 위한 본능적 행위이므로 가르
  치지 않아도 자연히 알게 되는데 사전에 성지식을 알려주게 되면 오히려 성에 대
  한 호기심을 유발시켜 부작용을 낳게 되므로 성교육은 불필요하다는 관점이다.
- 성교육은 순결교육이라는 입장이 있다. 남녀 간의 생물학적 특성과 차이를 가르치는
  것이 성교육이며 특히 여자의 순결을 강조한다.
- 성교육은 성폭력 예방교육이라는 입장이 있다. 이 입장은 성 비행방지와 성폭력 예방
  이 주 목표이다.
- 성교육에 대한 우호적인 입장이 있다. 성을 가능한 한 억제하고 통제하려는 부정적

이고 적대적 시각에서 벗어나 성의 긍정적 측면에서 사랑과 즐거움에 비중을 두는 입장이다.

- 성교육에 대해 개방적인 입장이 있다. 우호적 입장과 같으나 성행동에 있어 쾌락적 요소를 보다 중시한다. 이 주장은 성욕과 성적 자극에 대한 감각 능력은 행동을 통한 학습에 의해 발달된다고 보고 청소년이 성욕을 표현하고, 성적 쾌감을 경험할 수 있도록 허용되어야 한다고 주장한다. 이 이론은 윤리적 측면에 대한 고려가 결여되어 있어 현실적으로 받아들여지기 어렵다(Helmut, 1988; 손덕수 역).

이상에서 성교육에 대한 입장은 성교육 무용론에서부터 시작하여 순결교육, 성폭력 예방교육, 긍정적 성교육 및 개방론에 이르기까지 다양하다.

성교육 내용

성교육에 포함하여야 할 내용은 다음과 같다.

1. 성에 대한 정확한 개념 이해를 돕는 내용이 포함되어야 한다.
2. 평등한 성의식과 인공임신중절에 대한 내용이 다루어져야 한다.
3. 생리적인 변화와 성행동, 피임, 성병 등 그 결과에 대해 구체적이고 자세하게 전달되어야 한다.
4. 심리적 발달과정과 성심리, 바람직한 양성관계와 성적 주체성 확립에 대한 내용이 포함되어야 한다.
5. 사회에 성문화의 문제점에 대한 파악과 대중매체의 영향 및 음란물에 대한 시각이 다루어져야 한다. 마지막으로 성폭력의 문제와 예방에 관한 내용이 포함되어야 한다.

또한 생물학적, 문화적, 사회적, 심리적 측면에서 성교육을 다루어야 한다. 생물학적인 측면에서의 성교육은 신체는 성장과 발육 과정을 거치면서 새로운 성적 특성이 나타나며, 이에 따라 남녀 간에 분명히 다른 생식·생리 현상이 있다. 이러한 인간의 신체적 변화에 대한 상호 이해와 자기 몸의 변화에 대한 이해, 그리고 스스로 책임질 수 있는 능력을 배양하도록 하고, 성교육 과정을 통하여 신체의 기능과 변화, 남녀의 신체구조, 성장과 발육의 특성, 임신 출산을 포함한 전 생식활동 과정 등에 대하여 올바르게 이해할 수 있도록 학습한다.

문화적인 측면에서의 성교육은 어느 사회나 문화적인 전통성은 존재한다. 그러나 문화의 전통성은 그 시대에 따라 변형된다(김영우 외, 1995). 성 특성 또한 문화적 특성에 의해 영향을 받는다. 즉, 성에 대한 건전성, 도덕성과 윤리성은 그 사회의 전통적인 문화 수준에 따라 판단 기준이 달라진다. 새로운 현대 문화가 유입되면서 전통적인 문화 차원의 성의 개념은 새로운 문화 수준에 따라 성에 대한 가치관 변화로 인하여 혼란이 생긴다. 이와 같은 문화적 갈등 현상을 극복하고 전통과 현대가 자연스럽게 조화될 수 있도록 교육을 통해 건전한 성의식을 정립하도록 한다.

사회적 측면에서의 성교육은 사회는 변화한다. 변화하는 사회의 특성에 따라 성에 관련된 각종 문제, 가족 형태, 남녀의 역할, 이성관계 및 인간관계, 청소년 탈선, 성범죄 등 다양한 양상으로 나타난다. 따라서 사회적 변화를 이해하고 예방적 차원에서 이에 대응하며 새로운 환경에 적응할 수 있도록 돕는다. 특히 사회 구성원으로서 남녀의 역할을 개발하고, 건전한 인간관계로서 생산적인 사회생활이 이루어질 수 있도록 교육하는 것이다.

심리적 측면에서의 성교육은 인간은 성장발달 과정에 따라 정서적인 변화가 나타나는데, 이것을 심리발달로 설명한다. 이성에 대한 관심, 반항의식, 이성에 대한 그리움, 성적인 충동, 환희와 우울 등의 정서적 변화는 부모, 동료 간의 관계에서부터 이성과의 관계에 이르기까지 다변적으로 발생한다. 따라서 건전하고 원만한 인간관계를 유지하기 위해서 각 심리발달 과정별로 그 특성을 이해하고 대처할 수 있도록 교육하여야 한다.

성교육 방법

성교육은 무엇을, 누가, 누구에게, 어떻게 가르칠 것인가의 관점에서 논할 수 있다. '무엇을'에 해당되는 것이 성교육의 내용이라면 '어떻게'는 성교육의 교수방법에 해당된다. 성은 도덕적 결단에 관계되는 것이며, 성교육은 그 결단을 행위로 실천하는 역할을 한다(맹용길, 1983). 그러므로 성교육의 방법은 매우 중요하다.

존슨(1970, 오형석 역)의 성교육 방법의 다섯 가지 학설이 있다.

- 제1학설 : 성교육은 전혀 시키지 않는 것이 가장 좋은 방법이다. 결혼하면 누구나 성생활 방법을 자연히 알게 되듯이 젊은이들이 성문제에 부딪쳤을 때 자기 나름대로 해결하면 된다는 것이다.
- 제2학설 : 성교육은 솔직하게 시키되 높은 수준의 훈련과 종교적 기초 위에 이루어져야 한다는 학설로, 종교인과 의사들이 이 학설에 찬성한다.
- 제3학설 : 성교육에 가장 적합한 장소는 빈민굴이다. 왜냐하면 빈민굴에 사는 아이들은 성문제를 가볍게 보기 때문에 성범죄가 많이 일어나기 때문이라는 것이다.
- 제4학설 : 성교육은 솔직하고 숨김 없이 사실대로 교육해야 한다. 젊은이들에 대한 성교육은 자극을 주지 않도록 표면에 내세우지 말고 자연스럽게 은연중에 시켜야 한다는 것이다. 제6학설은 성과 사랑은 인간의 행복에 있어서 하나로 서로 결부되어 있는 중요한 요소임을 인정하고, 성과 사랑이 인간 교양의 첫째가는 중요성을 띠고 있다는 주장으로, 성교육에 신중한 태도를 취한다.
- 제5학설 : 성교육은 각자가 해야 한다. 즉, 성문제가 생겼을 때는 부모, 교사, 목사, 신부, 의사들에게 물어서 지도를 받거나 권위 있는 서적을 읽으면서 성문제를 해결해야 한다는 것이다.

성교육의 구체적인 방법

- 성교육은 학문적이고 과학적인 방법으로 접근해야 한다. 시청각 자료를 활용하고 학생들과 개방적이고 실질적인 토론 등을 통한 진정한 의미의 성교육을 실시해야 한다. 성교육이 효과적으로 이루어지려면 여러 가지 자료와 다양한 방법이 요구된다. 특히 성지식에 관한 내용은 생생한 시청각 자료를 통한 교육이 효과적이다. 이은영(1997)은 학교 성교육의 형식에서 보완되어야 할 점이 51.4%가 다양한 교재 및 시청각 자료, VTR 활용 등이라고 주장하였다. 한편 성에 대한 이해

나 평등한 양성관계, 성적 주체성, 성문화와 대중매체, 음란물의 영향을 포함한 성에 대한 가치관 교육은 주입식 방법이 아니라 교육자와 피교육자, 그리고 피교육자들 간의 토론을 유도하여 바람직한 성의식을 갖도록 하는 것이 중요하다. 따라서 이러한 교육 목표를 달성하기 위해서는 소그룹의 교육 방법과 집단 상담과 같은 형태를 취하는 것이 효과적일 수 있다. 특히 성의 주체성과 자기결정 능력을 배양하기 위해서는 자존감 향상 프로그램이나 자아주장 훈련 등의 기회를 갖는 것도 도움이 될 수 있다. 또한 학생들의 개인적인 성문제나 고민을 해결하도록 도움을 주기 위해 상담실을 설치하여 개인별 성상담을 하는 것도 필요하다.

- 성교육을 학문적, 과학적인 방법으로 접근하기 위해 성교육 담당자의 양성이 시급하다. 성교육을 담당하고 있는 교사는 주로 비전문가인 보건교사와 기술교사(우윤미, 1998)이고, 성교육을 담당하고 있는 교사들마저 성교육에 대한 교육훈련 과정을 거치지 않은 경우가 대부분이다. 중고등학교 교사들을 대상으로 한 조사(한국여성민우회, 1996)에서 성교육 연수를 받은 적이 없다가 90.4%에 이르고, 성교육 연수를 받은 경우는 7.7%에 불과하여 가장 시급한 학교 성교육 대책으로 성교육에 대한 교사의 인식 전환과 교사 연수를 지적하고 있다(40.1%). 따라서 성교육을 담당할 교사들을 먼저 교육시키는 일이 우선적이다.

- 성교육은 가정, 학교, 사회에서 공동으로 이루어져야 한다. 먼저 가정에서의 성교육의 중요성을 살펴보면 다음과 같다. 김선양(1992)은 가정이란 인근사회, 나아가 국가에 대한 책임으로까지 확대된다고 했고, 은준관(1978)은 사회학적으로 가정을 사회와 국가를 이루는 기본적인 공동체의 단위라고 했고, 교육학적으로는 사회인, 즉 시민 양성을 위한 기본적인 교육 공동체라고 하였다. 김흥규(2003)는 가정을 교육사회학적으로 보면 사회화, 문화화하는 데 최초의 기관이 된다고 하였다. 페스탈로치는 "가정이여 너는 도덕상의 학교, 어린이의 교육을 위한 최적의 학교, 어머니는 하늘이 내리신 교사다."(학교교육학회, 1996)라고 하였다. 따라서 가정은 학교 중의 학교이고 교육의 장이 되고, 부모는 교사이며, 그중에서도 어머니는 교사 중의 교사이다(김흥규, 1994).

가정 성교육 방법(삼성복지재단, 1994)

- 가정에서의 성교육은 **빠를수록 좋다.** 부모들은 자녀가 사춘기가 되어야 성교육을 하는 것이라고 잘못 생각하고 있다. 사춘기가 되면 이미 성에 대한 여러 가지 단편적인 지식을 갖게 되며 잘못하면 성에 대한 그릇된 선입견을 갖게 된다. 성에 대한 기초 지식이 없이 들었을 때 충격을 받게 되고 아울러 호기심이 생겨 모방을 통해 그릇된 성관념을 가질 수 있다. 아이들은 3~4세가 되면 남녀 간의 신체 구조상의 차이나 아기가 어디서 나오는가를 질문하기 시작한다. 이때 부모가 어떤 태도로 어떻게 대답하는가 하는 것은 아이들이 성에 대해 갖는 태도에 많은 영향을 준다. 따라서 성교육은 가정에서 일찍 시작하는 것이 좋다. 또한 부모가 서로 존중하고 화목하게 살아가는 것을 보는 것 자체도 아이들에게는 역할 모델이 되어 자기의 성을 긍정적으로 받아들이고 이해하는 데 도움이 된다. 그러나 가족관계, 인체생리학, 해부학, 피임, 성병 및 성윤리에 대한 교육은 학교에서 담당하는 것이 효과적이다(한국청소년개발원, 1997).

- **성교육은 부모 모두가 담당해야 한다.** 보통 가정의 성교육은 어머니가 담당하는 것이 사회의 전통적 관습이었다. 하지만 성교육은 어머니 혼자만으로 할 수 없다. 사춘기에 접어들게 되면 아들은 성에 관한 고민을 어머니와 상담하기를 꺼리고, 딸은 아버지에게 상담하기를 꺼린다. 따라서 부모 모두가 참여하여 자연스러운 대화를 통해 교육에 임하여야 함을 알 수 있다. 그리고 부모가 자녀의 성교육에 임하여야 할 더 근본적인 이유는 부모의 생활을 통해 올바른 성의식과 바람직한 성관념을 형성하기 때문이다.

- **성교육은 진실해야 한다.** 성에 대한 이야기를 나눌 때에는 어색하게 피하거나 굳은 표정으로 대해서는 안 되며, 긍정적인 태도를 가지고 자연스럽게 임해야 한다.

- **부모가 순결의 본이 되어야 한다.** 호스테터(1979)는 "순결은 가장 훌륭한 삶을 살 가치가 있도록 만든다."고 했고, "교육이란 자녀들에게 바른 길을 제시하여 주고 이 길을 몸소 걸어가는 일"(오인탁, 1984)이기 때문에 부모가 자녀들에게 순결을 몸소 보여주어야 한다. 김흥규(1994)는 "문제아의 배후에는 문제의 어머니가 있고, 자녀는 부모라는 필터와 가정이라는 렌즈를 통해 사회를 보고 자기화한다."고 했고, 테일러(1924)는 "아동의 인격 형성은 3세 때에 가정에서 92%가 이루어

진다.”고 하였다. 결국 8%만이 학교와 종교, 친구, 사회에서 이루어진다는 결론이다. 트리트(1982)는 “성교육은 20%가 교육이고, 80%는 태도라고 하였다. 청소년은 부모가 인생의 첫 교과서가 되며, 이 교과서를 통해서 건강하게 자라게 된다.”고 하였다. 따라서 가정에서 부모의 삶은 자녀들에게 절대적인 영향을 미친다는 것을 알 수 있다. 하지만 최근 한국의 가정은 이혼율의 급등 등 그릇된 성윤리에 노출되어 있다. 미국의 성교육의 일차적 책임이 가정에 있다고 볼 때, 이제 한국의 부모들도 자녀들의 성교육에 대한 일차적 책임을 져야 된다. 그러기 위해 부모들은 일상생활 속에서 자녀들과 자연스럽게 대화를 통해 성교육이 이루어지도록 노력해야 한다. 또한 교육 당국에서는 부모들을 위한 자녀 성교육 교재와 프로그램 개발을 시급히 제작하여 보급하여야 한다.

성교육의 방향

● 청소년들의 성에 대한 욕구나 관심이 어느 정도인지를 먼저 파악할 수 있어야 한다. 지금까지의 중·고등학교의 성교육은 남녀의 생식기의 구조와 생리 및 임신 과정에 치중되어 있었다. 그러나 성의 자유화 시대에 청소년들에게 효과적으로 대처할 수 있게 하기 위해서 그들의 실제적 성행동에 도움을 줄 수 있는 살아 있는 성교육이 이루어져야 한다.

● 청소년들의 임신을 예방하기 위한 지침이 필요하다. 첫째, 누군가가 “나를 진심으로 사랑한다면 성 관계를 맺자.”고 말하더라도 그것을 경계하여야 한다. 둘째, 성관계는 결코 사랑의 담보가 아님을 명심하여야 한다. 셋째, 피임법을 사용하지 않고 성관계를 갖는 것은 낭만적이 아니라 어리석은 짓이다. 넷째, ‘안 돼’라는 말은 입으로 하는 가장 완벽한 피임법이다. 다섯째, 남자들이 자신감을 갖기 위해 이용하는 남성 우월주의는 다른 사람에게 상처를 입히고 남을 착취하는 수단이다. 여섯째, 10대 여자를 임신시킨 남자의 대부분이 결국에는 그들을 버린다. 일곱째, 남자의 사랑을 받지 못한다면 자신은 아무것도 아니라고 생각하는 여자들은 사랑을 받은 후라고 해서 대단해지는 것은 아니다. 여덟째, 남녀관계에서 가장 중요한 요소는 사랑, 존경, 보살핌, 유머 감각, 상대방의 몸과 마음을 구속하

지 않는 정직한 대화이다.

- 올바른 성윤리의 확립이 요구된다. 2004 UN 미래보고서(2005)를 보면 학교교육의 모든 단계에서 윤리과정, 과학윤리, 환경윤리를 필수과목으로 해야 한다고 주장한다. 그렇다면 생명과 직결되는 성윤리는 더할 나위가 없다.

각국의 성교육 실태

한국의 성교육 실태

한국은 해방과 더불어 서구의 물질문명이 들어오게 됨에 따라서 자유로운 이성교제가 가능해졌다. 이로 인해 성적인 문제가 따르게 되었다. 또한 남녀의 만남의 기회가 항상 열려 있기 때문에 우리나라에서도 성교육의 필요성이 대두되었다. 그러나 우리나라에서는 학교에서의 성교육은 1950년대까지 금기시 되었다가 가정교육의 차원에서 성교육은 전적으로 부모의 역할이었다. 그러나 1960년대 들어 가족계획사업이 활발해지면서 학교에서도 성과 관련된 교육을 해야 한다는 주장이 나오기 시작하였다. 1966년 처음으로 성교육에 관한 교육인적자원부의 방침이 나오게 되었는데, 이때 발표한 교육인적자원부의 방침은 순결교육으로, 대상과 내용을 거의 여성 쪽에 국한시켰다. 이 점은 1970년대에도 크게 달라지지 않아 1978년 처음으로 성과 관련된 장학자료인 순결교육자료가 각급 학교에 배포되면서 학교장 재량으로 순결교육을 실시하도록 하였지만 학교현장에서 제자리를 찾지 못하였다(김언정, 1999).

그러다가 1983년에 교육인적자원부에서 처음으로 학교 성교육에 관한 교사용 지도서를 개발하였다. 이 자료는 성교육의 필요성, 목표, 내용, 지도의 실제 등에 관해 상세하게 서술하여 독립교과를 두기보다는 자연, 생물, 도덕, 사회 등의 각 교과에서 적절하다고 생각될 때 성의 문제를 다루는 분산적인 접근을 택하고 있다. 초등학교의 경우 담임교사가 지도하기 어려운 단원이나, 정규수업시간 중에 교육하기 어려운 단원에 대해서는 성교육 주무교사가 중심이 되어 학교행사나 특별활동시간을 이용해서 지도하고, 특히 생리관계 부분에 대해서는 보건교사의 지원을 받도록 하였다. 그러다가 복장 및 두발 자유화가 시행되면서 청소년 문제가 늘어날 것을 우려한 교육인적자원부가 학교에서 성교육을 실시할 것을 지시하고, 같은 해 '교사용 지도서'를 만들어 배포하면서 공식적인 용어로 정착하게 되었다. 성교육의 목표는 일상생활에 필요한 기본 습관과 체계적이고 과학적인 성지식을 바탕으로 올바른 성의식을 갖게 하고 성윤리를 확립하도록 하는 데 있었다.

1997년에 서울시 교육청은 2학기 각 학교에 성교육지침서를 배포했는데, 그 내용은 성폭력 예방 중심이며, 시간은 중학교 전 학년, 고등학교 1학년은 연간 10시간, 고등학교 2~3학년은 연간 5시간으로 배분하였다(아산사회복지재단, 1997). 그러나 학교교육은 성교육에 대한 교육인적자원부의 이러한 지시에도 불구하고 여전히 일선현장에서 자리를 잡지 못하고 있는데, 그 이유 중의 하나는 우리나라의 학교 성교육이 구조적 측면에서 성문제에 대해 적극적인 예방 차원에서 진지하게 고민하고 시행하려는 노력을 하기보다는 문제 수습의 수준을 넘지 못하고, 입시 위주의 교육으로 인하여 성교육에 대한 심각한 문제의식을 갖지 못함에 있다고 본다. 학교 성교육의 구체적인 실태를 보면 성교육이 체계적이지 못하다(우남식, 1997). 그리고 전문 강사를 원하고 있다(우남식, 2004).

미국의 성교육 실태

미국의 성교육의 실태를 살펴보면 미국의 성교육은 가정에서부터 시작된다. 부모와 보호자가 자녀의 성교육에 있어서 일차적인 책임자이다. 자녀와 성문제를 상담할 기회, 즉 가르칠 순간들이 매일 일상생활에서 일어나기 때문이다. 가정은 출생의 순간부터 사랑, 접촉, 그리고 인간관계에 대하여 배우게 되고, 부모들이 자녀들에게 옷을 입히고 애정을 보이며, 그들과 놀면서 신체의 부분들을 가르칠 때부터 성에 대하여 배워간다. 자녀들이 성장함에 따라 가족들과 사회적 환경 내에서 성행동과 태도, 그리고 가치들에 대한 지식을 배운다. 부모는 자녀와 성문제에 대하여 토론하고, 또 성에 관한 정보가 무분별하게 제공되는 것으로 인해 걱정하고, 때로는 자녀가 성에 대해 질문할 때에 그 해결책을 제시하지 못해 당황하기도 한다. 그러나 미국 자녀들은 부모와 정직하고 격의 없는 대화로 인해 어린 시절부터 청년기에 이르기까지 성적으로 건강하고 성숙하게 된다. 또한 미국의 청소년은 친구들과 학교 교사들, 이웃, TV, 음악, 책, 광고, 장난감, 인터넷, 그리고 종교적인 공동체와 지역의 기관 등에서 성에 대해 배운다.

'부모와 자녀들이 성에 대하여 얘기할 때의 상태를 조사한 결과'를 보면 미국 청소년은 편안하다는 조사 보고와 아울러 부모로부터 성에 대하여 정보를 받기를 원하고 있다. 9~12학년(고등학생)의 687명의 학생 중에서 38%가 그들의 성에 대하여 '부모에게 말하기를 원하였다'고 답했고, 405명의 부모 중, 58%가 그의 자녀가 성에 대하여 '부모에게 얘기하기를 원하는 것 같다'고 대답하였다(Teen Today, 2000). 7~12학년(중고등학생) 학생의 부모 374명에 대한 연구조사에 의하면, 부모 중 65%가 성에 대하여 자녀에게 말하는 것이 '다소 편안했다', '매우 편안했다'라고 답하고 있다(Jordan 외, 2000).

카이저(2001)의 연구에 의하면 8~15세 자녀를 둔 부모 1,249명과 자녀 823명에 대하여 말하기 힘든 문제에 관하여 연구조사를 하였는데, 자녀들 중 부모와 사춘기에 대하여 얘기하는 것이 '매우 편안하였다'가 32%이었고, '편안한 것 같다'가 45%로 연구 조사되었다.

HIV/AIDS에 대하여 그들이 부모에게 말하는 것이 42%는 '매우 편안하였다', 45%는 '편안한 편이었다'로 나타났으며, 섹스와 출산에 관한 문제에 있어서는 27%가 '매우 편안하였다', 29%가 '편안한 편이었다'라고 응답하였다. 게이에 대하여 얘기하는 것에 있어서는 43%가 '매우 편안하였다', 38%가 '편안한 편이었다'라고 조사되었다. 이것은 한국 자녀들이 가정에서의 성교육이 어색하고 쑥스럽다는 우윤미(1998)의 연구와 대비가 된다. 그리고 교육을 많이 받은 어머니로부터 태어난 자녀, 어머니가 19세 이후에 첫 아기를 낳은 가정, 부모 모두가 있는 가정에서 태어난 자녀, 교육을 계속 받고 있는 환경에서 자라난 자녀가 성적 유혹에 빠지는 경우가 적은 것으로 나타났다(Department of Health and Human Services, 2001; 우남식, 2004).

미국의 학교 성교육 목표는 부모나 전문가들로부터 받은 교육을 보충하고 증대시켜 성적으로 건강한 성인들로 자라도록 하는 것이다. 구체적인 목표는 첫째, 인간의 성에 대한 정확한 정보 제공, 둘째, 젊은이들의 성에 대한 올바른 가치, 태도, 믿음을 이해하고 성숙할 수 있도록 기회 제공, 셋째, 상호관계를 도와주는 것, 넷째, 성관계 및 절제, 그리고 피임법 등을 도와주는 것이다(National Guidelines Task

Force, 1996).

성교육의 담당은 주로 보건교육교사가 담당하지만 체육, 생물, 가정경제 교사에 의해서도 실시되고 있다. 몇몇 주에서 보건교육교사가 되기 위해서는 대학에서 보건교육학뿐만 아니라 성교육이나 HIV와 에이즈 교육방법에 대한 과목을 이수하도록 되어 있다. 따라서 성교육 교과목도 보건, 체육, 생물, 가정경제 교사에 의해서 본 교과에 부가해서 조금씩 다루고 있다.

성교육 프로그램

학교는 성교육에 관하여 그들 자신의 교육과정과 프로그램을 추진하는 것에 대하여 책임이 있다. 성교육 프로그램들이 매우 다양한데 프로그램의 내용은 다음과 같다.

첫째, 기초적인 성교육이다. 이는 유치원에서부터 12학년까지 실시되고 있는 성교육 프로그램으로, 성에 대한 전반적인 정보를 제공하고, 실질적인 정보와 기술을 발전시킬 수 있도록 기회를 제공해 준다. 둘째, 성 절제에 기초한 성교육이다. 이 프로그램은 HIV 예방법과 성 절제로 인한 효과를 강조하고, 성교가 아닌 성적 행동, 피임, 성병 예방에 대한 정보를 제공하며, 성 절제 중심 및 성 절제 이상에 관한 것도 언급한다. 셋째, 성 절제 중심의 성교육이다. 이 교육은 성적 행동으로부터 금욕을 강조함으로써 HIV를 예방하는 프로그램이다. 넷째, 혼전 성 절제 중심의 교육이다. 이 교육은 결혼이 아닌 다른 모든 성행동으로부터 성 절제를 강조함으로써 HIV를 예방하는 프로그램이다. 이 프로그램은 모든 성행동에 있어서 오직 결혼을 통한 방법만이 가장 도덕적임을 강조한다.

기초적인 성교육의 주제

15개의 국가 기관과 학교, 그리고 대학의 대표자들로 구성된 특별 국가정책팀에서 기초적인 성교육의 주제 6개를 선정하였다.

여섯 가지 성교육의 주제는 인간발달, 인간관계, 개인적인 기술, 성행동, 성건강, 사회와 문화이다. 이 특별팀에서 기초 성교육의 안내서를 발간했는데, 그것은 나이에 적합하도록 만든 36가지의 성교육 문제를 가르치도록 정보를 제공하고 있다(National Guidelines Task Force, 1996). 미국의 성교육의 프로그램에 참여하는 학생들의 나이와 공동체에 따라 다양한데, 최근에 미국의 교실에서 가르치는 내용을 보면 교사의 61%, 학교장의 58%가 학교에서 학생들로 하여금 결혼 때까지 성행동을 기다리도록 가르치고 있으며, 만약 그렇지 않을 경우에는 안전한 섹스를 하도록 돕고, 그리고 피임을 하도록 가르친다. 반면에 교사의 33%와 학교장의 34%가 결혼할 때까지 오직 성에 대한 욕구를 절제하도록 중점적으로 가르친다고 말하고 있다(The Henry J. Kaiser Family Foundation, 2000).

성교육 시에 주제별로 교육시킨다고 응답한 결과는 HIV/AIDS가 78%, 성절제(금욕)가 97%, STD(성병)가 96%, 기초적인 출산 상식이 88%, 피임법이 74%, 인공임신중절 46%, 성 소개 및 동성연애가 44%이다(The Henry J. Kaiser Family Foundation, 2000). 예방 및 치료센터(The Centers for Disease Control and Prevention)의 청소년 및 학교건강 관리 부서에서 미국 35개 주와 13개 지역의 조사에 근거하여 '학교 건강교육 지침서'를 발간하였는데, 학교 건강에 대한 과정에서 97%가 HIV, 94%가 STD(성병) 예방, 85%가 임신 예방이다. HIV를 교육시키는 학교에서 99%가 HIV 감염과 전염성에 대하여, 76%가 콘돔의 효용성에 대하여, 그리고 48%가 콘돔의 정확한 사용법을 가르치고 있다. 1996년의 조사에 의하면 사회풍토에 대항하는 기술이 96%, 의사결정 기술이 97%, 의사소통 기술에 대한 교육이 90%(Characteristics of Health Education Among Secondary Schools-Schools Health Education Profiles, 1996, 1998)라고 답하였다.

커비(2000)에 의하여 개발된 성교육의 특성을 살펴보면 첫째, 원하지 않는 임신과 STD/HIV 감염이 될 수 있는 성행동에 대하여 구체적으로 예방할 수 있도록 강조한다. 둘째, 다른 사람의 건강과 관련된 위험한 행동에 대하여 이론에 근거한 교육을 한다. 셋째, 특별한 행동에 대하여는 분명한 입장을 갖도록 반복하여 교육을 한다. 넷째, 예기치 않은 위험성 및 그러한 성관계를 피할 수 있는 방법에 대한 기초적인 정확한 정보를 제공한다. 다섯째, 성행동과 관련된 사회풍토를 나타내는 각종 행동들을 포함시킨다. 여섯째, 협상 및 거절에 관한 기술 등에 대한 사례를 제공하고 실제 실습을 한다. 일곱째, 학생들의 나이, 성경험, 문화에 적합한 목표설정과, 교육방법 교육자료들을 포함시킨다. 여덟째, 중요한 행동들을 적합하게 잘할 수 있도록 통합하여 교육한다. 아홉째, 그들에게 적합한 교육을 할 수 있는 교사들과 동료들을 선정한다.

학교 교육의 효과

학교에 재학 중인 학생들이 퇴학이나 학교를 다니지 않는 청소년보다 성경험이 크게 낮은 것으로 나타났다. 교육 중인 청소년이 59%(1988)에서 53%(1995)로 감소했고, 비교육 중인 청소년은 68%(1988)에서 86%(1995)로 증가하였다. 그리고 어머니가 고등교육을 받고, 20세 이상에서 첫 출산한 가정에서 자란 청소년, 그리고 기독교 집안에서 자란 경우가 성적 유혹에 빠질 확률이 적은 것으로 나타났다(Department of Health and Human Services, 2001). 이는 가정환경의 중요성을 말해 주고 있다.

독일의 성교육 실태

연방체제적인 독일에서의 성교육은 국가적 차원으로 법제화하는 것은 불가능하다. 연방정부는 성교육에 대해 주도권만 가지며 국가기구인 헌법재판소가 주정부의 학교 성교육의 학습목표에 대한 일반 규정을 제공하며 자세한 지침에 대한 책임은 위임되고 있다. 연방정부의 일반 규정과 헌법재판소의 성교육 지도 원리는 성교육과 다른 과목들과의 통합성과 합법적인 수행, 또한 가정에서 이루어지는 개별적 성교육에서의 부모들의 권리를 규정하고 있다.

독일은 1968년 10월 3일에 각 성의 교육성장 회의에서 학교에서의 성교육에 관한 제안이 결정되었다. 이 제안에 따르면 성교육은 전체 교육의 한 부분으로서 우선적인 책임은 부모에게 있고 학교는 다만 부모의 역할을 도와주는 것으로 보았다. 이로 인해 성교육에 대한 학교에서의 기능은 불분명해졌다.

이 제안에 따르면 학교는 성에 대한 확증적인 지식을 전달해 주는 의무가 있으며 성교육 시간이 따로 한 과목으로 정해지지 않고 성교육은 단지 수업원칙으로 이해하게 되었다. 즉, 생물, 사회, 독일어, 예술, 종교 시간에서 부분적으로 다루고 있다. 김나지움에서는 생물 시간이 성교육의 가장 중요한 위치를 차지하고 있다. 여기에서 성에 대한 실제적인 인체구조와 성기관의 기능을 5~6학년에서는 생식 및 임신과 출산을 가르치고 8학년에서는 피임과 인공임신중절 등의 내용을 가르치고 있다. 사회 시간에는 성문제에 대한 법적, 사회적, 심리적인 문제를 다루고 있다. 그리고 독일어 시간에는 문학을 통해 성을 표현하고 종교 시간에는 신학적인 측면과 거기서 파생되는 인간에 대한 요구를 다루고 예술 시간에는 예술 작품을 통해 성에 대한 깊은 이해를 돕고 있다. 기초학교에서는 번식과 발육 분야의 생물학적인 지식이 주류를 이루고 있다. 물론 이에 대한 지식 전달은 그 자체만을 순수하게 다루는 것이지 법적 차원의 특색을 지니지 않는다. 그리고 성의 악용이라는 주제가 다루어진다. 성의 악용의 범위는 단순히 경고만이 아니라 인격 형성, 즉 자부심과 자기주장을 가르치는 것에 이르기까지 폭이 넓다. 이 시기는 발달과정에 가장 중요한 시기로 보고 있지만 교육 분야에 책임 있는 사람들은 개인적으로 해결해야 할 문제로 보고 있다.

또한 진보적인 주로 대표되는 헤센 주에서 1978년 개정된 'Law for Adminstration of School'에서는 성교육을 다양한 교과 속에 포함하여야 하며 각 발달단계에 맞게 이루어져야 하고 성교육은 젊은이들이 인간과의 사회적 협력에 대한 이해와 책임감 강화를 이루는 데 목표를 두어야 한다고 하였다. 또한 부모들이 성교육의 내용, 목적, 방법 등에 대한 필수적 지식을 갖추어야 한다고 규정하고 있다.

이상에서 독일의 성교육은 각 과목별로 그 내용이 중복되지 않고 다양한 각도에서 자연스럽게 성교육을 하고 있다는 점이다. 한편 학교에서의 성교육에 대한 전문성과 관심 부족으로 성교육이 제대로 시행되지 않고 있다는 것을 알 수 있다.

일본의 성교육 실태

일본에서의 학교교육, 즉 유치원, 초등학교, 중학교와 고등학교의 학습지도요령에는 성교육의 교과나 단원, 몇 학년에서 어떤 내용을 몇 시간 지도한다는 규정이 없다. 따라서 성교육 실시에 있어서 많은 어려움이 있으나 최근에는 범죄 예방 차원에서도 성교육에 대한 관심이 높아지고, 기본적인 관점의 변화가 나타나고 있다.

1947년의 '순결교육에 대하여'를 시작으로, 1949년에 '순결교육 기본요항'을 만들었고, 1955년에는 '순결교육의 시안'등을 통해 '순결교육'이란 용어가 일반적으로 사용되었으며, 1970년대 비로소 '성교육'이란 용어를 사용하였다. 문부성은 1986에 '생도교육에 있어서 성(性)에 관한 지도'라는 자료를 배포하고 꾸준히 교육

과정에서 성교육이 행해질 수 있는 교육환경을 유도하였지만, 적극적인 '성교육'을 주장하는 일선 교사입장에서는 소극적인 정책으로 평가되었다. 1980년대 중반에 들어 에이즈 환자의 발생에 따른 보건교육이 강화됨에 따라 성교육은 일대 전환기를 맞이하게 되었다. 교육부 차원에서의 처방이 제공되기 이전에, 1982년 '인간의 성교육연구협의회'라는 민간단체가 설립되어 '인권으로서의 성', '과학적 성교육'을 표방하며 일본의 성교육을 활성화시키는 역할을 담당하였다. 물론 이들의 활동에 대해서는 우려의 소리도 많지만, 이전에 보건교사가 전담하다시피 한 성교육이 1992년 학습지도요령의 개정 이후 교과 학습으로 자리 잡게 되는 데는 이러한 활동이 큰 역할을 하였다. 1992년 이후 초등학교(소학교) 6학년의 보건과 요리의 교과서에 성과 관련된 내용이 포함되고, 1996년의 새로운 교과서에는 성기와 성행동 등의 내용이 포함되었다. 일본에서의 성교육은 교육행정 담당자들이 터부시한 것과는 대조적으로 현장의 교사와 학생에 의해 성에 대한 학습이 상당히 진전되어 왔다. 즉, 순결교육 차원의 보수적 가치관을 벗어 던지고 현실적인 성교육에 접근해가고 있었다. 1990년대에 들어서서 민간단체 차원의 급진적인 성교육을 주장하는 입장과 교육부가 표방하는 성교육에 대한 입장을 절충한 새로운 개념이 '인간의 생과 성의 학습'이다. 현재 일본 교육개혁의 최대 이슈가 되고 있는 생식에 그치지 않고 '사는 힘'을 키우는 교육과의 관련 속에서 성교육을 생각하게 한다.

일반적 차원에서의 성에 대한 지도 목표를 밝혔던 문부성은 1999년 '학교 성교육의 사고와 진행방식'이란 홍보책자에서 학교 교육에서 다루어져야 할 성교육이란 "인간존중, 남녀평등의 정신에 기초하여 인격의 달성을 지향하는 지도이며, 인간으로서 지니고 있는 모습과 사는 방식에 직접적으로 관계하는 교육활동이다."라는 전제 위에, 성교육의 기본 목표를 "첫째, 남성 또는 여성으로서 자기의 성의 인식을 확고히 한다. 둘째, 인간존중, 남녀평등의 정신에 기초하여 남녀의 인간관계를 만들 수 있도록 한다. 셋째, 가정과 사회의 일원으로서 직면하는 성의 모든 문제를 적절하게 판단하고, 처리할 능력과 자질을 키운다."로 제시하고 있다.

일본의 학교 성교육은 어떤 교과나 단원, 몇 학년에서 어떤 내용을 몇 시간 가르치도록 한 명확한 규정은 없다. 따라서 각 학교에서는 우선 성교육에 관한 목표를 세우고, 그 목표를 달성하기 위해서 필요한 내용을 선택, 조직하여, 그 계획을 교육

과정의 편성단위인 교과와 도덕, 특별활동의 내용에 연결시켜 교육과정을 만든다. 그리고 성교육은 보건이나 이과 등 특정의 교과와 도덕시간 등 교과과정에 한정하지 않고 학급활동이나 아동회, 학생회활동 및 학교행사에서 다루고 있다. 이 밖에 학생에 대한 상담활동도 그 범위에 포함시켜 학교에서의 교육활동 전체를 통해 실시하고 있었다(박효정, 2000; 이은주, 2000).

요즈음 일본에서의 성교육 실시에 많은 어려움이 있으나 범죄예방차원에서 성교육에 대한 관심이 높아지고 있다. 그러나 학교 성교육이 우리나라의 경우보다 좀 더 적극적인 추세에 있다고 하지만 교육과정에서 교과나 단원, 학년에서 어떤 내용을 지도한다는 것에 대한 규정이 확실하지 않고 성교육을 위한 독립된 교과서도 없는 실정이다. 또한 성교육을 순결교육으로 보는 경향이 많다고 하겠다(구자옥, 1991).

기타 국가

스웨덴이나 덴마크와 같은 북유럽 국가에서는 남녀평등이 법적으로 잘 보장되어 있고 학교에서 성교육은 필수과목으로 되어 있어 어느 누구도, 심지어 부부일지라도 상대방에게 성적인 행동은 강요하지 못하도록 가르친다. 성이란 즐거움을 주는 것이어야 하며 외로움이나 불편을 주는 것이 되어서는 안 된다는 사회적 인식 때문이다. 또한 남녀평등이란 자신의 기대나 이익을 추구함에 있어 남녀가 동등한 조건을 가질 때 가능하며, 남녀 간의 차이점을 존중하는 것은 이 평등구현의 주요한 밑바탕이 되고 있다. 그리고 실제로 모든 학교는 남녀 공학이고, 정부나 의회에서 일하는 남녀의 비율도 거의 같다. 즉, 이들 나라는 성교육을 학교에서 매우 적극적으로 가르치고 있다.

제2부

대학생의 성의식

2004년과 2014년 대학생의 가치관과 성의식의 비교 연구

연구 대상

2004년 연구의 대상은 한국의 도청(광역시청) 소재지인 대전과 충북의 C대학, 전북과 전남의 J대학, 경북의 K대학, 부산의 P대학, 수도권의 S대학, K대학, A대학, I대학의 대학생들에게 공히 30매씩 300명에게 배부하여 275매가 회수되었으며 그중에 불성실하게 응답하거나 잘못 기입한 65매를 제외한 210명을 분석하였다. 그러나 2014년에는 다시 코딩작업 잘못 중에 잘못 기입된 남자 대학생 1명과 여자 대학생 2명을 제외한 207명(남자 대학생 130명, 여자 대학생 77명)을 분석하였다. 연구 시기는 2004년 11월 초부터 2005년 1월 중순까지이다.

2014년 연구의 대상은 한국의 도청(광역시청) 소재지인 대전과 충북의 C대학, 전북과 전남의 J대학, 경북의 K대학, K교육대학교, J교육대학교, 부산의 P대학, 수도권의 S여자대학교, K대학교, A대학교, I대학교, S대학교, Y대학교, E여자대학교의 대학생들에게 공히 30~40매씩 600매를 배부하여 530매가 회수되었으며 그중에 불성실하게 응답하거나 잘못 기입한 61매를 제외한 469명(남자 대학생 276명,

여자 대학생 193명) 분석하였다. 연구 시기는 2014년 4월 초부터 5월 말까지이다.

측정도구는 각 지역의 대학교 교수와 연구자와 아는 친지의 대학생들의 자녀들을 통해 표집하였다. 최대한 개인 신상이 노출되는 것에 대한 부담감을 줄이기 위해 측정도구를 각기 개인 봉투에 밀봉하여 주고받는 등 성실한 답변을 하도록 세심한 배려를 하였다. 질문지 실시 시간은 약 30분 정도였다.

분석대상

대학생의 성의식과 가치관을 알아보기 위한 분석대상은 2004년은 총 207명(남 : 130명, 여 : 77명), 2014년은 총 469명(남 : 276명, 여 : 193명)으로 전체 676명을 대상으로 분석하였다. 분석대상은 아래와 같다.

분석대상

	남	여	총합계
2004년	130	77	207
2014년	276	193	469
총합계	406	270	676

연구 대상자의 일반적 특성

연구 대상자의 성별 외 일반적 특성

문항	항목	2004년	(%)	2014년	(%)	전체	(%)
성별	남	130	(62.8)	276	(58.8)	406	(60.1)
	여	77	(37.2)	193	(41.2)	270	(39.9)
	계	207	(100.0)	469	(100.0)	676	(100.0)

나이	20세	40	(19.3)	167	(35.8)	207	(30.7)
	21세	24	(11.6)	69	(14.8)	93	(13.8)
	22세	23	(11.1)	73	(15.6)	96	(14.2)
	23세	43	(20.8)	68	(14.6)	111	(16.5)
	24세	77	(37.2)	90	(19.3)	167	(24.8)
	계	207	(100.0)	467	(100.0)	674	(100.0)
전공	자연공학	69	(33.8)	205	(44.2)	274	(41.0)
	인문사회	94	(46.1)	140	(30.2)	234	(35.0)
	의약학	11	(5.4)	10	(2.2)	21	(3.1)
	예체능	6	(2.9)	38	(8.2)	44	(6.6)
	사범교육	24	(11.8)	69	(14.9)	93	(13.9)
	기타		—	2	(.4)	2	(.3)
	계	204	(100.0)	464	(100.0)	668	(100.0)
학년	1학년	27	(13.6)	113	(24.3)	140	(21.1)
	2학년	37	(18.6)	119	(25.6)	156	(23.5)
	3학년	70	(35.2)	118	(25.4)	188	(28.3)
	4학년	65	(32.7)	115	(24.7)	180	(27.1)
	계	199	(100.0)	465	(100.0)	664	(100.0)
거주지	전원주택	6	(2.9)	35	(7.6)	41	(6.1)
	아파트	76	(37.1)	255	(55.1)	331	(49.6)
	단독주택	60	(29.3)	55	(11.9)	115	(17.2)
	상가주택	5	(2.4)	22	(4.8)	27	(4.0)
	기타	58	(28.3)	96	(20.7)	154	(23.1)
	계	205	(100.0)	463	(100.0)	668	(100.0)

연구 대상자의 거주 형태 외 일반적 특성

문항	항목	2004년	(%)	2014년	(%)	전체	(%)
거주 형태	대도시	114	(55.1)	313	(67.2)	427	(63.4)
	중소도시	76	(36.7)	132	(28.3)	208	(30.9)
	농촌	13	(6.3)	18	(3.9)	31	(4.6)
	어촌	1	(.5)	1	(.2)	2	(.3)
	기타	3	(1.4)	2	(.4)	5	(.7)
	계	207	(100.0)	466	(100.0)	673	(100.0)
성적	A+	9	(4.4)	61	(13.8)	70	(10.8)
	A-	43	(21.0)	115	(26.0)	158	(24.4)
	B+	112	(54.6)	181	(40.9)	293	(45.2)
	B-	30	(14.6)	59	(13.3)	89	(13.7)
	C	11	(5.4)	27	(6.1)	38	(5.9)
	계	205	(100.0)	443	(100.0)	648	(100.0)
가족 형태	확대가족	15	(8.4)	28	(6.7)	43	(7.2)
	핵가족	160	(89.9)	383	(92.1)	543	(91.4)
	조손가정	3	(1.7)	5	(1.2)	8	(1.3)
	계	178	(100.0)	416	(100.0)	594	(100.0)
부 학력	초졸	26	(12.8)	14	(3.0)	40	(6.0)
	중졸	33	(16.3)	15	(3.2)	48	(7.2)
	고졸	89	(43.8)	135	(29.0)	224	(33.5)
	대졸	41	(20.2)	219	(47.1)	260	(38.9)
	대학원	14	(6.9)	82	(17.6)	96	(14.4)
	계	203	(100.0)	465	(100.0)	668	(100.0)
모 학력	초졸	38	(18.6)	13	(2.8)	51	(7.6)
	중졸	40	(19.6)	19	(4.1)	59	(8.8)
	고졸	100	(49.0)	190	(40.9)	290	(43.4)
	대졸	22	(10.8)	189	(40.7)	211	(31.6)
	대학원	4	(2.0)	53	(11.4)	57	(8.5)
	계	204	(100.0)	464	(100.0)	668	(100.0)

사회 계층	상류		—	12	(2.6)	12	(1.8)
	부유	5	(2.4)	34	(7.3)	39	(5.8)
	중상	56	(27.2)	184	(39.7)	240	(35.9)
	중류	111	(53.9)	202	(43.6)	313	(46.8)
	하	34	(16.5)	31	(6.7)	65	(9.7)
	계	206	(100.0)	463	(100.0)	669	(100.0)
부모 직업	전문직	27	(12.9)	149	(28.8)	176	(24.2)
	관리직	16	(7.7)	38	(7.4)	54	(7.4)
	사무직	32	(15.3)	120	(23.2)	152	(20.9)
	판매직	15	(7.2)	28	(5.4)	43	(5.9)
	서비스직	32	(15.3)	65	(12.6)	97	(13.4)
	생산직	25	(12.0)	25	(4.8)	50	(6.9)
	노무직	14	(6.7)	15	(2.9)	29	(4.0)
	농축수산	23	(11.0)	11	(2.1)	34	(4.7)
	가사	2	(1.0)	23	(4.4)	25	(3.4)
	무직	3	(1.4)	4	(.8)	7	(1.0)
	기타	20	(9.6)	39	(7.5)	59	(8.1)
	계	209	(100.0)	517	(100.0)	726	(100.0)
종교	기독교	121	(58.5)	159	(34.5)	280	(41.9)
	천주교	17	(8.2)	50	(10.8)	67	(10.0)
	불교	19	(9.2)	50	(10.8)	69	(10.3)
	모슬렘	1	(.5)	1	(.2)	2	(.3)
	무교	43	(20.8)	192	(41.6)	235	(35.2)
	기타	6	(2.9)	9	(2.0)	15	(2.2)
	계	207	(100.0)	461	(100.0)	668	(100.0)

연구 대상자의 종교 열심도 외 일반적 특성

문항	항목	2004년	(%)	2014년	(%)	전체	(%)
종교 열심도	매우 열심히	28	(13.7)	33	(7.2)	61	(9.2)
	비교적 열심히	56	(27.5)	68	(14.8)	124	(18.7)
	보통	47	(23.0)	73	(15.9)	120	(18.1)
	가끔씩	24	(11.8)	60	(13.1)	84	(12.7)
	전혀 없음	49	(24.0)	224	(48.9)	273	(41.2)
	계	205	(100.0)	443	(100.0)	648	(100.0)
여가 생활	스포츠	46	(7.7)	153	(11.2)	199	(10.1)
	등산	12	(2.0)	33	(2.4)	45	(2.3)
	독서	66	(11.0)	97	(7.1)	163	(8.3)
	음악 감상, 연주회 관람	41	(6.9)	134	(9.8)	175	(8.9)
	만화 및 잡지	31	(5.2)	44	(3.2)	75	(3.8)
	인터넷	104	(17.4)	204	(15.0)	308	(15.7)
	TV시청	65	(10.9)	106	(7.8)	171	(8.7)
	영화	83	(13.9)	175	(12.8)	258	(13.2)
	연극 및 공연 관람	11	(1.8)	40	(2.9)	51	(2.6)
	수면	54	(9.0)	116	(8.5)	170	(8.7)
	친구와 함께	65	(10.9)	187	(13.7)	252	(12.9)
	산책	8	(1.3)	44	(3.2)	52	(2.7)
	기타	12	(2.0)	30	(2.2)	42	(2.1)
	계	598	(100.0)	1363	(100.0)	1961	(100.0)
배우자 선택조건	성적 만족	9	(2.2)	54	(6.3)	63	(5.0)
	친밀한 대화	130	(32.3)	289	(33.6)	419	(33.2)
	종교	71	(17.7)	75	(8.7)	146	(11.6)
	경제력	47	(11.7)	119	(13.9)	166	(13.2)
	유사한 취미	24	(6.0)	53	(6.2)	77	(6.1)
	양가 가족과의 관계	12	(3.0)	43	(5.0)	55	(4.4)
	성격	108	(26.9)	225	(26.2)	333	(26.4)

배우자 선택조건	기타	1	(.2)	1	(.1)	2	(.2)
	계	402	(100.0)	859	(100.0)	1261	(100.0)
결혼생활 중요도	외모	60	(10.0)	168	(12.3)	228	(11.6)
	경제력	29	(4.8)	118	(8.6)	147	(7.5)
	능력	66	(10.9)	142	(10.4)	208	(10.5)
	학벌	7	(1.2)	25	(1.8)	32	(1.6)
	가정환경	32	(5.3)	126	(9.2)	158	(8.0)
	종교 및 가치관	109	(18.1)	140	(10.2)	249	(12.6)
	직업	17	(2.8)	38	(2.8)	55	(2.8)
	성격	155	(25.7)	327	(23.9)	482	(24.4)
	건강	46	(7.6)	119	(8.7)	165	(8.4)
	장래성	36	(6.0)	51	(3.7)	87	(4.4)
	연령	8	(1.3)	15	(1.1)	23	(1.2)
	환경의 유사성	24	(4.0)	37	(2.7)	61	(3.1)
	취미	7	(1.2)	32	(2.3)	39	(2.0)
	성적인 매력	7	(1.2)	31	(2.3)	38	(1.9)
		603	(100.0)	1369	(100.0)	1972	(100.0)

위의 표에서 제시한 바와 같이 연구 대상자의 일반적 특성을 보면 성별로는 2004 년 대학생은 남학생이 62.8%, 여학생 37.2%보다 많았으며, 2014년에 표집한 대학 생은 남학생 58.8%, 여학생은 41.2%를 차지하였다. 연령별로는 2004년 대학생은 24세 이상이 37.2%로 가장 많은 반면에 2004년 대학생은 20세 이하가 35.8%로 가 장 많았다. 전공별로는 2004년 대학생은 33.8%로 자연공학이 가장 높은 분포를 보 였고, 마찬가지로 2014년 대학생도 자연공학이 44.2%로 가장 높았다. 학년별로는 2004년 대학생은 35.2%로 3학년이 가장 많은 반면에 2014년 대학생은 25.6%로 2 학년이 가장 높은 분포를 보였다. 거주 형태별로는 2004년, 2014년 대학생 모두 아 파트가 가장 높은 분포를 차지하였고, 거주지 또한 2004년, 2014년 대학생 모두 대 도시에 가장 많이 거주하였다. 평균 성적은 2004년, 2014년 대학생 모두 B$^+$가 가 장 높은 분포를 보였다. 가족 유형별로는 2004년 대학생과 2014년 대학생 모두 각

각 89.9, 92.1로 별다른 차이 없이 핵가족이 대부분을 차지하였다. 아버지 학력은 2004년 대학생은 43.8로 고졸이 가장 많은 반면에 2014년 대학생은 47.1로 대졸이 가장 많았다. 어머니 학력별로는 2004년 대학생과 2014년 대학생 모두 각각 49.0, 40.9로 대가족이 가장 높은 분포를 보였다. 부모님 직업으로는 2004년 대학생은 15.3%로 서비스직 종사자가 가장 많은 반면에 2014년 대학생은 사무직 종사자가 23.2%로 가장 많았다. 생활 정도별로는 2004년 대학생과 2014년 대학생 모두 각 각 53.9%, 43.6%로 중류층이 가장 많았다. 종교별로는 2004년 대학생은 기독교가 58.5%로 가장 많았고 2014년 대학생은 무교가 41.6%로 가장 많았다. 종교 상황별 로는 2004년 대학생이 비교적 열심히를 27.5%로 가장 많이 응답한 반면 2014년 대 학생은 전혀 없음을 48.9%로 가장 많이 응답하였다. 여가활동으로는 2004년, 2014 년 대학생 모두 인터넷이 가장 많았다. 배우자 선택조건으로는 2004년 대학생과 2014년 대학생 모두 각각 32.3%, 33.6%로 친밀한 대화를 가장 중요하게 인식하였 다. 결혼생활 중요도로는 2004년 대학생과 2014년 대학생 모두 각각 25.7%, 23.9% 로 성격을 가장 중요하게 인식하였다.

변인구성과 변인의 신뢰도

변인구성과 변인의 신뢰도를 보면 측정문항은 대학생이 인식하는 성지식, 성태도, 성행동의 변인을 구성하였다. 성지식은 하위변인으로 성기관 6문항, 임신 및 출산 9문항, 성건강 15문항, 성관계 7문항, 성지식 경로 10문항, 성심리 발달 4문항으로 총 39문항으로 구성하였고, 성태도는 성의식 12문항, 인공임신중절 9문항, 결혼과 출산 9문항, 순결 9문항, 동성애 6문항, 성매매 7문항, 피임 10문항의 하위변인으로 총 64문항으로 구성하였다. 성행동은 성행동과 성충동으로 구성되었고, 모든 문항 은 '전혀 그렇지 않다=1'에서 '매우 그렇다=5'의 리커트 5점 척도로 측정하였다. 측정 변인의 신뢰도는 표 3에 제시한 바와 같으며, 크론바흐 값은 .60~.92로 양호 하였다. 즉, 성지식의 하위변인의 신뢰도는 모두 .70 이상으로 양호하였으며, 성태 도의 하위변인의 신뢰도는 모두 .60 이상으로, 성충동의 신뢰도는 .92로 매우 양호 하였다.

리커트 척도 문항은 성의식의 1, 2, 10, 11, 인공임신중절의 1, 2, 5, 결혼과 출산의 1, 동성애의 4, 5, 피임의 4, 5, 결혼과 출산의 8, 피임의 9번이다. 변인구성과 변인의 신뢰도는 아래와 같다.

변인구성과 신뢰도

변인	하위변인	문항 수	신뢰도
성지식	성기관	8	.74
	임신 및 출산	9	.76
	성건강	15	.86
	성관계	7	.78
	성지식(전체)	53	.91
	성지식 경로	10	.81
	성심리 발달	4	.69
성태도	성의식	12	.75
	인공임신중절	9	.80
	결혼과 출산	8	.61
	순결	9	.89
	동성애	6	.81
	성매매	7	.74
	피임	9	.62
	성태도(전체)	60	.63
성행동	성행동	14	.73
	성충동	12	.92
	성행동(전체)	26	.84

분석방법 및 절차

본 연구를 수행하기 위해 사용된 통계분석방법은 빈도분석과 평균 SD 등의 기술통계를 사용하였고 연도별, 성별에 따른 차이를 확인하기 위하여 이원변량분석으로 검증하였으며, 명목척도인 문항의 경우는 교차분석(χ^2)을 활용하였다. 또한 변인 간의 관계를 확인하기 위하여 상관관계 분석 및 중다회귀분석을 활용하였다.

측정도구

성지식 측정도구

성지식의 측정도구는 Harold I. Lief와 David Reed(1975)가 개발한 S.K.A.T(Sexuality -Knowledge and Attitudes Test)를 참조한 윤선규(1990)의 연구와 문인옥(2000), 박미숙(2002), 배성미(2002). 김혜원(2003), 허은주(2004)들이 사용한 자료들을 모아 본 연구에 알맞게 수정하여 사범대학교 교육학과 교수 1명과 의과대학교수 1명, 교육학 전공한 강사 6명에게 안면 타당도를 거쳐 개발하였다(우남식, 2004). 하위변인은 성기관의 구조와 기능, 성건강, 임신 및 출산, 성관계, 심리적 발달, 그리고 성지식의 경로 등이다.

성태도 측정도구

성태도 측정도구는 국내외 여러 연구자(Harold I. Lief & David Reed, 1975; Thornton, 1990; Hansen, 1992; Simon, 1995; Jakobsen, 1997; 문인옥, 1998; 이광옥, 2001; 박미숙, 2002; 배성미, 2002; 김혜원, 2003; 허은주, 2004; 우남식, 2004; Department of Health and Human Services, 2001)들이 제작하여 사용한 자료들을 모아 본 연구에 알맞게 수정하여 사범대학 교육학과 교수 1명과 의과대학 교수 1명, 교육학 전공 강사 6명에게 안면 타당도를 거쳐 개발하였다. 하위변인은 성의식, 인공임신중절, 결혼과 출산, 순결, 동성애, 성매매, 자위행위, 피임 등이다.

성행동 측정도구

성행동의 측정도구는 국내외 여러 연구자(문인옥, 1998; 윤경자, 2002; 김혜원, 2003; 허은주, 2004; 우남식, 2004; Department of Health and Human Services, 2001)들이 제작하여 사용한 자료들을 모아 본 연구에 알맞게 수정하여 사범대학 교육학과 교수 1명과 의과대학 교수 1명, 교육학 전공 강사 6명에게 안면 타당도를 거쳐 개발하였다. 하위변인은 성충동, 성행동 등이다.

성교육 측정도구

성교육의 측정도구는 국내외 연구자(양순옥 외, 1999; 김경신, 2001; 이효영 외, 2004; 허은주, 2004; Department of Health and Human Services, 2001)들이 제작하여 사용한 자료들을 모아 본 연구에 알맞게 수정하여 사범대학 교육학과 교수 1명과 의과대학 교수 1명, 교육학 전공 강사 6명에게 안면 타당도를 거쳐 개발하였다. 하위변인은 학교와 가정에서 성교육의 필요성, 교육 내용, 교육 시간, 교육 방법, 교육 수준, 교육 효과 등이다.

연구의 제한점

첫째, 수도권(S, S, K, Y, S, I대학), 그리고 도청, 광역시 소재지(대전과 충북의 C, K대학, 전북과 전남의 J대학, 경북과 경남의 K, Y, T, J교육대학과 부산의 P대학)의 4년제 대학생으로 제한한다. 둘째, 본 연구는 설문을 통한 양적 연구방법이기 때문에 개인 신상에 담긴 설문문항에 대한 진솔한 응답을 하는 데 한계점을 갖는다. 셋째, 2004년과 2014년의 설문에 응답한 학생들이 동일인이 아니라는 제한점이 있다.

연구결과 및 해석

10년간 대학생의 성행동에 인식 및 경험에 대한 변화를 확인하기 위하여 2004년과 2014년의 대학생들의 성지식, 성지식의 습득, 성에 대한 심리, 결혼과 출산, 순결, 동성애, 성충동, 자위경험, 동거, 성매매, 혼전 성경험, 성교육 등의 내용들을 비교하여 분석하였다.

1. 2004년과 2014년 대학생의 성지식, 성태도, 성행동의 비교

1) 대학생의 성인식의 하위변인 비교

2004년과 2014년 대학생의 연도별 성인식(인공임신중절, 결혼과 출산, 순결, 동성애, 성매매 금지, 피임)의 차이를 분석한 결과는 〈표 1.1〉과 같다.

표 1.1 성인식 하위변인 비교

종속변인	독립변인 집단	N	M	sd	t	
인공임신중절	2004년	203	2.35	.71	−5.40	***
	2014년	463	2.66	.62		
결혼과 출산	2004년	205	1.94	.54	−5.13	***
	2014년	466	2.18	.57		
순결	2004년	205	3.05	.86	4.48	***
	2014년	465	2.72	.91		
동성애	2004년	207	1.98	.77	−8.04	***
	2014년	464	2.54	.96		
성매매 금지	2004년	204	2.65	.58	2.97	**
	2014년	463	2.48	.79		
피임	2004년	202	3.57	.48	−1.64	
	2014년	462	3.64	.53		
성인식(전체)	2004년	186	2.67	.21	−3.14	**
	2014년	443	2.73	.26		

** $p < .01$, *** $p < .001$

〈표 1.1〉과 같이 대학생의 성인식(인공임신중절, 결혼과 출산, 순결, 동성애)의 하위변인을 연도별로 비교한 결과는 모두가 유의미한 차이를 보였다($p < .001$). 성매매 금지는 유의미한 차이를 보였다($p < .01$). 즉, 2014년 대학생이 2004년 대학생보다 인공임신중절, 결혼과 출산, 순결, 동성애는 인식이 높았고, 성매매 금지에 대한 인식은 2004년 대학생이 2014년 대학생보다 더 높은 것으로 나타났다. 성인식

(전체)은 통계적으로 유의한 차이를 보였다(p < .01).

이와 같은 결과를 볼 때 시대가 변하면서 대학생들은 인공임신중절과 결혼과 출산, 동성애에 대한 인식은 과거보다 좀 더 허용하는 편이었고, 순결 인식 또한 낮아졌다. 성매매 금지에 대한 인식은 2004년보다 2014년이 강화되었다고 할 수 있다. 성매매 문항의 하위변인 중에 "돈이 절실하게 필요하여 성매매를 하는 것은 괜찮다."라는 문항에서 2004년 평균 3.39에서 2014년 2.04로 많이 낮아졌다(p < .001). 이는 돈 때문에 성매매를 하는 것은 옳지 않다는 것이 확인된 것이다.

2) 대학생의 성적인 발달과 심리 변화

(1) 이성에게 성적 호기심을 느낀 시기의 비교

이성에게 성적 호기심을 느낀 시기를 연도별로 비교 분석한 결과는 〈표 1.2〉와 같다.

표 1.2 이성에게 성적 호기심을 느낀 시기의 비교

	2004년	(%)	2014년	(%)	전체	(%)
9세	9	(5.0)	61	(13.1)	70	(10.8)
10세	7	(3.9)	33	(7.1)	40	(6.2)
11세	11	(6.1)	49	(10.5)	60	(9.3)
12세	20	(11.1)	76	(16.3)	96	(14.8)
13세 이상	133	(73.9)	248	(53.1)	381	(58.9)
	180	(100.0)	467	(100.0)	647	(100.0)

〈표 1.2〉와 같이 대학생이 처음으로 이성에게 성적 호기심을 느낀 시기는 2004년에 9세라고 응답한 비율이 5.0%에서 2014년에는 13.1%로 증가하였으며, 13세 이상은 73.9%에서 53.1%로 줄어들었다. 이를 볼 때 10년 동안 대학생이 조숙해지는 것을 볼 수 있다.

(2) 성별, 연도별 이성에게 성적 호기심을 느낀 시기 비교

대학생이 성별, 연도별 이성에게 성적 호기심을 느낀 시기에 대한 차이를 비교 분석한 결과는 〈표 1.3〉과 같다(그림 1.1 참조).

표 1.3 성별, 연도별 이성에게 성적 호기심을 느낀 시기 비교

	2004			2014			합계			이원변량분석 결과	
	평균	SD	N	평균	SD	N	평균	SD	N	변인	F
남	12.32	1.25	111	11.96	1.37	275	12.06	1.34	386	성별	.456
여	12.65	.76	69	11.80	1.54	192	12.02	1.43	261	연도	25.024***
합계	12.45	1.10	180	11.89	1.44	467	12.05	1.38	647	성별 ×연도	4.055*

* $p < .05$, *** $p < .001$

〈표 1.3〉과 같이 대학생이 성별, 연도별 이성에게 성적 호기심을 느낀 차이를 보면 남자 대학생이 2004년에 12.32세, 2014년에는 11.96세였고, 여자 대학생은 2004년에 12.65에서 2014년에는 11.80세로 낮아졌음을 알 수 있다. 즉, 10년 동안 대학생이 남녀 대학생들이 성적 호기심을 가진 시기가 빨라졌고($p < .05$), 특히 남자 대학생보다는 여자 대학생이 더 빨라졌음을 알 수 있다($p < .001$).

(3) 성별, 연도별 초경과 몽정, 변성의 시기의 비교

표 1.4 성별, 연도별 이성에게 성적 호기심을 느낀 시기 비교

	2004			2014			합계			이원변량분석 결과	
	평균	SD	N	평균	SD	N	평균	SD	N	변인	F
남	12.74	.63	123	12.60	.87	270	12.65	.78	393	성별	.087
여	12.73	.57	77	12.58	.71	192	12.62	.70	269	연도	4.841*
합계	12.74	.61	200	12.59	.79	462	12.64	.74	662	성별 ×연도	.010

* $p < .05$

대학생이 초경과 몽정, 그리고 변성 시기에 대해 비교 분석한 결과는 〈표 1.4〉와 같다(그림 1.2 참조).

〈표 1.4〉와 같이 대학생이 성별, 연도별 초경과 몽정, 변성 시기에 대해 비교 분석한 결과, 남자 대학생이 2004년에 12.74세, 2014년에는 12.60세였고, 여자 대학생은 2004년에 12.73세, 2014년에는 12.58세로, 연도별로는 통계적으로 $p < .05$ 수준에서 차이를 보였다. 즉, 남녀 대학생이 10년 동안 초경과 몽정, 변성시기의 연령이 2004년에 평균 12.74세에서 2014년에는 12.59세로 빨라졌음이 확인되었다.

그림 1.1 성적 호기심의 차이

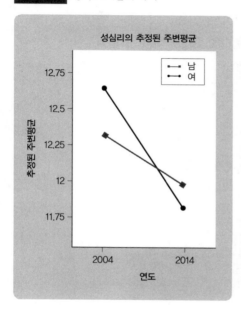

그림 1.2 초경과 몽정 시기 차이

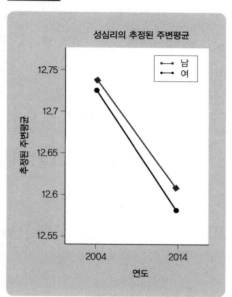

(4) 성별, 연도별 성심리 발달에 대한 전체 비교

대학생의 성별, 연도별 성심리 발달의 전체에 대해 비교 분석한 결과는 〈표 1.5〉와 같다.

표 1.5 성별, 연도별 성심리 발달에 대한 전체 비교

	2004			2014			합계			이원변량분석 결과	
	평균	SD	N	평균	SD	N	평균	SD	N	변인	F
남	12.64	.800	38	12.44	.763	151	12.48	.772	189	성별	.649
여	12.67	.391	56	12.28	.751	176	12.37	.702	232	연도	12.07*
합계	12.66	.588	94	12.35	.760	327	12.42	.735	421	성별×연도	1.200

* p<.01

〈표 1.5〉와 같이 대학생의 성별, 연도별 성심리 발달에 대한 전체를 비교 분석한 결과는 2004년에 평균값은 12.66세에서 2014년에는 12.35세로 낮아졌음을 알 수 있다. 남자 대학생은 2004년에 평균값은 12.64세였고, 여자 대학생은 2014년에 평균값은 12.28세였다. 연도별로 유의미한 차이를 보였고(p<.01), 성별, 성별×연도별 상호작용 효과에는 차이가 없었다. 즉, 초경과 몽정, 가슴이 나온 시기, 변성의 시기가 10년 동안 낮아졌음을 알 수 있다.

3) 대학생이 배우자를 선택할 때 중요하게 여기는 조건

(1) 연도별 배우자 선택조건의 비교

대학생 전체와 남녀 대학생의 연도별 배우자 선택조건을 비교 분석한 결과는 〈표 1.6〉, 〈표 1.7〉, 〈표 1.8〉과 같다.

표 1.6 연도별 배우자 선택조건의 비교(복수 응답)

	2004년	(%)	2014년	(%)	전체	(%)
성격	155	(25.7)	327	(23.9)	482	(24.4)
종교 및 가치관	109	(18.1)	140	(10.2)	249	(12.6)
외모	60	(10.0)	168	(12.3)	228	(11.6)
능력	66	(10.9)	142	(10.4)	208	(10.5)
가정환경	32	(5.3)	126	(9.2)	158	(8.0)

	2004년	(%)	2014년	(%)	전체	(%)
건강	46	(7.6)	119	(8.7)	165	(8.4)
경제력	29	(4.8)	118	(8.6)	147	(7.5)
장래성	36	(6.0)	51	(3.7)	87	(4.4)
직업	17	(2.8)	38	(2.8)	55	(2.8)
환경의 유사성	24	(4.0)	37	(2.7)	61	(3.1)
취미	7	(1.2)	32	(2.3)	39	(2.0)
성적인 매력	7	(1.2)	31	(2.3)	38	(1.9)
학벌	7	(1.2)	25	(1.8)	32	(1.6)
연령	8	(1.3)	15	(1.1)	23	(1.2)
총계	603	(100.0)	1369	(100.0)	1972	(100.0)

표 1.7 남자 대학생의 연도별 배우자 선택조건의 비교(복수 응답)

	2004년	(%)	2014년	(%)	전체	(%)
성격	104	(27.7)	200	(24.8)	304	(25.7)
외모	53	(14.1)	140	(17.4)	193	(16.3)
건강	29	(7.7)	76	(9.4)	105	(8.9)
종교 및 가치관	72	(19.1)	72	(8.9)	144	(12.2)
능력	30	(8.0)	63	(7.8)	93	(7.9)
가정환경	14	(3.7)	57	(7.1)	71	(6.0)
경제력	14	(3.7)	49	(6.1)	63	(5.3)
환경의 유사성	15	(4.0)	29	(3.6)	44	(3.7)
성적인 매력	6	(1.6)	28	(3.5)	34	(2.9)
취미	5	(1.3)	24	(3.0)	29	(2.5)
직업	8	(2.1)	22	(2.7)	30	(2.5)
장래성	20	(5.3)	21	(2.6)	41	(3.5)
학벌	1	(.3)	15	(1.9)	16	(1.4)
연령	5	(1.3)	9	(1.1)	14	(1.2)
총계	376	(100.0)	805	(100.0)	1181	(100.0)

표 1.8 여자 대학생의 연도별 배우자 선택조건의 비교(복수 응답)

	2004년	(%)	2014년	(%)	전체	(%)
성격	51	(22.5)	127	(22.5)	178	(22.5)
능력	36	(15.9)	79	(14.0)	115	(14.5)
경제력	15	(6.6)	69	(12.2)	84	(10.6)
가정환경	18	(7.9)	69	(12.2)	87	(11.0)
종교 및 가치관	37	(16.3)	68	(12.1)	105	(13.3)
건강	17	(7.5)	43	(7.6)	60	(7.6)
장래성	16	(7.0)	30	(5.3)	46	(5.8)
외모	7	(3.1)	28	(5.0)	35	(4.4)
직업	9	(4.0)	16	(2.8)	25	(3.2)
학벌	6	(2.6)	10	(1.8)	16	(2.0)
취미	2	(.9)	8	(1.4)	10	(1.3)
환경의 유사성	9	(4.0)	8	(1.4)	17	(2.1)
연령	3	(1.3)	6	(1.1)	9	(1.1)
성적인 매력	1	(.4)	3	(.5)	4	(.5)
총계	227	(100.0)	564	(100.0)	791	(100.0)

〈표 1.6〉과 같이 대학생이 연도별로 배우자의 선택조건을 비교한 결과는 2004년과 2014년은 성격이 각기 25.7%, 23.9%로, 성격을 중요하게 생각하였다. 그다음으로 2004년에는 종교 및 가치관이 18.1%였으나 2014년에는 외모가 12.3%로 나타났다.

〈표 1.7〉과 같이 남자 대학생이 연도별로 배우자의 선택조건을 비교한 결과는 2004년에 성격이 27.7%, 종교 및 가치관이 19.1%, 외모가 14.1%의 순이었다. 그러나 2014년에는 성격이 24.8%, 외모가 17.4%, 건강이 9.4%로 나타났다.

〈표 1.8〉과 같이 여자 대학생이 연도별로 배우자의 선택조건을 비교한 결과는 2004년에는 성격이 22.5%, 종교 및 가치관이 16.3%, 능력이 15.9% 순이었다. 그러나 2014년에는 성격 22.5%, 능력 14.0%, 경제력과 가정환경이 각각 12.2%로 나타났다.

이를 볼 때 2004년에는 남자 대학생은 종교 및 가치관을 배우자 조건의 두 번째로 선호하였지만 10년이 지난 2014년에는 남자 대학생은 외모, 여자 대학생은 능력과 경제력, 그리고 가정환경을 중히 여기는 것으로 나타났다.

(2) 부모의 생활 정도에 따른 배우자 선택조건의 비교(복수 응답)

대학생 전체와 남녀 대학생의 부모 생활 정도에 따른 배우자 선택조건을 비교 분석한 결과는 〈표 1.9〉, 〈표 1.10〉, 〈표 1.11〉과 같다.

표 1.9 부모 생활 정도에 따른 배우자 선택조건의 비교

	상	(%)	중	(%)	하	(%)	전체	(%)
외모	2	(4.2)	30	(5.7)	7	(11.3)	39	(6.1)
경제력	4	(8.3)	16	(3.0)	2	(3.2)	22	(3.5)
능력	4	(8.3)	48	(9.1)	4	(6.5)	56	(8.8)
학벌	2	(4.2)	8	(1.5)	1	(1.6)	11	(1.7)
가정환경	5	(10.4)	30	(5.7)	2	(3.2)	37	(5.8)
종교 및 가치관	1	(2.1)	22	(4.2)	2	(3.2)	25	(3.9)
직업	3	(6.3)	17	(3.2)	4	(6.5)	24	(3.8)
성격	7	(14.6)	120	(22.9)	8	(12.9)	135	(21.3)
건강	5	(10.4)	82	(15.6)	16	(25.8)	103	(16.2)
장래성	6	(12.5)	46	(8.8)	8	(12.9)	60	(9.4)
연령	—		16	(3.0)	1	(1.6)	17	(2.7)
환경의 유사성	4	(8.3)	40	(7.6)	2	(3.2)	46	(7.2)
취미	3	(6.3)	27	(5.1)	2	(3.2)	32	(5.0)
성적인 매력	2	(4.2)	26	(5.0)	5	(8.1)	33	(5.2)
총계	48	(100.0)	525	(100.0)	62	(100.0)	635	(100.0)

표 1.10 남자 대학생의 부모의 생활 정도에 따른 배우자 선택조건의 비교

	상	(%)	중	(%)	하	(%)	전체	(%)
외모		−	23	(7.5)	7	(16.3)	30	(7.9)
경제력	1	(3.6)	8	(2.6)	1	(2.3)	10	(2.6)
능력	4	(14.3)	29	(9.4)	3	(7.0)	36	(9.5)
학벌		−	4	(1.3)		−	4	(1.1)
가정환경	3	(10.7)	15	(4.9)	2	(4.7)	20	(5.3)
종교 및 가치관	1	(3.6)	8	(2.6)	1	(2.3)	10	(2.6)
직업	3	(10.7)	6	(1.9)	2	(4.7)	11	(2.9)
성격	6	(21.4)	63	(20.5)	5	(11.6)	74	(19.5)
건강	4	(14.3)	53	(17.2)	12	(27.9)	69	(18.2)
장래성		−	23	(7.5)	5	(11.6)	28	(7.4)
연령		−	7	(2.3)	1	(2.3)	8	(2.1)
환경의 유사성	2	(7.1)	27	(8.8)	2	(4.7)	31	(8.2)
취미	3	(10.7)	19	(6.2)		−	22	(5.8)
성적인 매력	1	(3.6)	25	(8.1)	4	(9.3)	30	(7.9)
총계	28	(100.0)	308	(100.0)	43	(100.0)	379	(100.0)

표 1.11 여자 대학생의 부모의 생활 정도에 따른 배우자 선택조건의 비교

	상	(%)	중	(%)	하	(%)	전체	(%)
외모	2	(10.0)	7	(3.2)		−	9	(3.5)
경제력	3	(15.0)	8	(3.7)	1	(5.3)	12	(4.7)
능력		−	19	(8.8)	1	(5.3)	20	(7.8)
학벌	2	(10.0)	4	(1.8)	1	(5.3)	7	(2.7)
가정환경	2	(10.0)	15	(6.9)		−	17	(6.6)
종교 및 가치관		−	14	(6.5)	1	(5.3)	15	(5.9)
직업		−	11	(5.1)	2	(10.5)	13	(5.1)
성격	1	(5.0)	57	(26.3)	3	(15.8)	61	(23.8)
건강	1	(5.0)	29	(13.4)	4	(21.1)	34	(13.3)

장래성	6	(30.0)	23	(10.6)	3	(15.8)	32	(12.5)
연령		—	9	(4.1)		—	9	(3.5)
환경의 유사성	2	(10.0)	13	(6.0)		—	15	(5.9)
취미		—	8	(3.7)	2	(10.5)	10	(3.9)
성적인 매력	1	(5.0)	1	(0.5)	1	(5.3)	3	(1.2)
총계	20	(100.0)	217	(100.0)	19	(100.0)	256	(100.0)

〈표 1.9〉와 같이 대학생이 부모 생활 정도에 따른 배우자 선택조건을 비교 분석한 결과는 상층은 성격이 14.6%, 중층은 성격이 22.9%, 하층은 건강이 25.8%로 나타났다.

〈표 1.10〉과 같이 남자 대학생의 부모 생활 정도에 따른 배우자 선택조건을 보면 상층이 성격 21.4%, 중층이 성격 20.5%, 하층이 건강 27.9%로 나타났다.

〈표 1.11〉과 같이 여자 대학생의 부모 생활 정도에 따른 배우자 선택조건을 보면 상층이 장래성 30.0%, 중층이 성격 26.3%, 하층이 건강 21.1%로 나타났다.

이를 볼 때 상층과 중층은 성격을 중요시하고 하층은 건강을 중요하게 여기는 것으로 나타났다.

(3) 전공에 따른 배우자 선택조건의 비교(복수 응답)

대학생 전체와 남녀 대학생의 전공에 따른 배우자 선택조건을 비교 분석한 결과는 〈표 1.12〉, 〈표 1.13〉, 〈표 1.14〉와 같다.

표 1.12 전공에 따른 배우자 선택조건의 비교

	자연공학의학	(%)	인문사범	(%)	예체능	(%)	전체	(%)
외모	18	(6.4)	20	(6.5)	1	(2.4)	39	(6.2)
경제력	8	(2.8)	14	(4.6)	—		22	(3.5)
능력	25	(8.9)	24	(7.8)	5	(11.9)	54	(8.6)
학벌	4	(1.4)	5	(1.6)	2	(4.8)	11	(1.7)

(계속)

가정환경	16	(5.7)	18	(5.9)	3	(7.1)	37	(5.9)
종교 및 가치관	6	(2.1)	14	(4.6)	5	(11.9)	25	(4.0)
직업	9	(3.2)	14	(4.6)	1	(2.4)	24	(3.8)
성격	51	(18.1)	75	(24.4)	6	(14.3)	132	(20.9)
건강	49	(17.4)	46	(15.0)	8	(19.0)	103	(16.3)
장래성	29	(10.3)	29	(9.4)	3	(7.1)	61	(9.7)
연령	9	(3.2)	4	(1.3)	4	(9.5)	17	(2.7)
환경의 유사성	21	(7.4)	25	(8.1)		—	46	(7.3)
취미	19	(6.7)	12	(3.9)	2	(4.8)	33	(5.2)
성적인 매력	19	(6.7)	11	(3.6)	2	(4.8)	32	(5.1)
총계	282	(100.0)	307	(100.0)	42	(100.0)	631	(100.0)

표 1.13 남자 대학생의 전공에 따른 배우자 선택조건의 비교

	자연공학의학	(%)	인문사범	(%)	예체능	(%)	전체	(%)
외모	18	(8.6)	11	(7.3)	1	(5.9)	30	(8.0)
경제력	5	(2.4)	5	(3.3)		—	10	(2.7)
능력	19	(9.0)	12	(8.0)	3	(17.6)	34	(9.0)
학벌	1	(.5)	2	(1.3)	1	(5.9)	4	(1.1)
가정환경	12	(5.7)	7	(4.7)	1	(5.9)	20	(5.3)
종교 및 가치관	2	(1.0)	5	(3.3)	3	(17.6)	10	(2.7)
직업	8	(3.8)	3	(2.0)		—	11	(2.9)
성격	33	(15.7)	39	(26.0)	1	(5.9)	73	(19.4)
건강	39	(18.6)	28	(18.7)	3	(17.6)	70	(18.6)
장래성	17	(8.1)	10	(6.7)	1	(5.9)	28	(7.4)
연령	7	(3.3)	1	(.7)		—	8	(2.1)
환경의 유사성	17	(8.1)	14	(9.3)		—	31	(8.2)
취미	15	(7.1)	6	(4.0)	2	(11.8)	23	(6.1)
성적인 매력	18	(8.6)	10	(6.7)	1	(5.9)	29	(7.7)
총계	210	(100.0)	150	(100.0)	17	(100.0)	377	(100.0)

	자연공학의학	(%)	인문사범	(%)	예체능	(%)	전체	(%)
외모		–	9	(5.7)		–	9	(3.5)
경제력	3	(4.2)	9	(5.7)		–	12	(4.7)
능력	6	(8.3)	12	(7.6)	2	(8.0)	20	(7.9)
학벌	3	(4.2)	3	(1.9)	1	(4.0)	7	(2.8)
가정환경	4	(5.6)	11	(7.0)	2	(8.0)	17	(6.7)
종교 및 가치관	4	(5.6)	9	(5.7)	2	(8.0)	15	(5.9)
직업	1	(1.4)	11	(7.0)	1	(4.0)	13	(5.1)
성격	18	(25.0)	36	(22.9)	5	(20.0)	59	(23.2)
건강	10	(13.9)	18	(11.5)	5	(20.0)	33	(13.0)
장래성	12	(16.7)	19	(12.1)	2	(8.0)	33	(13.0)
연령	2	(2.8)	3	(1.9)	4	(16.0)	9	(3.5)
환경의 유사성	4	(5.6)	11	(7.0)		–	15	(5.9)
취미	4	(5.6)	6	(3.8)		–	10	(3.9)
성적인 매력	1	(1.4)	1	(.6)	1	(4.0)	3	(1.2)
총계	72	(100.0)	157	(100.0)	25	(100.0)	254	(100.0)

표 1.14 여자 대학생의 전공에 따른 배우자 선택조건의 비교

〈표 1.12〉와 같이 대학생의 전공에 따른 배우자 선택조건을 비교 분석한 결과, 자연공학의학은 성격이 18.1%, 인문사범은 성격이 24.4%, 예체능은 건강으로 나타났다.

〈표 1.13〉과 같이 남자 대학생의 전공에 따른 배우자 선택조건을 비교 분석한 결과는 자연공학의학은 성격이 18.6%, 인문사범은 성격이 26.0%, 예체능은 능력과 성격, 종교 및 가치관으로 나타났다.

〈표 1.14〉와 같이 여자 대학생의 전공에 따른 배우자 선택조건을 비교 분석한 결과, 자연공학의학은 성격이 25.0, 인문사범은 성격이 22.9%, 예체능은 성격과 건강이 20.0%로 나타났다.

이를 볼 때 자연공학의학과 인문사범은 성격을 중요하게 여기고, 예체능은 성격과 건강으로 나타났다.

4) 대학생이 결혼생활에서 중요하게 여기는 가치관의 비교

(1) 연도별로 결혼생활에서 중요하게 여기는 가치 비교(복수 응답)

대학생과 남녀 대학생이 결혼생활에서 중요하게 여기는 가치를 비교 분석한 결과는 〈표 1.15〉, 〈표 1.16〉, 〈표 1.17〉과 같다.

표 1.15 연도별로 결혼생활에서 중요하게 여기는 가치관의 비교

	2004년	(%)	2014년	(%)	전체	(%)
친밀한 대화	130	(32.3)	289	(33.6)	419	(33.2)
성격	108	(26.9)	225	(26.2)	333	(26.4)
경제력	47	(11.7)	119	(13.9)	166	(13.2)
종교	71	(17.7)	75	(8.7)	146	(11.6)
성적 만족	9	(2.2)	54	(6.3)	63	(5.0)
유사한 취미	24	(6.0)	53	(6.2)	77	(6.1)
양가 가족과의 관계	12	(3.0)	43	(5.0)	55	(4.4)
기타	1	(.2)	1	(.1)	2	(.2)
총계	402	(100.0)	859	(100.0)	1261	(100.0)

표 1.16 남자 대학생의 연도별로 결혼생활에서 중요하게 여기는 가치관의 비교

	2004년	(%)	2014년	(%)	전체	(%)
친밀한 대화	80	(31.6)	161	(32.1)	241	(31.9)
성격	70	(27.7)	150	(29.9)	220	(29.1)
경제력	25	(9.9)	61	(12.2)	86	(11.4)
종교	46	(18.2)	35	(7.0)	81	(10.7)
성적 만족	7	(2.8)	40	(8.0)	47	(6.2)
유사한 취미	16	(6.3)	35	(7.0)	51	(6.8)
양가 가족과의 관계	8	(3.2)	20	(4.0)	28	(3.7)
기타	1	(.4)	−		1	(.1)
총계	253	(100.0)	502	(100.0)	755	(100.0)

표 1.17	여자 대학생의 연도별로 결혼생활에서 중요하게 여기는 가치관의 비교					
	2004년	(%)	2014년	(%)	전체	(%)
친밀한 대화	50	(33.6)	128	(35.9)	178	(35.2)
성격	38	(25.5)	75	(21.0)	113	(22.3)
경제력	22	(14.8)	58	(16.2)	80	(15.8)
종교	25	(16.8)	40	(11.2)	65	(12.8)
성적 만족	2	(1.3)	14	(3.9)	16	(3.2)
유사한 취미	8	(5.4)	18	(5.0)	26	(5.1)
양가 가족과의 관계	4	(2.7)	23	(6.4)	27	(5.3)
기타	—		1	(.3)	1	(.2)
총계	149	(100.0)	357	(100.0)	506	(100.0)

〈표 1.15〉와 같이 대학생이 결혼생활에서 중요하게 여기는 가치를 비교한 결과는 친밀한 대화가 2004년에는 32.3%, 2014년 33.6%로, 친밀한 대화를 가장 중요하게 인식하였고, 두 번째는 성격, 그리고 2004년에는 종교를 2014년에는 경제력을 세 번째로 중요하게 생각하는 것으로 나타났다.

〈표 1.16〉과 같이 남자 대학생이 결혼생활에서 중요하게 여기는 가치를 비교한 결과는 첫 번째가 친밀한 대화로 2004년에는 31.6%, 2014년에는 32.1%로 나타났고, 두 번째는 성격으로 2004년에는 27.7%, 2014년에는 29.9%로 응답하였다. 그리고 세 번째는 2004년에는 종교를 2014년에는 경제력을 들었다.

〈표 1.17〉과 같이 여자 대학생이 결혼생활에서 중요하게 여기는 가치를 비교한 결과는 친밀한 대화가 2004년에 33.6%, 2014년에는 35.9%로 나타났고, 두 번째로 성격을 2004년에 25.5%, 2014년에 21.0%로 응답하였다. 그리고 2004년에는 종교를 2014년에는 경제력을 다음으로 답하였다.

이를 볼 때 2004년과 2014년의 남녀 대학생이 결혼생활에서 중요하게 여기는 가치는 친밀한 대화였고, 두 번째는 성격, 그다음이 종교와 경제력으로 나타났다.

5) 대학생의 여가활동 비교

(1) 여가활동의 비교(복수 응답)

대학생 전체와 남녀 대학생이 여가를 어떻게 보내는가를 비교 분석한 결과는 〈표 1.18〉, 〈표 1.19〉, 〈표 1.20〉과 같다.

표 1.18 여가활동의 비교

	2004년	(%)	2014년	(%)	전체	(%)
스포츠	46	(7.7)	153	(11.2)	199	(10.1)
등산	12	(2.0)	33	(2.4)	45	(2.3)
독서	66	(11.0)	97	(7.1)	163	(8.3)
음악감상 및 연주회 관람	41	(6.9)	134	(9.8)	175	(8.9)
만화 및 잡지	31	(5.2)	44	(3.2)	75	(3.8)
인터넷	104	(17.4)	204	(15.0)	308	(15.7)
TV시청	65	(10.9)	106	(7.8)	171	(8.7)
영화	83	(13.9)	175	(12.8)	258	(13.2)
연극 및 공연 관람	11	(1.8)	40	(2.9)	51	(2.6)
수면	54	(9.0)	116	(8.5)	170	(8.7)
친구와 함께	65	(10.9)	187	(13.7)	252	(12.9)
산책	8	(1.3)	44	(3.2)	52	(2.7)
기타	12	(2.0)	30	(2.2)	42	(2.1)
총계	598	(100.0)	1363	(100.0)	1961	(100.0)

표 1.19 남자 대학생의 여가활동의 비교

	2004년	(%)	2014년	(%)	전체	(%)
스포츠	43	(11.7)	128	(16.0)	171	(14.6)
등산	7	(1.9)	26	(3.3)	33	(2.8)
독서	40	(10.8)	67	(8.4)	107	(9.2)
음악감상 및 연주회 관람	25	(6.8)	81	(10.1)	106	(9.1)

만화 및 잡지	24	(6.5)	35	(4.4)	59	(5.0)
인터넷	66	(17.9)	129	(16.1)	195	(16.7)
TV시청	30	(8.1)	47	(5.9)	77	(6.6)
영화	47	(12.7)	97	(12.1)	144	(12.3)
연극 및 공연 관람	10	(2.7)	16	(2.0)	26	(2.2)
수면	27	(7.3)	50	(6.3)	77	(6.6)
친구와 함께	35	(9.5)	87	(10.9)	122	(10.4)
산책	5	(1.4)	16	(2.0)	21	(1.8)
기타	10	(2.7)	21	(2.6)	31	(2.7)
총계	369	(100.0)	800	(100.0)	1169	(100.0)

표 1.20 여자 대학생의 여가활동의 비교

	2004년	(%)	2014년	(%)	전체	(%)
스포츠	3	(1.3)	25	(4.4)	28	(3.5)
등산	5	(2.2)	7	(1.2)	12	(1.5)
독서	26	(11.4)	30	(5.3)	56	(7.1)
음악감상 및 연주회 관람	16	(7.0)	53	(9.4)	69	(8.7)
만화 및 잡지	7	(3.1)	9	(1.6)	16	(2.0)
인터넷	38	(16.6)	75	(13.3)	113	(14.3)
TV시청	35	(15.3)	59	(10.5)	94	(11.9)
영화	36	(15.7)	78	(13.9)	114	(14.4)
연극 및 공연 관람	1	(.4)	24	(4.3)	25	(3.2)
수면	27	(11.8)	66	(11.7)	93	(11.7)
친구와 함께	30	(13.1)	100	(17.8)	130	(16.4)
산책	3	(1.3)	28	(5.0)	31	(3.9)
기타	2	(.9)	9	(1.6)	11	(1.4)
총계	229	(100.0)	563	(100.0)	792	(100.0)

〈표 1.18〉과 같이 대학생이 여가를 어떻게 보내는가를 비교 분석한 결과는 2004
년에는 인터넷이 17.4%, 2014년에는 15.0%로 가장 높았고, 2004년에는 영화 감상
이 13.9%, 2014년에는 친구와 함께가 13.7%로 그다음으로 나타났다.

〈표 1.19〉과 같이 남자 대학생이 여가를 어떻게 보내는가를 비교 분석한 결과는
2004년과 2014년에 인터넷이 17.9%, 16.1%로 가장 높았으며, 2004년에 영화 감상
이 12.7%, 2014년에는 스포츠가 16.0%로 두 번째로 높게 나타났다.

〈표 1.20〉과 같이 여자 대학생이 여가를 어떻게 보내는가를 비교 분석한 결과는
2004년에는 인터넷이 16.6%, 영화가 15.7%로 높았다. 그러나 2014년에는 친구와
함께가 17.8%, 그리고 영화 감상이 13.9%로 나타났다.

이를 볼 때에 남자 대학생은 여가생활이 인터넷과 영화 감상에서 인터넷과 스포
츠로 바뀌었고, 여자 대학생은 인터넷과 영화 감상에서 친구와 함께와 영화 감상으
로 바뀌었다.

6) 대학생의 성행동 경험에 대한 비교

대학생의 성행동(자위행위 여부, 혼전 성경험 여부, 연령 및 감정, 성관계 후 임신
및 출산, 인공임신중절)을 비교 분석하였다.

(1) 자위행위에 대한 비교

① 자위행위 비교 : 대학생 전체와 남녀 대학생의 자위행위에 대한 경험 유무를 연도
별로 비교 분석한 결과는 〈표 1.21〉, 〈표 1.22〉, 〈표 1.23〉과 같다.

표 1.21 연도별 자위행위 경험 비교

	2004년	(%)	2014년	(%)	전체	(%)
예	144	(70.9)	311	(67.5)	455	(68.5)
아니요	59	(29.1)	150	(32.5)	209	(31.5)
합계	203	(100.0)	461	(100.0)	664	(100.0)

$\chi^2 = .89$ (df=1, p > .05)

표 1.22 남자 대학생의 연도별 자위행위 경험 비교

	2004년	(%)	2014년	(%)	전체	(%)
예	121	(93.8)	262	(96.7)	383	(95.8)
아니요	8	(6.2)	9	(3.3)	17	(4.3)
합계	129	(100.0)	271	(100.0)	400	(100.0)

$\chi^2 = 1.78$ (df=1, p>.05)

표 1.23 여자 대학생의 연도별 자위행위 경험 비교

	2004년	(%)	2014년	(%)	전체	(%)
예	23	(31.1)	50	(26.2)	73	(27.5)
아니요	51	(68.9)	141	(73.8)	192	(72.5)
합계	74	(100.0)	191	(100.0)	265	(100.0)

$\chi^2 = .64$ (df=1, p>.05)

〈표 1.21〉과 같이 대학생의 자위경험 유무에 대해 비교 분석한 결과는 2004년에 70.9%, 2014년은 67.5%였다. 연도별 비율은 통계적으로 유의한 차이가 없었다(p>.05).

〈표 1.22〉와 같이 남자 대학생은 2004년은 93.8%, 2014년에는 96.7%로 나타났다. 연도별 비율은 통계적으로 유의한 차이가 없었다(p > .05).

〈표 1.23〉과 같이 여자 대학생은 2004년에 31.1%, 20014년은 26.2%로 변화를 보였으나 연도별 비율은 통계적으로 유의한 차이가 없었다(p > .05).

② 연도별, 성별 자위행위 경험 유무 비교 : 대학생 전체와 남녀 대학생의 자위행위의 경험 유무를 성별, 연도별로 비교 분석한 결과는 〈표 1.24〉와 같다.

표 1.24 성별, 연도별 자위행위의 경험 유무 비교

	2004			2014			합계		
	평균	SD	N	평균	SD	N	평균	SD	N
남	0.93	.242	129	0.96	.179	271	0.95	.201	400
여	0.31	.465	74	0.26	.440	191	0.27	.447	265
합계	0.70	.455	203	0.67	.468	462	0.68	.464	665

독립변인	제곱합	자유도	평균 제곱	F	유의확률
성별	58.783	1	58.783	563.387	.000***
연도	.014	1	.014	.130	.719
성별×연도	.201	1	.201	1.923	.166

*** p<.001

〈표 1.24〉와 같이 성별로 자위행위에 대한 유무를 비교 분석한 결과는 남자 대학생이 평균 0.95, 여자 대학생은 0.27로 나타났다. 성별로 유의미한 차이를 보였다 (p<.001). 2014년에는 평균 0.70이고, 2014년에는 평균 0.67로, 연도별로 차이가 없었으며 성별×연도별 상호작용 효과 또한 차이가 없었다.

이를 볼 때 남자 대학생은 여자 대학생보다 자위행위를 더 많이 하고, 거의 모든 남자 대학생이 자위행위에 대한 경험이 있는 것을 알 수 있다.

③ 첫 자위행위의 연령 비교 : 대학생 전체와 남녀 대학생이 처음으로 자위행위를 한 연령을 비교 분석한 결과는 〈표 1.25〉, 〈표 1.26〉, 〈표 1.27〉과 같다.

표 1.25 첫 자위행위 연령 비교

	2004년	(%)	2014년	(%)	전체	(%)
12세 이하		–	1	(.3)	1	(.2)
13세~15세		–		–		–
16세~18세	2	(1.4)	11	(3.6)	13	(2.9)
19세 이상	137	(98.6)	293	(96.1)	430	(96.8)
총계	139	(100.0)	305	(100.0)	444	(100.0)

$\chi^2 = 2.05$ (df=3, p > .05)

표 1.26 남자 대학생의 첫 자위행위 연령 비교

	2004년	(%)	2014년	(%)	전체	(%)
12세 이하		–		–		–
13세~15세		–		–		–
16세~18세		–	7	(2.7)	7	(1.9)
19세 이상	118	(100.0)	248	(97.3)	366	(98.1)
총계	118	(100.0)	255	(100.0)	373	(100.0)

$\chi^2 = 3.30$ (df=3, p > .05)

표 1.27 여자 대학생의 첫 자위행위 연령 비교

	2004년	(%)	2014년	(%)	전체	(%)
12세 이하		–	1	(2.0)	1	(1.4)
13세~15세		–		–		–
16세~18세	2	(9.5)	4	(7.8)	6	(8.3)
19세 이상	19	(90.5)	46	(90.2)	65	(90.3)
총계	21	(100.0)	51	(100.0)	72	(100.0)

$\chi^2 = .46$ (df=3, p > .05)

〈표 1.25〉와 같이 대학생의 첫 자위행위를 한 연령에 대한 비교는 2004년에 16세 ~18세가 1.4%이고, 2014년에는 3.6%였으며, 2004년에는 19세 이상이 98.6%고,

2014년에는 96.1%로 나타났다. 연도별로 유의한 차이가 없었다(p > .05).

〈표 1.26〉과 같이 남자 대학생의 첫 자위행위의 연령에 대한 비교는 2004년에 19세 이상이 100.0%, 2014년에는 97.3%로, 연도별로 유의한 차이가 없었다(p > .05).

〈표 1.27〉과 같이 여자 대학생의 첫 자위행위를 한 연령에 대한 비교는 2004년 16~18세 9.5%, 19세 이상 90.5%, 2014년에는 16~18세가 7.8%였고, 19세 이상이 90.2%로, 연도별로 유의한 차이가 없었다(p > .05).

이를 볼 때 남자 대학생과 여자 대학생이 19세 때 첫 자위행위를 했음이 나타났다.

④ 자위행위에 대한 죄의식과 염려 비교 : 대학생 전체와 남녀 대학생의 자위행위에 따른 죄의식과 염려에 대한 비교 분석한 결과는 〈표 1.28〉, 〈표 1.29〉, 〈표 1.30〉과 같다.

표 1.28 자위행위에 대한 죄의식과 염려 비교

	2004년	(%)	2014년	(%)	전체	(%)
대부분	37	(26.8)	50	(15.2)	87	(18.6)
가끔	43	(31.2)	94	(28.6)	137	(29.3)
아주	3	(2.2)	6	(1.8)	9	(1.9)
드물게	34	(24.6)	82	(24.9)	116	(24.8)
전혀 없다	21	(15.2)	97	(29.5)	118	(25.3)
총계	138	(100.0)	329	(100.0)	467	(100.0)

$\chi^2 = 15.16$ (df=4, p<.01)

표 1.29 남자 대학생의 자위행위에 대한 죄의식과 염려 비교

	2004년	(%)	2014년	(%)	전체	(%)
대부분	28	(25.0)	42	(16.0)	70	(18.7)
가끔	36	(32.1)	79	(30.0)	115	(30.7)
아주	3	(2.7)	2	(.8)	5	(1.3)

드물게	31	(27.7)	64	(24.3)	95	(25.3)
전혀 없다	14	(12.5)	76	(28.9)	90	(24.0)
총계	112	(100.0)	263	(100.0)	375	(100.0)

$\chi^2 = 14.86$ (df=4, p<.01)

표 1.30 여자 대학생의 자위행위에 대한 죄의식과 염려 비교

	2004년	(%)	2014년	(%)	전체	(%)
대부분	9	(34.6)	8	(11.9)	17	(18.3)
가끔	7	(26.9)	15	(22.4)	22	(23.7)
아주		–	4	(6.0)	4	(4.3)
드물게	3	(11.5)	18	(26.9)	21	(22.6)
전혀 없다	7	(26.9)	22	(32.8)	29	(31.2)
총계	26	(100.0)	67	(100.0)	93	(100.0)

$\chi^2 = 9.14$ (df=4, p<.05)

〈표 1.28〉과 같이 대학생의 자위행위에 대한 죄의식과 염려에 대해 비교 분석한 결과는 2004년에 가끔이 31.2%, 대부분이 26.8%, 그리고 드물게는 24.6%였다. 그리고 2014년에는 전혀 없다가 29.5%, 가끔이 28.6%로 나타났다. 2004년에 비해 2014년에는, 죄의식과 염려가 없는 것으로 타나났으며 연도별로 유의미한 차이가 있었다(p<.01).

〈표 1.29〉와 같이 남자 대학생은 자위행위에 대한 죄의식과 염려를 비교 분석한 결과는 2004년에 가끔이 32.1%, 드물게는 27.7%였고, 2014년에는 가끔이 30.0%, 전혀 없다가 28.9%로 나타났다. 연도별 죄의식에 대해 유의미한 차이가 있었다(p<.01 수준).

〈표 1.30〉과 같이 여자 대학생은 2004년에는 대부분이 34.6%, 가끔과 전혀 없다가 각각 26.9%였고, 2014년에는 전혀 없다가 32.8%, 드물게는 26.9%로 나타났다. 연도별 비율은 통계적으로 유의한 차이가 있었다(p<.05).

이를 볼 때 10년 전에 비해 죄의식과 염려가 낮아진 것을 볼 수 있다.

⑤ 연도별, 성별 자위행위에 대한 염려와 죄의식의 비교 : 대학생의 자위행위의 연도별, 성별에 따른 죄의식과 염려에 대한 비교 분석한 결과는 〈표 1.31〉과 같다(그림 1.3 참조).

표 1.31 연도별, 성별 자위행위에 대한 죄의식과 염려의 비교

	2004			2014			합계		
	평균	SD	N	평균	SD	N	평균	SD	N
남	3.29	1.424	112	2.79	1.518	263	2.94	1.506	375
여	3.30	1.691	26	2.53	1.449	67	2.75	1.550	93
합계	3.29	1.471	138	2.74	1.506	330	2.90	1.51	468

독립변인	제곱합	자유도	평균 제곱	F	유의확률
성별	.931	1	.931	.415	.520
연도	24.262	1	24.262	10.827	.001
성별×연도	1.137	1	1.137	.508	.477

그림 1.3 자위행위 죄의식과 염려의 차이

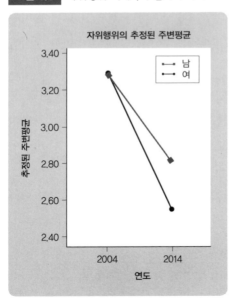

〈표 1.31〉과 같이 대학생이 성별, 연도별 자위행위에 대한 염려와 죄의식에 대해 비교 분석한 결과, 연도별로는 2004년에는 평균 3.29, 2014년에는 2.74로, 연도별에서 p<.001 수준에서 차이가 있었다. 성별로는 2004년에는 남자 대학생이 3.29, 2014년에는 2.79였고, 여자 대학생은 2004년에 3.30, 2014년에는 2.53으로 나타났다.

이를 볼 때 대학생의 자위행위에 대해 2004년보다 2014년에 죄의식과 염려가 낮아졌고, 남자 대학생보다 여자

대학생이 자위행위에 대해 염려와 죄의식이 더 낮아진 것을 볼 수 있다.

(2) 혼전 첫 성관계 경험의 비교

① 혼전 첫 성관계 경험의 비교 : 대학생 전체와 남녀 대학생의 혼전 첫 성경험에 대한 유무를 비교 분석한 결과는 〈표 1.32〉, 〈표 1.33〉, 〈표 1.34〉와 같다.

표 1.32 혼전 첫 성관계 경험의 비교

	2004년	(%)	2014년	(%)	전체	(%)
있다	63	(32.5)	178	(38.4)	241	(36.7)
없다	131	(67.5)	285	(61.6)	416	(63.3)
합계	194	(100.0)	463	(100.0)	657	(100.0)

$\chi^2=2.10$ (df=1, p>.05)

표 1.33 남자 대학생의 혼전 첫 성관계 경험의 비교

	2004년	(%)	2014년	(%)	전체	(%)
있다	48	(39.7)	135	(49.5)	183	(46.4)
없다	73	(60.3)	138	(50.5)	211	(53.6)
합계	121	(100.0)	273	(100.0)	394	(100.0)

$\chi^2=3.23$ (df=1, p>.05)

표 1.34 여자 대학생의 혼전 첫 성관계 경험의 비교

	2004년	(%)	2014년	(%)	전체	(%)
있다	15	(20.5)	44	(23.0)	59	(22.3)
없다	58	(79.5)	147	(77.0)	205	(77.7)
합계	73	(100.0)	191	(100.0)	264	(100.0)

$\chi^2=.19$ (df=1, p>.05)

〈표 1.32〉와 같이 대학생이 혼전 성관계 경험 유무에 대한 결과는 2004년에 32.5%, 2014년은 38.4%로 나타났으며, 연도별 비율에 대해 통계적으로 유의한 차이가 없었다(p >0.5).

〈표 1.33〉과 같이 남자 대학생은 2004년에 39.7%, 2014년은 49.5%로 나타났으나 통계적으로 유의한 차이가 없었다(p >0.5).

〈표 1.34〉와 같이 여자 대학생은 2004년에 20.5%, 2014년은 23.0%로 증가하는 추세를 보였지만 통계적으로 유의한 차이가 없었다(p >0.5).

이를 볼 때 연도별로는 유의한 차이가 없지만 남녀 대학생이 10년 전에 비해 혼전 성관계가 증가한 것을 볼 수 있다.

② 혼전 첫 성관계 본인 나이의 비교 : 혼전 대학생과 남녀 대학생의 첫 성관계 시에 본인 나이를 비교 분석한 결과는 〈표 1.35〉, 〈표 1.36〉, 〈표 1.37〉과 같다.

표 1.35 혼전 첫 성관계 본인 나이의 비교

	2004년	(%)	2014년	(%)	전체	(%)
16세 이하	4	(7.0)	11	(6.4)	15	(6.5)
17~18세	12	(21.1)	20	(11.6)	32	(13.9)
19~20세	22	(38.6)	73	(42.2)	95	(41.3)
21~22세	10	(17.5)	42	(24.3)	52	(22.6)
23세 이상	9	(15.8)	27	(15.6)	36	(15.7)
총계	57	(100.0)	173	(100.0)	230	(100.0)

$\chi^2 = 3.80$ (df=4, p >.05)

표 1.36 혼전 남자 대학생의 첫 성관계 본인 나이의 비교

	2004년	(%)	2014년	(%)	전체	(%)
16세 이하	5	(11.1)	9	(6.8)	14	(7.9)
17~18세	10	(22.2)	16	(12.1)	26	(14.7)
19~20세	18	(40.0)	55	(41.7)	73	(41.2)

21~22세	6	(13.3)	31	(23.5)	37	(20.9)
23세 이상	6	(13.3)	21	(15.9)	27	(15.3)
총계	45	(100.0)	132	(100.0)	177	(100.0)

$\chi^2=4.94$ (df=4, p>.05)

표 1.37 혼전 여자 대학생의 첫 성관계 본인 나이의 비교

	2004년	(%)	2014년	(%)	전체	(%)
16세 이하		–	2	(4.8)	2	(3.6)
17~18세	2	(15.4)	5	(11.9)	7	(12.7)
19~20세	4	(30.8)	18	(42.9)	22	(40.0)
21~22세	4	(30.8)	11	(26.2)	15	(27.3)
23세 이상	3	(23.1)	6	(14.3)	9	(16.4)
총계	13	(100.0)	42	(100.0)	55	(100.0)

$\chi^2=1.62$ (df=4, p>.05)

〈표 1.35〉와 같이 대학생의 혼전 첫 성관계 시 본인 나이에 대해 비교 분석한 결과는 대학생이 2004년에는 19~20세에 38.6%, 2014년에는 42.2%로 가장 많았으나 통계적으로 유의한 차이가 없었다(p>.05).

〈표 1.36〉과 같이 남자 대학생의 혼전 첫 성관계 시에 본인 나이는 19~20세 40.0%, 2014년 19~20세가 41.7%로 많았지만 통계적으로 유의한 차이가 없었다 (p>.05).

〈표 1.37〉과 같이 여자 대학생이 혼전 첫 성관계를 한 나이는 2004년에는 19~20세와 21~22세에 30.8%였지만 2014년에는 19~20세가 42.9%로 통계적으로 유의한 차이가 없었다(p>.05).

이를 볼 때 대학생이 19~20세가 가장 많은 것으로 나타났다. 이 시기는 대학교 1, 2학년 때이다.

③ 혼전 첫 성관계 장소의 비교 : 혼전 대학생, 남녀 대학생의 첫 성관계 장소를 비교 분석한 결과는 〈표 1.38〉, 〈표 1.39〉, 〈표 1.40〉과 같다.

표 1.38 혼전 첫 성관계 장소 비교

	2004년	(%)	2014년	(%)	전체	(%)
나의 집	13	(21.7)	35	(19.3)	48	(19.9)
상대 이성의 집	14	(23.3)	47	(26.0)	61	(25.3)
자동차 안	2	(3.3)	4	(2.2)	6	(2.5)
학교	2	(3.3)	−		2	(.8)
친구 집	6	(10.0)	−		6	(2.5)
호텔/모텔	7	(11.7)	67	(37.0)	74	(30.7)
야외 MT	−		6	(3.3)	6	(2.5)
비디오방	8	(13.3)	8	(4.4)	16	(6.6)
기타	8	(13.3)	14	(7.7)	22	(9.1)
총계	60	(100.0)	181	(100.0)	241	(100.0)

$\chi^2 = 42.97$ (df=8, p<.001)

표 1.39 남자 대학생의 혼전 첫 성관계 장소 비교

	2004년	(%)	2014년	(%)	전체	(%)
나의 집	11	(23.4)	27	(19.4)	38	(20.4)
상대 이성의 집	7	(14.9)	35	(25.2)	42	(22.6)
자동차 안	1	(2.1)	4	(2.9)	5	(2.7)
학교	2	(4.3)	−		2	(1.1)
친구 집	5	(10.6)		−	5	(2.7)
호텔/모텔	6	(12.8)	52	(37.4)	58	(31.2)
야외/MT	0	−	4	(2.9)	4	(2.2)
비디오방	7	(14.9)	6	(4.3)	13	(7.0)
기타	8	(17.0)	11	(7.9)	19	(10.2)
총계	47	(100.0)	139	(100.0)	186	(100.0)

$\chi^2 = 39.36$ (df=8, p<.001)

표 1.40	여자 대학생의 혼전 첫 성관계 장소 비교					
	2004년	(%)	2014년	(%)	전체	(%)
나의 집	2	(14.3)	8	(18.6)	10	(17.5)
상대 이성의 집	8	(57.1)	13	(30.2)	21	(36.8)
자동차 안	1	(7.1)		–	1	(1.8)
학교		–		–		–
친구 집	1	(7.1)		–	1	(1.8)
호텔/모텔	1	(7.1)	15	(34.9)	16	(28.1)
야외 MT		–	2	(4.7)	2	(3.5)
비디오방	1	(7.1)	2	(4.7)	3	(5.3)
기타		–	3	(7.0)	3	(5.3)
총계	14	(100.0)	43	(100.0)	57	(100.0)

$\chi^2 = 12.98$ (df=8, p>.05)

〈표 1.38〉과 같이 대학생의 혼전 첫 성관계 장소로 2004년에는 상대 이성의 집이 가장 많았다(23.3%). 반면에 2014년에는 호텔/모텔이 가장 많았다(37.0%). 연도별 유의미한 차이를 보였다(p<.001).

〈표 1.39〉와 같이 남자 대학생의 혼전 첫 성관계 장소로 2004년에는 자신의 집이 많았다(23.4%). 그러나 2014년에는 호텔/모텔이 37.4%로 나타났으며 유의미한 차이를 보였다(p<.001).

〈표 1.40〉과 같이 여자 대학생의 혼전 첫 성관계 장소는 2004년은 상대 이성의 집이 많았다(57.1%). 그러나 2014년에는 호텔/모텔이 34.9%, 상대 이성의 집 이 30.2%로 나타났다. 유의미한 차이를 보이지 않았다(p>.05).

이를 볼 때 혼전 첫 성관계 장소로 남자 대학생은 호텔/모텔, 그리고 여자 대학생은 호텔/모텔과 상대 이성의 집으로 나타났다.

④ 혼전 첫 성관계 시 피임 유무의 비교 : 혼전 첫 성관계 시에 대학생과 남녀 대학생의 피임 유무를 비교 분석한 결과는 〈표 1.41〉, 〈표 1.42〉, 〈표 1.43〉과 같다.

표 1.41 혼전 첫 성관계 시 피임 유무 비교

	2004년	(%)	2014년	(%)	전체	(%)
했다	13	(20.0)	98	(52.1)	111	(43.9)
안 했다	32	(49.2)	68	(36.2)	100	(39.5)
나는 했는데 상대방이 안 했는지 모른다		—	11	(5.9)	11	(4.3)
나는 안 했는데 상대방이 했는지 모른다	13	(20.0)	6	(3.2)	19	(7.5)
관심이 없다	7	(10.8)	5	(2.7)	12	(4.7)
총계	65	(100.0)	188	(100.0)	253	(100.0)

$\chi^2=42.12$ (df=4, p<.001)

표 1.42 혼전 남자 대학생의 첫 성관계 시 피임 유무 비교

	2004년	(%)	2014년	(%)	전체	(%)
했다	10	(20.0)	76	(54.7)	86	(45.5)
안 했다	24	(48.0)	47	(33.8)	71	(37.6)
나는 했는데 상대방이 안 했는지 모른다		—	10	(7.2)	10	(5.3)
나는 안 했는데 상대방이 했는지 모른다	11	(22.0)	3	(2.2)	14	(7.4)
관심이 없다	5	(10.0)	3	(2.2)	8	(4.2)
총계	50	(100.0)	139	(100.0)	189	(100.0)

$\chi^2=40.17$ (df=4, p<.001)

표 1.43 혼전 여자 대학생의 첫 성관계 시 피임 유무 비교

	2004년	(%)	2014년	(%)	전체	(%)
했다	3	(18.8)	23	(46.0)	26	(39.4)
안 했다	9	(56.3)	21	(42.0)	30	(45.5)
나는 했는데 상대방이 안 했는지 모른다		—	1	(2.0)	1	(1.5)
나는 안 했는데 상대방이 했는지 모른다	2	(12.5)	3	(6.0)	5	(7.6)
관심이 없다	2	(12.5)	2	(4.0)	4	(6.1)
총계	16	(100.0)	50	(100.0)	66	(100.0)

$\chi^2=5.27$ (df=4, p>.05)

〈표 1.41〉과 같이 대학생이 혼전 첫 성관계 시 피임 유무를 비교 분석한 결과는 2004년에는 피임을 '했다'가 20.0%, 2014년에는 52.1%로, 연도별로 유의미한 차이가 있었다(p<.001).

〈표 1.42〉와 같이 남자 대학생이 혼전 성관계 시 피임을 '했다'가 2004년에는 20.0%, 2014년에는 54.7%로 유의미한 차이가 있었다(p<.001).

〈표 1.43〉과 같이 여자 대학생은 피임을 '안 했다'가 2004년에는 56.3%, 2014년에는 '했다'가 46.0%로 나타났다. 유의미한 차이가 없었다(p>.05).

이를 볼 때 남자 대학생과 여자 학생은 혼전 성관계 시 10년 전에 비해 피임을 많이 하는 것으로 나타났다.

⑤ 혼전 첫 성관계 후 생각의 비교 : 혼전 대학생과 남녀 대학생의 첫 성관계 후의 생각을 비교 분석한 결과는 〈표 1.44〉, 〈표 1.45〉, 〈표 1.46〉과 같다.

표 1.44 혼전 첫 성관계 후 생각의 비교

	2004년	(%)	2014년	(%)	전체	(%)
나이가 더 든 후에 했어야 했다	4	(6.3)	21	(11.9)	25	(10.5)
성관계를 한 것으로 만족했다	29	(46.0)	82	(46.6)	111	(46.4)
더 일찍 했어야 했다	4	(6.3)	13	(7.4)	17	(7.1)
후회했다	14	(22.2)	17	(9.7)	31	(13.0)
별다른 느낌이 없었다	12	(19.0)	43	(24.4)	55	(23.0)
총계	63	(100.0)	176	(100.0)	239	(100.0)

χ^2=7.69 (df=4, p>.05)

표 1.45　혼전 남자 대학생의 첫 성관계 후 생각의 비교

	2004년	(%)	2014년	(%)	전체	(%)
나이가 더 든 후에 했어야 했다	3	(6.1)	13	(9.6)	16	(8.6)
성관계를 한 것으로 만족했다	27	(55.1)	67	(49.3)	94	(50.8)
더 일찍 했어야 했다	3	(6.1)	13	(9.6)	16	(8.6)
후회했다	7	(14.3)	10	(7.4)	17	(9.2)
별다른 느낌이 없었다	9	(18.4)	33	(24.3)	42	(22.7)
총계	49	(100.0)	136	(100.0)	185	(100.0)

$\chi^2=3.66$ (df=4, p>.05)

표 1.46　혼전 여자 대학생의 첫 성관계 후 생각의 비교

	2004년	(%)	2014년	(%)	전체	(%)
나이가 더 든 후에 했어야 했다	1	(6.7)	8	(19.5)	9	(16.1)
성관계를 한 것으로 만족했다	3	(20.0)	15	(36.6)	18	(32.1)
더 일찍 했어야 했다	1	(6.7)	—		1	(1.8)
후회했다	7	(46.7)	7	(17.1)	14	(25.0)
별다른 느낌이 없었다	3	(20.0)	11	(26.8)	14	(25.0)
총계	15	(100.0)	41	(100.0)	56	(100.0)

$\chi^2=8.85$ (df=4, p>.05)

〈표 1.44〉와 같이 대학생의 혼전 첫 성관계 후의 생각을 비교 분석한 결과는 2004년에는 성관계를 한 후에 '성관계를 한 것으로 만족했다'가 46.0%, '후회했다'가 22.2%였고, 2014년에는 '성관계를 한 것으로 만족했다'가 46.6%, '별다른 느낌이 없었다'가 24.4%로 나타났다. 통계적으로 유의미한 차이는 없었다(p>.05).

〈표 1.45〉와 같이 남자 대학생은 2004년 '성관계를 한 것으로 만족했다'가 55.1%, '별다른 느낌이 없었다'가 18.4%, '후회했다'가 14.3%였으며, 2014년에는 '성관계를 한 것으로 만족했다'가 49.3%, '별다른 느낌이 없었다'가 24.3%로 나타났다. 유의미한 차이는 없었다(p>.05).

〈표 1.46〉과 같이 여자 대학생은 2004년에는 '후회했다'가 46.7%, 2014년에는

'성관계를 한 것으로 만족했다'가 36.6%, 그리고 '별다른 느낌이 없었다'가 26.8%였으나 유의한 차이는 없었다(p > .05).

이를 볼 때 10년보다 '후회하다'보다는 '만족했다'로 변한 것을 알 수 있다.

⑥ 혼전 첫 성관계 후 상대방과 관계 변화 비교 : 대학생과 남녀 대학생의 혼전 첫 성관계 후에 상대자와의 관계 변화를 비교 분석한 결과는 〈표 1.47〉, 〈표 1.48〉, 〈표 1.49〉와 같다.

표 1.47 혼전 첫 성관계 후에 상대방과의 관계 변화 비교

	2004년	(%)	2014년	(%)	전체	(%)
더 좋아졌다	31	(50.8)	85	(47.5)	116	(48.3)
더 악화되었다	4	(6.6)	18	(10.1)	22	(9.2)
처음부터 아무 관계가 없었다	9	(14.8)	23	(12.8)	32	(13.3)
예전과 똑같다	11	(18.0)	36	(20.1)	47	(19.6)
모르겠다	6	(9.8)	17	(9.5)	23	(9.6)
총계	61	(100.0)	179	(100.0)	240	(100.0)

$\chi^2 = .94$ (df=4, p > .05)

표 1.48 남자 대학생의 첫 성관계 후에 상대자와의 관계 변화 비교

	2004년	(%)	2014년	(%)	전체	(%)
더 좋아졌다	21	(43.8)	59	(42.8)	80	(43.0)
더 악화되었다	1	(2.1)	14	(10.1)	15	(8.1)
처음부터 아무 관계가 없었다	10	(20.8)	21	(15.2)	31	(16.7)
예전과 똑같다	10	(20.8)	30	(21.7)	40	(21.5)
모르겠다	6	(12.5)	14	(10.1)	20	(10.8)
총계	48	(100.0)	138	(100.0)	186	(100.0)

$\chi^2 = 3.75$ (df=4, p > .05)

표 1.49 여자 대학생의 첫 성관계 후에 상대자와의 관계 변화 비교

	2004년	(%)	2014년	(%)	전체	(%)
더 좋아졌다	10	(71.4)	27	(64.3)	37	(66.1)
더 악화되었다	3	(21.4)	4	(9.5)	7	(12.5)
처음부터 아무 관계가 없었다	–		2	(4.8)	2	(3.6)
예전과 똑같다	1	(7.1)	6	(14.3)	7	(12.5)
모르겠다	0	–	3	(7.1)	3	(5.4)
총계	14	(100.0)	42	(100.0)	56	(100.0)

$\chi^2 = 3.77$ (df=4, p > .05)

〈표 1.47〉과 같이 대학생의 혼전 첫 성관계 후에 상대자와의 관계를 보면 2004 년에는 '더 좋아졌다'가 50.8%, 2014년에는 47.5%로, 통계적으로 유의미한 차이가 없었다(p > .05).

〈표 1.48〉와 같이 남자 대학생의 혼전 첫 성관계 후에 상대자와의 관계를 보면 2004년은 '더 좋아졌다'가 43.8%, 2014년에는 42.8%로, 유의미한 차이는 없었다 (p > .05).

〈표 1.49〉와 같이 여자 대학생의 혼전 첫 성관계 후에 상대자와의 관계 변화를 보면 2004년에 '더 좋아졌다'가 71.4%, 2014년에는 64.3%로, 유의미한 차이는 없었다(p > .05).

⑦ 혼전 첫 성관계 후 상대방과 다시 성관계의 비교 : 대학생과 남녀 대학생의 혼전 성관계를 한 후에 상대방과 다시 성관계 유무를 비교 분석한 결과는 〈표 1.50〉, 〈표 1.51〉, 〈표 1.52〉와 같다.

표 1.50 혼전 첫 성관계 후에 상대방과 다시 성관계의 비교

	2004년	(%)	2014년	(%)	전체	(%)
예	43	(68.3)	133	(71.1)	176	(70.4)
아니요	20	(31.7)	54	(28.9)	74	(29.6)
합계	63	(100.0)	187	(100.0)	250	(100.0)

$\chi^2 = .19$ (df=4, p > .05)

표 1.51 남자 대학생의 혼전 첫 성관계 후에 상대방과 다시 성관계의 비교

	2004년	(%)	2014년	(%)	전체	(%)
예	31	(66.0)	97	(68.3)	128	(67.7)
아니요	16	(34.0)	45	(31.7)	61	(32.3)
합계	47	(100.0)	142	(100.0)	189	(100.0)

$\chi^2 = .09$ (df=1, p>.05)

표 1.52 여자 대학생의 혼전 첫 성관계 후에 상대방과 다시 성관계의 비교

	2004년	(%)	2014년	(%)	전체	(%)
예	12	(70.6)	37	(80.4)	49	(77.8)
아니요	5	(29.4)	9	(19.6)	14	(22.2)
합계	17	(100.0)	46	(100.0)	63	(100.0)

$\chi^2 = .70$ (df=1, p>.05)

〈표 1.50〉과 같이 대학생의 혼전 첫 성관계 후에 상대방과 다시 성관계 비교 분석한 결과는 2004년에 68.3%였고, 2014년에는 71.1%로 연도별로 의미가 없었다 (p>.05).

〈표 1.51〉과 같이 남자 대학생의 혼전 첫 성관계 후에 상대방과 다시 성관계를 비교 분석한 결과는 2004년에 66.0%, 2014년에는 68.3%로 나타났고, 연도별 의미가 없었다(p>.05).

〈표 1.52〉와 같이 여자 대학생의 혼전 첫 성관계 후에 상대방과 다시 성관계를 비교 분석한 결과는 2004년에 70.6%, 2014년에는 80.4%로 나타났고, 연도별 의미가 없었다(p>.05).

이를 볼 때 혼전 첫 성관계를 갖게 되면 다시 성관계를 갖는 비율이 70.4%로 나타났다.

⑧ 전공에 따른 혼전 성관계 경험 비교 : 전공에 따른 대학생과 남녀 대학생의 혼전 성관계 경험을 비교 분석한 결과는 〈표 1.53〉, 〈표 1.54〉, 〈표 1.55〉와 같다.

표 1.53 전공에 따른 혼전 성관계의 비교

	공학의학	(%)	인문사범	(%)	예체능	(%)	전체	(%)
있다	120	(42.0)	96	(30.0)	20	(46.5)	236	(36.4)
없다	166	(58.0)	224	(70.0)	23	(53.5)	413	(63.6)
합계	286	(100.0)	320	(100.0)	43	(100.0)	649	(100.0)

$\chi^2 = 11.38$ (df = 2, p < .01)

표 1.54 남자 대학생의 전공에 따른 혼전 성관계의 비교

	공학의학	(%)	인문사범	(%)	예체능	(%)	전체	(%)
있다	103	(48.8)	61	(38.6)	15	(78.9)	179	(46.1)
없다	108	(51.2)	97	(61.4)	4	(21.1)	209	(53.9)
합계	211	(100.0)	158	(100.0)	19	(100.0)	388	(100.0)

$\chi^2 = 12.44$ (df = 2, p < .01)

표 1.55 여자 대학생의 전공에 따른 혼전 성관계의 비교

	공학의학	(%)	인문사범	(%)	예체능	(%)	전체	(%)
있다	17	(22.7)	35	(21.6)	5	(20.8)	57	(21.8)
없다	58	(77.3)	127	(78.4)	19	(79.2)	204	(78.2)
합계	75	(100.0)	162	(100.0)	24	(100.0)	261	(100.0)

$\chi^2 = .05$ (df = 2, p > .05)

〈표 1.53〉과 같이 대학생의 전공에 따른 대학생의 혼전 성관계 경험 유무를 비교 분석한 결과는 예체능 46.5%, 공학의학 42%, 인문사범 30%로, 전공별 차이가 있었다(p < .01). 즉 예체능 대학생들이 혼전 성관계가 높은 것으로 나타났다.

〈표 1.54〉와 같이 남자 대학생의 전공에 따른 대학생의 혼전 성관계는 예체능 78.9%, 공학의학 48.8%, 인문사범 38.6%로 전공별 차이가 있었다(p < .01). 즉, 예체능 대학생들이 혼전 성관계가 높은 것으로 나타났다.

〈표 1.55〉와 같이 여자 대학생의 전공에 따른 혼전 성관계는 공학의학 22.7%, 인

문사범 21.6%, 예체능 20.8%로 나타났다. 전공별 차이는 없는 것으로 나타났지만 (p > .05), 예체능 여자 대학생이 혼전 성관계가 낮은 것으로 나타났다.

⑨ 성적에 따른 혼전 성관계 유무의 비교 : 대학생과 남녀 대학생의 성적에 따른 혼전 성관계 유무를 비교 분석한 결과는 〈표 1.56〉, 〈표 1.57〉, 〈표 1.58〉과 같다.

표 1.56 성적에 따른 혼전 성관계 유무의 비교

	A(%)	B(%)	C(%)	전체(%)
있다	71(31.8)	153(41.2)	15(40.5)	239(37.9)
없다	152(68.2)	218(58.8)	22(59.5)	392(62.1)
합계	223(100.0)	371(100.0)	37(100.0)	631(100.0)

χ^2=5.65 (df=2, p<.05)

표 1.57 남자 대학생의 성적에 따른 혼전 성관계 유무의 비교

	A(%)	B(%)	C(%)	전체(%)
있다	48(47.1)	120(48.8)	12(37.5)	180(47.4)
없다	54(52.9)	126(51.2)	20(62.5)	200(52.6)
합계	102(100.0)	246(100.0)	32(100.0)	380(100.0)

χ^2=1.45 (df=2, p>.05)

표 1.58 여자 대학생의 성적에 따른 혼전 성관계 유무의 비교

	A(%)	B(%)	C(%)	전체(%)
있다	23(19.0)	33(26.4)	3(60.0)	59(23.5)
없다	98(81.0)	92(73.6)	2(40.0)	192(76.5)
합계	121(100.0)	125(100.0)	5(100.0)	251(100.0)

χ^2=9.65 (df=2, p<.01)

〈표 1.56〉과 같이 대학생의 성적에 따른 혼전 성관계 유무를 보면 '있다'가 A학점이 31.8%, B학점은 41.2%, C학점은 40.5%였다. 성적에 따른 성관계는 차이가

있었다(p<.05).

〈표 1.57〉과 같이 남자 대학생인 경우에는 A학점이 47.1%, B학점은 48.8%, C학점은 37.5%로, 차이가 없었다(p>.05).

〈표 1.58〉과 같이 여자 대학생인 경우에는 A학점이 19.0%, B학점은 26.4%, C학점은 60.0%로 유의한 차이가 있었다(p<.01).

이를 볼 때 여자 대학생은 성적이 낮은 학생이 성관계를 더 갖는 것으로 나타났다.

⑩ 거주지에 따른 혼전 성관계의 비교 : 대학생과 남녀 대학생의 거주지에 따른 성관계 유무를 비교 분석한 결과는 〈표 1.59〉, 〈표 1.60〉, 〈표 1.61〉과 같다.

표 1.59 거주지에 따른 혼전 성관계의 비교

	대도시	(%)	중소도시	(%)	농어촌	(%)	전체	(%)
있다	140	(33.7)	82	(40.4)	18	(50.0)	240	(36.6)
없다	276	(66.3)	121	(59.6)	18	(50.0)	415	(63.4)
합계	416	(100.0)	203	(100.0)	36	(100.0)	655	(100.0)

$\chi^2=5.60$ (df=2, p>.05)

표 1.60 남자 대학생의 거주지에 따른 혼전 성관계의 비교

	대도시	(%)	중소도시	(%)	농어촌	(%)	전체	(%)
있다	104	(41.9)	62	(53.0)	15	(55.6)	181	(46.2)
없다	144	(58.1)	55	(47.0)	12	(44.4)	211	(53.8)
합계	248	(100.0)	117	(100.0)	27	(100.0)	392	(100.0)

$\chi^2=4.94$ (df=2, p>.05)

표 1.61 여자 대학생의 거주지에 따른 혼전 성관계의 비교

	대도시	(%)	중소도시	(%)	농어촌	(%)	전체	(%)
있다	36	(21.4)	20	(23.3)	3	(33.3)	59	(22.4)
없다	132	(78.6)	66	(76.7)	6	(66.7)	204	(77.6)
합계	168	(100.0)	86	(100.0)	9	(100.0)	263	(100.0)

$\chi^2 = .75$ (df=2, p>.05)

〈표 1.59〉와 같이 대학생의 거주지에 따른 혼전 성관계를 비교 분석한 결과는 대도시는 33.7%, 중소도시는 40.4%, 농어촌은 50.1%로, 거주지별로 차이가 없었다(p>.05).

〈표 1.60〉과 같이 남자 대학생의 거주지에 따른 혼전 성관계는 대도시가 41.9%, 중소도시는 53.0%, 농어촌은 55.6%로, 거주지별로 차이가 없는 것으로 나타났다(p>.05).

〈표 1.61〉과 같이 여자 대학생의 거주지에 따른 혼전 성관계를 보면 대도시가 21.4%, 중소도시가 23.3%, 농어촌은 33.3%로, 거주지별로 차이가 없는 것으로 나타났다(p>.05).

이를 볼 때 대도시보다는 중소도시, 중소도시보다는 농어촌이 혼전 성관계가 높다고 볼 수 있다.

⑪ 생활 정도에 따른 혼전 성관계의 비교 : 대학생과 남녀 대학생의 생활 정도에 따른 혼전 성관계 유무를 비교 분석한 결과는 〈표 1.62〉, 〈표 1.63〉, 〈표 1.64〉와 같다.

표 1.62 대학생의 생활 정도에 따른 혼전 성관계의 비교

	상(%)	중(%)	하(%)	전체(%)
있다	21(41.2)	198(36.9)	22(34.9)	241(37.0)
없다	30(58.8)	339(63.1)	41(65.1)	410(63.0)
합계	51(100.0)	537(100.0)	63(100.0)	651(100.0)

$\chi^2 = .50$ (df=2, p>.05)

표 1.63 남자 대학생의 생활 정도에 따른 혼전 성관계의 비교

	상(%)	중(%)	하(%)	전체(%)
있다	17(56.7)	146(46.3)	19(44.2)	182(46.9)
없다	13(43.3)	169(53.7)	24(55.8)	206(53.1)
합계	30(100.0)	315(100.0)	43(100.0)	388(100.0)

$\chi^2=1.32$ (df=2, p>.05)

표 1.64 여자 대학생의 생활 정도에 따른 혼전 성관계의 비교

	상(%)	중(%)	하(%)	전체(%)
있다	4(19.0)	52(23.4)	3(15.0)	59(22.4)
없다	17(81.0)	170(76.6)	17(85.0)	204(77.6)
합계	21(100.0)	222(100.0)	20(100.0)	263(100.0)

$\chi^2=.90$ (df=2, p>.05)

〈표 1.62〉와 같이 대학생의 생활 정도에 따른 혼전 성관계 비교를 보면 상류층이 41.2%, 중산층이 36.9%, 하류층이 34.9%로, 생활 정도에 따른 혼전 성관계는 차이가 없는 것으로 나타났다(p>.05).

〈표 1.63〉과 같이 남자 대학생의 생활 정도에 따른 혼전 성관계는 상류층이 56.7%, 중산층이 46.3%, 하류층이 44.2%로, 생활 정도에 따른 혼전 성관계는 차이가 없는 것으로 나타났다(p>.05).

〈표 1.64〉와 같이 여자 대학생의 생활 정도에 따른 혼전 성관계는 상류층이 19.0%, 중산층이 23.4%, 하류층이 15.0%로, 생활 정도에 따른 혼전 성관계는 차이가 없는 것으로 나타났다(p>.05).

이를 볼 때 남자 대학생은 상류층이, 여자 대학생은 중산층이 성관계가 비교적 높은 것으로 나타났다.

(3) 혼전 성관계를 가진 후에 임신(임신시킨) 경험 유무의 비교

대학생과 남녀 대학생의 혼전 성관계를 가진 후에 임신(임신시킨) 경험 유무를 비

교 분석한 결과는 〈표 1.65〉, 〈표 1.66〉, 〈표 1.67〉과 같다.

표 1.65 혼전 성관계를 가진 후 임신(임신시킨) 경험의 비교

	2004년	(%)	2014년	(%)	전체	(%)
예	7	(3.4)	16	(3.4)	23	(3.4)
아니요	200	(96.6)	435	(93.5)	635	(94.5)
모른다	–		14	(3.0)	14	(2.1)
합계	207	(100.0)	465	(100.0)	672	(100.0)

χ^2=6.38 (df=2, p>.05)

표 1.66 혼전 남자 대학생의 성관계를 가진 후 임신시킨 경험의 비교

	2004년	(%)	2014년	(%)	전체	(%)
예	4	(3.1)	14	(5.1)	18	(4.5)
아니요	126	(96.9)	248	(90.8)	374	(92.8)
모른다	–		11	(4.0)	11	(2.7)
합계	130	(100.0)	273	(100.0)	403	(100.0)

χ^2=6.42 (df=2, p<.05)

표 1.67 혼전 여자 대학생의 성관계를 가진 후 임신한 경험의 비교

	2004년	(%)	2014년	(%)	전체	(%)
예	3	(3.9)	2	(1.0)	5	(1.9)
아니요	74	(96.1)	187	(97.4)	261	(97.0)
모른다	–		3	(1.6)	3	(1.1)
합계	77	(100.0)	192	(100.0)	269	(100.0)

χ^2=3.62 (df=2, p>.05)

〈표 1.65〉와 같이 대학생의 혼전 성관계를 가진 후에 임신(임신시킨) 경험 유무를 비교 분석한 결과는 2004년과 2014년에 임신(임신시킨) 경험이 각각 3.4%로 나

타났다. 유의미한 차이는 없었다(p > .05).

〈표 1.66〉과 같이 혼전 남자 대학생의 성관계를 가진 후 임신시킨 경험은 2004년에 3.1%, 2014년에는 5.1%로 유의미한 차이는 있었다(p < .05).

〈표 1.67〉과 같이 여자 대학생이 혼전 성관계를 가진 후에 임신한 경험은 2004년에 3.9%, 2014년에는 1.0%로 감소하였지만 유의미한 차이는 없었다(p > .05).

7) 대학생의 동거 경험의 비교

(1) 혼전 동거 경험의 비교

대학생과 남녀 대학생의 혼전 동거관계에 대한 유무를 비교 분석한 결과는 〈표 1.68〉, 〈표 1.69〉, 〈표 1.70〉과 같다.

표 1.68 혼전 동거 경험의 비교

	2004년	(%)	2014년	(%)	전체	(%)
있다	10	(10.4)	18	(5.0)	28	(6.2)
없다	86	(89.6)	340	(95.0)	426	(93.8)
합계	96	(100.0)	358	(100.0)	454	(100.0)

$\chi^2 = 3.80$ (df=1, p > .05)

표 1.69 남자 대학생의 혼전 동거 경험의 비교

	2004년	(%)	2014년	(%)	전체	(%)
있다	8	(12.3)	14	(6.2)	22	(7.5)
없다	57	(87.7)	213	(93.8)	270	(92.5)
합계	65	(100.0)	227	(100.0)	292	(100.0)

$\chi^2 = 2.74$ (df=1, p > .05)

표 1.70	여자 대학생의 혼전 동거 경험의 비교					
	2004년	(%)	2014년	(%)	전체	(%)
있다	2	(6.5)	4	(3.0)	6	(3.7)
없다	29	(93.5)	128	(97.0)	157	(96.3)
합계	31	(100.0)	132	(100.0)	163	(100.0)

$\chi^2 = .83$ (df=1, p > .05)

〈표 1.68〉과 같이 대학생의 혼전 동거 경험 유무에 대한 비교 분석한 결과는 2004년에 10.4%, 2014년에는 5.0%로 나타났다. 연도별 차이는 없는 것으로 나타났다(p > .05).

〈표 1.69〉와 같이 남자 대학생의 동거 경험에 대한 비교 분석한 결과는 2004년에 12.3%, 2014년에는 6.2%로 연도별 차이는 없는 것으로 나타났다(p > .05).

〈표 1.70〉과 같이 여자 대학생의 동거 경험은 2004년에 6.5%, 2014년에는 3.0%로, 연도별 차이는 없는 것으로 나타났다(p > .05).

이를 볼 때 2014년은 2004년보다 동거의 비율이 낮아진 것으로 나타났다.

(2) 혼전 동거 기간 비교

대학생과 남녀 대학생의 혼전 동거 기간을 비교 분석한 결과는 〈표 1.71〉, 〈표 1.72〉, 〈표 1.73〉과 같다.

표 1.71 혼전 동거 기간의 비교

	2004년	(%)	2014년	(%)	전체	(%)
3개월 미만	4	(40.0)	6	(23.1)	10	(27.8)
6개월 미만	4	(40.0)	7	(26.9)	11	(30.6)
1년 미만	2	(20.0)	1	(3.8)	3	(8.3)
1년 이상		—	2	(7.7)	2	(5.6)
2년 이상		—	2	(7.7)	2	(5.6)
현재 동거 중		—	4	(15.4)	4	(11.1)
기타		—	4	(15.4)	4	(11.1)
총계	10	(100.0)	26	(100.0)	36	(100.0)

$\chi^2=8.03$ (df=6, p>.05)

표 1.72 남자 대학생의 혼전 동거 기간의 비교

	2004년	(%)	2014년	(%)	전체	(%)
3개월 미만	4	(50.0)	3	(16.7)	7	(26.9)
6개월 미만	4	(50.0)	7	(38.9)	11	(42.3)
1년 미만		—	1	(5.6)	1	(3.8)
1년 이상		—		—		—
2년 이상		—	2	(11.1)	2	(7.7)
현재 동거 중			3	(16.7)	3	(11.5)
기타		—	2	(11.1)	2	(7.7)
총계	8	(100.0)	18	(100.0)	26	(100.0)

$\chi^2=8.03$ (df=6, p>.05)

표 1.73 여자 대학생의 혼전 동거 기간의 비교

	2004년	(%)	2014년	(%)	전체	(%)
3개월 미만		—	3	(37.5)	3	(30.0)
6개월 미만	2	(100.0)		—	2	(20.0)
1년 미만		—	2	(25.0)	2	(20.0)

1년 이상		–		–		–
2년 이상		–	1	(12.5)	1	(10.0)
현재 동거 중		–	2	(25.0)	2	(20.0)
기타		–		–		–
총계	2	(100.0)	8	(100.0)	10	(100.0)

$\chi^2=6.00$ (df=6, p>.05)

〈표 1.71〉과 같이 대학생의 혼전 동거 기간을 비교 분석한 결과는 2004년에는 3개월과 6개월 미만이 각기 40.0%, 2014년은 3개월 미만은 23.1%이고 6개월 미만은 26.9%로 나타났다. 2004년은 동거 중인 경우가 없었지만 2014년에는 16.7%로 나타났다. 연도별 차이는 없는 것으로 나타났다(p>.05).

〈표 1.72〉와 같이 남자 대학생의 혼전 동거 기간을 보면 2004년은 3개월과 6개월 미만이 각각 50.0%이고, 2014년은 3개월 미만이 16.7%, 6개월 미만이 38.9%로 나타났다. 연도별 차이는 없는 것으로 나타났다(p>.05).

〈표 1.73〉과 같이 여자 대학생이 혼전 동거 기간을 보면 2004년에는 6개월 미만이 100.0%였고, 2014년은 3개월 미만이 37.5%, 그리고 1년 미만이 25.0%로 나타났다. 연도별 차이는 없는 것으로 나타났다(p>.05).

이를 볼 때 10년 전에 비해 동거 기간이 3개월에서 6개월로 길어졌고 동거 중인 학생이 15.4%나 되었다.

(3) 결혼 전 동거에 대한 동기의 비교

대학생과 남녀 대학생의 동거에 대한 동기를 비교 분석한 결과는 〈표 1.74〉, 〈표 1.75〉, 〈표 1.76〉과 같다.

표 1.74 동거하게 된 동기의 비교

	2004년	(%)	2014년	(%)	전체	(%)
사랑해서	6	(54.5)	7	(33.3)	13	(40.6)
성관계를 하고 싶어서	2	(18.2)	1	(4.8)	3	(9.4)
경제적인 도움이 될 것 같아서	1	(9.1)	3	(14.3)	4	(12.5)
혼자 있기 싫어서	–		3	(14.3)	3	(9.4)
어차피 결혼할 사이어서	1	(9.1)	2	(9.5)	3	(9.4)
한번 살아보는 것도 괜찮은 것 같아서	1	(9.1)	3	(14.3)	4	(12.5)
기타	–		2	(9.5)	2	(6.3)
총계	11	(100.0)	21	(100.0)	32	(100.0)

χ^2=5.12 (df=6, p>.05)

표 1.75 남자 대학생의 동거하게 된 동기의 비교

	2004년	(%)	2014년	(%)	전체	(%)
사랑해서	5	(62.5)	6	(42.9)	11	(50.0)
성관계를 하고 싶어서	1	(12.5)	1	(7.1)	2	(9.1)
경제적인 도움이 될 것 같아서	1	(12.5)	2	(14.3)	3	(13.6)
혼자 있기 싫어서	–		3	(21.4)	3	(13.6)
어차피 결혼할 사이어서	–		1	(7.1)	1	(4.5)
한번 살아보는 것도 괜찮은 것 같아서	1	(12.5)	1	(7.1)	2	(9.1)
기타	–		–		–	
총계	8	(100.0)	14	(100.0)	22	(100.0)

χ^2=3.01 (df=6, p>.05)

| 표 1.76 | 여자 대학생의 동거하게 된 동기의 비교 |

	2004년	(%)	2014년	(%)	전체	(%)
사랑해서	1	(33.3)	1	(14.3)	2	(20.0)
성관계를 하고 싶어서	1	(33.3)		−	1	(10.0)
경제적인 도움이 될 것 같아서		−	1	(14.3)	1	(10.0)
혼자 있기 싫어서		−		−		−
어차피 결혼할 사이어서	1	(33.3)	1	(14.3)	2	(20.0)
한번 살아보는 것도 괜찮은 것 같아서		−	2	(28.6)	2	(20.0)
기타		−	2	(28.6)	2	(20.0)
총계	3	(100.0)	7	(100.0)	10	(100.0)

$\chi^2 = 5.24$ (df=6, p>.05)

〈표 1.74〉와 같이 대학생의 동거의 동기를 보면 '사랑해서'가 2004년은 54.5%, 2014년에는 33.3%, '경제적인 도움'이 2004년은 9.1%, 2014년에는 14.3%로, 연도별 차이는 없었다(p>.05).

〈표 1.75〉와 같이 남자 대학생은 동거의 동기가 '사랑해서'가 2004년은 62.5%, 2014년에는 42.9%, '경제적인 도움'이 2004년은 12.5%, 2014년에는 14.3%로, 연도별 차이는 없었다(p>.05).

〈표 1.76〉과 같이 여자 대학생의 동거의 동기는 '사랑해서'가 2004년은 33.3%, 2014년에는 14.3%, '경제적인 도움'은 2004년에는 없었던 반면 2014년은 14.3%로 나타났지만 연도별 차이는 없었다(p>.05).

여기에서 특이한 점은 2004년에 한미 대학생의 비교연구(우남식, 2004)에서 한국 여자 대학생이 경제적인 도움 때문에 동거한다는 여자 대학생이 없었는데 2014년에는 경제적인 도움 때문에 동거하는 현상이 나타났다.

8) 대학생의 성병 유무에 대한 비교

(1) 성병 유무의 비교

대학생과 남녀 대학생의 성병 유무를 분석한 결과는 〈표 1.77〉, 〈표 1.78〉, 〈표 1.79〉와 같다.

표 1.77 대학생의 성병 유무에 대한 비교

	2004년	(%)	2014년	(%)	전체	(%)
예	1	(.5)	9	(1.9)	10	(1.5)
아니요	206	(99.5)	445	(95.7)	651	(96.9)
모른다		—	11	(2.4)	11	(1.6)
합계	207	(100.0)	465	(100.0)	672	(100.0)

$\chi^2=7.14$ (df=2, p<.05)

표 1.78 남자 대학생의 성병 유무에 대한 비교

	2004년	(%)	2014년	(%)	전체	(%)
예	1	(.8)	7	(2.6)	8	(2.0)
아니요	129	(99.2)	259	(94.9)	388	(96.3)
모른다		—	7	(2.6)	7	(1.7)
합계	130	(100.0)	273	(100.0)	403	(100.0)

$\chi^2=4.94$ (df=2, p>.05)

표 1.79 여자 대학생의 성병 유무에 대한 비교

	2004년	(%)	2014년	(%)	전체	(%)
예		—	2	(1.0)	2	(.7)
아니요	77	(100.0)	186	(96.9)	263	(97.8)
모른다		—	4	(2.1)	4	(1.5)
합계	77	(100.0)	192	(100.0)	269	(100.0)

$\chi^2=2.46$ (df=2, p>.05)

〈표 1.77〉과 같이 대학생의 성병 유무를 비교 분석한 결과는 2004년은 0.5%, 2014년에 1.9%로, 연도별 차이가 있었다(p<.05).

〈표 1.78〉과 같이 남자 대학생의 성병은 2004년은 0.8%, 2014년에는 2.6%로 연도별 차이는 없었다(p>.05).

〈표 1.79〉와 같이 여자 대학생의 성병 유무 2004년에 없다가 2014년에는 1.0%로 나타났지만 연도별 차이는 없는 것으로 나타났다(p>.05).

이를 볼 때 2014년은 2004년에 비해 성병에 걸린 학생이 증가한 것으로 나타났다.

9) 대학생의 성인용품점 출입 경험에 대한 비교

(1) 성인용품점 출입 경험 비교

대학생과 남녀 대학생의 성인용품점 출입 경험에 대해 비교 분석한 결과는 〈표 1.80〉, 〈표 1.81〉, 〈표 1.82〉와 같다.

표 1.80 성인용품점 출입 경험 비교

	2004년	(%)	2014년	(%)	전체	(%)
예	7	(3.5)	45	(9.9)	52	(8.0)
아니요	193	(96.5)	409	(90.1)	602	(92.0)
합계	200	(100.0)	454	(100.0)	654	(100.0)

χ^2=7.80 (df=1, p<.01)

표 1.81 남자 대학생의 성인용품점 출입 경험 비교

	2004년	(%)	2014년	(%)	전체	(%)
예	6	(4.8)	36	(13.5)	42	(10.7)
아니요	119	(95.2)	231	(86.5)	350	(89.3)
합계	125	(100.0)	267	(100.0)	392	(100.0)

χ^2=6.71 (df=1, p<.01)

표 1.82 여자 대학생의 성인용품점 출입 경험 비교

	2004년	(%)	2014년	(%)	전체	(%)
예	1	(1.3)	9	(4.8)	10	(3.8)
아니요	75	(98.7)	179	(95.2)	254	(96.2)
합계	76	(100.0)	188	(100.0)	264	(100.0)

$\chi^2 = 1.79$ (df=1, p>.05)

〈표 1.80〉과 같이 대학생의 성인용품점 출입 경험을 비교 분석한 결과는 2004년에 3.5%, 2014년에는 9.9%로, 연도별 유의한 차이가 있었다(p<.01).

〈표 1.81〉과 같이 남자 대학생의 성인용품점 출입 경험을 비교 분석한 결과는 2004년에 4.8%, 2014년에는 13.5%로 연도별로 유의한 차이가 있었다(p<.01).

〈표 1.82〉와 같이 여자 대학생의 성인용품점 출입 경험 유무의 결과는 2004년 1.3%, 2014년 4.8%로, 연도별 차이는 없었다(p>.05).

이를 볼 때 2004년보다 2014년에는 성인용품 출입 경험이 증가된 것으로 나타났다.

(2) 성인용품 사용 경험 유무의 비교

대학생과 남녀 대학생의 성인용품 사용 경험의 유무를 비교 분석한 결과는 〈표 1.83〉, 〈표 1.84〉, 〈표 1.85〉와 같다.

표 1.83 성인용품 사용 경험 유무의 비교

	2004년	(%)	2014년	(%)	전체	(%)
예	7	(3.6)	29	(6.9)	36	(5.9)
아니요	186	(96.4)	390	(93.1)	576	(94.1)
합계	193	(100.0)	419	(100.0)	612	(100.0)

$\chi^2 = 2.59$ (df=1, p>.05)

표 1.84 남자 대학생의 성인용품 사용 경험 유무의 비교

	2004년	(%)	2014년	(%)	전체	(%)
예	4	(3.3)	23	(9.2)	27	(7.3)
아니요	118	(96.7)	226	(90.8)	344	(92.7)
합계	122	(100.0)	249	(100.0)	371	(100.0)

$\chi^2 = 4.31$ (df=1, p<.05)

표 1.85 여자 대학생의 성인용품 사용 경험 유무의 비교

	2004년	(%)	2014년	(%)	전체	(%)
예	3	(4.2)	6	(3.5)	9	(3.7)
아니요	69	(95.8)	165	(96.5)	234	(96.3)
합계	72	(100.0)	171	(100.0)	243	(100.0)

$\chi^2 = .06$ (df=1, p>.05)

〈표 1.83〉과 같이 대학생의 성인용품의 사용 경험 유무를 살펴본 결과는 2004년 이 3.6%이고 2014년에는 6.9%로 증가하였다. 연도별 차이는 없었다(p>.05).

〈표 1.84〉와 같이 남자 대학생의 성인용품 사용 경험 유무를 살펴본 결과는 2004년이 3.3%, 2014년에는 9.2%로 증가하였다. 연도별로 차이가 있었다(p<.05).

〈표 1.85〉와 같이 여자 대학생의 성인용품 사용 경험 유무를 살펴본 결과는 2004년에 4.2%, 2014년에는 3.5%로 감소하였다. 연도별로 차이는 없었다(p>.05).

이를 볼 때 2004년보다 2014년에 성인용품을 사용한 경험이 증가된 것으로 나타났다.

(3) 성인용품 필요성의 비교

대학생과 남녀 대학생의 성인용품의 필요성에 대해 비교 분석한 결과는 〈표 1.86〉, 〈표 1.87〉, 〈표 1.88〉과 같다.

표 1.86 성인용품 필요성 비교

	2004년	(%)	2014년	(%)	전체	(%)
필요하다	123	(61.5)	260	(56.4)	383	(57.9)
필요하지 않다	77	(38.5)	201	(43.6)	278	(42.1)
합계	200	(100.0)	461	(100.0)	661	(100.0)

$\chi^2 = 1.49$ (df=1, p>.05)

표 1.87 남자 대학생의 성인용품 필요성에 대한 비교

	2004년	(%)	2014년	(%)	전체	(%)
필요하다	72	(57.1)	168	(62.0)	240	(60.5)
필요하지 않다	54	(42.9)	103	(38.0)	157	(39.5)
합계	126	(100.0)	271	(100.0)	397	(100.0)

$\chi^2 = .85$ (df=1, p>.05)

표 1.88 여자 대학생의 성인용품 필요성에 대한 비교

	2004년	(%)	2014년	(%)	전체	(%)
필요하다	52	(69.3)	93	(48.7)	145	(54.5)
필요하지 않다	23	(30.7)	98	(51.3)	121	(45.5)
합계	75	(100.0)	191	(100.0)	266	(100.0)

$\chi^2 = 9.25$ (df=1, p<.01)

〈표 1.86〉과 같이 대학생의 성인용품의 필요성에 대해 비교 분석한 결과는 '필요하다'가 2004년은 61.5%, 2014년에는 56.4%, 연도별로 차이가 없었다(p>.05).

〈표 1.87〉과 같이 남자 대학생의 성인용품 필요성에 대한 결과는 2004년에 '필요하다'가 57.1%, 2014년에는 62%로 증가하였다. 연도별로 차이가 없었다(p>.05).

〈표 1.88〉과 같이 여자 대학생의 성인용품 필요성에 대한 비교를 살펴본 결과는 2004년에 '필요하다'가 69.3%, 2014년에는 48.7%로 감소하였다. 연도별로 유의한 차이가 있었다(p<.01).

이를 볼 때 남자 대학생은 10년 동안 성인용품의 필요성이 증가했지만 여자 대학생은 감소하였다.

10) 대학생의 어린 시절의 성추행의 비교

어린 시절 성추행을 한 적(당한 적)의 유무 : 대학생이 어린 시절에 성추행을 한 적(당한 적)의 유무를 비교 분석한 결과는 〈표 1.89〉와 같다.

표 1.89 어린 시절에 성추행을 한 적(당한 적)의 유무

	2004년	(%)	2014년	(%)	전체	(%)
예	35	(16.9)	47	(10.1)	82	(12.2)
아니요	172	(83.1)	404	(86.9)	576	(85.7)
모른다	—		14	(3.0)	14	(2.1)
합계	207	(100.0)	465	(100.0)	672	(100.0)

$\chi^2=11.90$ (df=2, p<.01)

〈표 1.89〉와 같이 대학생의 어린 시절에 성추행을 한 적(당한 적)의 유무를 비교 분석한 결과는 2004년에 16.9%이고, 2014년에는 10.1%로 나타났다. 연도별로 유의미한 차이를 보였다(p<.01).

이를 볼 때 대학생의 어린 시절에 성추행을 한 적(당한 적)이 10년에 비해 감소한 것으로 나타났다.

11) 대학생의 동성애에 대한 비교

(1) 동성애는 자연스러운 성의 한 표현이다.

'동성애는 자연스러운 성의 한 표현이다'라는 생각에 대한 대학생의 성별, 연도별 차이를 분석한 결과는 〈표 1.90〉과 같다(그림 1.4 참조).

표 1.90 동성애는 자연스러운 성의 한 표현이다

	2004			2014			합계		
	평균	SD	N	평균	SD	N	평균	SD	N
남	1.64	.996	130	2.59	1.357	276	2.29	1.329	406
여	2.01	1.106	77	3.02	1.340	191	2.73	1.353	268
합계	1.78	1.052	207	2.76	1.365	467	2.46	1.355	674

독립변인	제곱합	자유도	평균 제곱	F	유의확률
성별	21.648	1	21.648	13.572	.000
연도	129.372	1	129.372	81.108	.000
성별×연도	.087	1	.087	.054	.816

〈표 1.90〉과 같이 '동성애는 자연스러운 성의 한 표현이다'라는 인식에 대한 결과는 남자 대학생이 2004년에는 1.64, 2014년에는 2.29, 여자 대학생은 2004년에 2.01, 2014년은 3.02로, 성별, 연도별에서 $p < .001$의 수준에서 유의한 차이가 있었다. 성별×연도별 상호작용 효과는 차이가 없었다.

이를 볼 때 2004년보다는 2014년에, 남학생보다는 여학생에게 동성애에 대해 자연스러운 성의 표현이라는 생각이 증가한 것으로 나타났다.

(2) 서로가 원한다면 동성끼리 성관계는 괜찮다.

'서로가 원한다면 동성끼리의 성관계는 괜찮다'라는 생각에 대한 대학생의 성별, 연도별 차이를 분석한 결과는 〈표 1.91〉과 같다(그림 1.5 참조).

표 1.91 서로가 원한다면 동성끼리의 성관계는 괜찮다

	2004			2014			합계		
	평균	SD	N	평균	SD	N	평균	SD	N
남	1.58	.979	130	2.67	1.389	276	2.32	1.371	406
여	1.96	1.069	77	2.98	1.397	191	2.69	1.389	268
합계	1.72	1.028	207	2.80	1.399	467	2.47	1.389	674

독립변인	제곱합	자유도	평균 제곱	F	유의확률
성별	16.329	1	16.329	9.837	.002
연도	152.191	1	152.191	91.680	.000
성별×연도	.184	1	.184	.111	.739

그림 1.4 동성애는 자연스러운 성의 표현이다　**그림 1.5** 서로가 원한다면 동성끼리의 성관계는괜찮다

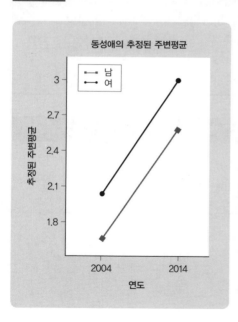

동성애의 추정된 주변평균

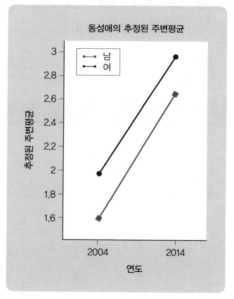

동성애의 추정된 주변평균

〈표 1.91〉과 같이 '서로가 원한다면 동성끼리의 성관계는 괜찮다'에 대한 인식을 분석한 결과, 남자 대학생은 2004년에 1.58, 2014년은 2.67, 여자 대학생은 2004년에 1.96, 2014년은 2.98로 증가하였다. 성별로는 p<.01 수준, 연도별로는 p<.001 수준에서 통계적으로 유의한 차이를 보였다.

이를 볼 때 여자 대학생이 남자 대학생보다, 2004년보다는 2014년에 동성끼리 원하면 성관계를 할 수 있다는 생각이 증가했음이 나타났다.

(3) 동성애는 사회적으로 인정되어야 한다.

'동성애는 사회적으로 인정되어야 한다'는 인식에 대한 대학생의 성별, 연도별 차이를 분석한 결과는 〈표 1.92〉와 같다(그림 1.6 참조).

표 1.92 동성애는 사회적으로 인정되어야 한다

	2004			2014			합계		
	평균	SD	N	평균	SD	N	평균	SD	N
남	1.82	1.077	130	2.82	1.323	276	2.50	1.333	406
여	2.29	1.202	77	3.01	1.388	191	2.80	1.375	268
합계	1.99	1.145	207	2.90	1.352	467	2.62	1.357	674

독립변인	제곱합	자유도	평균 제곱	F	유의확률
성별	14.998	1	14.998	9.078	.003
연도	100.691	1	100.691	60.951	.000
성별×연도	2.562	1	2.562	1.551	.213

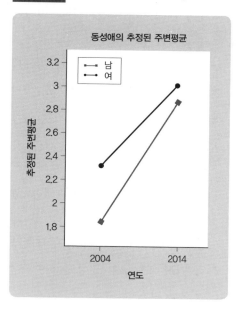

그림 1.6 동성애는 사회적으로 인정

〈표 1.92〉와 같이 '동성애는 사회적으로 인정되어야 한다'는 인식에 대한 결과는 남자 대학생이 2004년에 1.82, 2014년에는 2.82, 여자 대학생은 2004년에 2.29, 2014년은 3.01로 각각 증가하였다. 성별로는 $p < .01$, 연도별로는 $p < .001$ 수준에서 통계적으로 유의한 차이를 보였다.

이를 볼 때 여학생이 남학생보다, 2004년보다는 2014년에 인정해야 한다는 인식이 더 높아졌음을 알 수 있다.

(4) 동성애는 비도덕적이고 혐오스러운 것이다.

'동성애는 비도덕적이고 혐오스러운 것이다'라는 대학생의 의견에 대한 차이를 성별, 연도별로 비교 분석한 결과는 〈표 1.93〉과 같다(그림 1.7 참조).

표 1.93 동성애는 비도덕적이고 혐오스러운 것이다

	2004			2014			합계		
	평균	SD	N	평균	SD	N	평균	SD	N
남	3.29	1.547	130	2.74	1.363	276	2.92	1.446	406
여	2.65	1.222	77	2.53	1.294	189	2.57	1.273	266
합계	3.05	1.465	207	2.66	1.338	465	2.78	1.389	672

독립변인	제곱합	자유도	평균 제곱	F	유의확률
성별	24.490	1	24.490	13.106	.000
연도	14.921	1	14.921	7.986	.005
성별×연도	6.382	1	6.382	3.416	.065

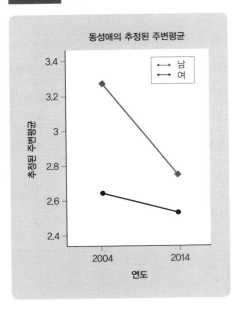

그림 1.7 동성애는 비도적이고 혐오스러움

동성애의 추정된 주변평균

〈표 1.93〉과 같이' 동성애는 비도덕적이고 혐오스러운 것이다'는 의견에 대해 분석한 결과는 남자 대학생 2004년 3.29, 2014년 2.74, 여자 대학생 2004년 2.65, 2014년 2.53으로, 성별로 p<.001, 연도별 p<.01의 차이가 있었다.

이상에서 볼 때 남자 대학생이 여자 대학생보다, 2004년이 2014년보다 동성애에 대해 혐오스럽다고 인식하고 있는 것으로 나타났으며 남자 대학생보다 여자 대학생이 동성애를 미화하고 있음을 알 수 있다.

(5) 동성애를 해본 적은 없지만 나중에 할 수도 있다.

'동성애를 해본적은 없지만 나중에 할 수도 있다'라는 의견에 대한 대학생들의 차이를 성별, 연도별로 분석한 결과는 〈표 1.94〉와 같다(그림 1.8 참조).

표 1.94 동성애를 해본 적은 없지만 나중에 할 수도 있다

	2004			2014			합계		
	평균	SD	N	평균	SD	N	평균	SD	N
남	1.38	.960	130	1.59	.967	276	1.52	.968	406
여	1.55	.967	77	1.79	1.015	191	1.72	1.006	268
합계	1.44	.963	207	1.67	.991	467	1.60	.987	674

독립변인	제곱합	자유도	평균 제곱	F	유의확률
성별	4.497	1	4.497	4.690	.031
연도	6.778	1	6.778	7.070	.008
성별×연도	.062	1	.062	.065	.799

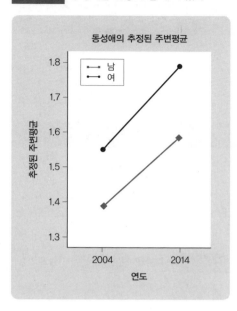

그림 1.8 동성애를 나중에 할 수도 있다

〈표 1.94〉와 같이 '동성애를 해본 적은 없지만 나중에 할 수도 있다'고 생각한다에 대한 결과는 남자 대학생 2004년 1.38, 2014년 1.59, 여자 대학생 2004년 1.55, 2014년 1.79로 증가하였고, 성별로는 p<.05, 연도별로는 p<.01로 차이가 있었다.

이를 볼 때 남자 대학생보다는 여자 대학생이, 2004년보다는 2014년에 나중에 할 수도 있다는 생각이 증가하였다.

(6) 거주지별, 성별, 연도별 동성애 인식의 비교

대학생의 거주지별, 성별, 연도별로 동성애에 대한 비교 분석은 〈표 1.95〉와 같다 (그림 1.9, 1.10 참조).

표 1.98 거주지별, 성별, 연도별 동성애에 대한 인식의 비교

	농어촌			중소도시			대도시			합계		
	평균	SD	N	평균	SD	N	평균	SD	N	평균	SD	N
남	1.98	.878	28	2.16	.962	120	2.27	.907	255	2.21	.923	403
여	2.41	.846	9	2.59	.941	86	2.52	.971	170	2.54	.955	265
합계	2.09	.878	37	2.34	.976	206	2.37	.940	425	2.34	.949	668

독립변인	제곱합	자유도	평균 제곱	F	유의확률
성별	4.497	1	4.497	4.690	.031
거주지	6.778	1	6.778	7.070	.008
성별×거주지	.062	1	.062	.065	.799

	농어촌			중소도시			대도시			합계		
	평균	SD	N	평균	SD	N	평균	SD	N	평균	SD	N
2004	1.80	.856	17	1.91	.761	76	1.99	.763	114	1.95	.769	207
2014	2.33	.844	20	2.59	1.001	130	2.51	.962	311	2.52	.968	461
합계	2.09	.878	37	2.34	.976	206	2.37	.940	425	2.34	.949	668

독립변인	제곱합	자유도	평균 제곱	F	유의확률
연도	20.824	1	20.824	25.023	.000
거주지	1.187	2	.594	.713	.490
연도×거주지	.903	2	.452	.543	.582

그림 1.9 거주지별, 성별 동성애 인식의 비교

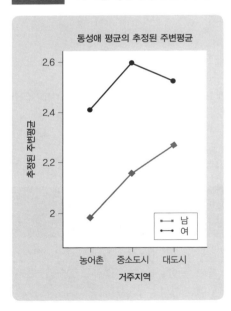

그림 1.10 거주지별, 연도별 동성애 인식의 비교

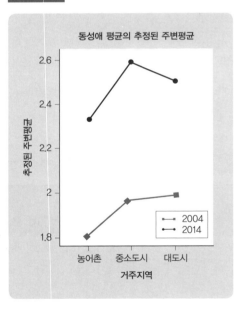

〈표 1.95〉와 같이 대학생의 거주지별, 성별, 연도별 동성애에 대한 인식에 대한 결과는 남자 대학생은 농어촌 1.98, 중소도시 2.16, 대도시 2.27, 여자 대학생은 농어촌 2.41, 중소도시 2.59, 대도시 2.52로 나타났다. 성별로는 p<.01 수준에서 유

의한 차이가 있었다. 그리고 대학생의 연도별, 거주지별의 차이를 보면 2004년은 농어촌이 1.80, 중소도시는 1.91, 대도시는 1.99로 나타났고, 2014년은 농어촌이 2.33, 중소도시는 2.59, 대도시는 2.51로 나타났다. 연도별로는 p<.001 수준에서 차이가 있었다.

이를 볼 때 남자 대학생보다는 여자 대학생이 동성애에 대해 더 우호적이었고, 농어촌과 중소도시보다는 대도시가 더 우호적이었다.

(7) 성적별, 성별, 연도별 동성애 인식의 비교

대학생의 동성애 인식에 대해 성적별, 성별, 연도별로 비교 분석한 결과는 〈표 1.99〉와 같다(그림 1.11, 1.12 참조).

표 1.99 성적별, 성별, 연도별 동성애에 대한 인식의 비교

	C			B			A			합계		
	평균	SD	N	평균	SD	N	평균	SD	N	평균	SD	N
남	2.09	.974	33	2.18	.918	253	2.33	.900	104	2.21	.919	390
여	2.50	.441	5	2.51	.974	126	2.54	.968	122	2.53	.961	253
합계	2.14	.928	38	2.29	.949	379	2.44	.942	226	2.34	.947	643

독립변인	제곱합	자유도	평균 제곱	F	유의확률
성별	3.482	1	3.482	3.967	.047
성적	1.060	2	.530	.604	.547
성별×성적	.524	2	.262	.299	.742

	C			B			A			합계		
	평균	SD	N	평균	SD	N	평균	SD	N	평균	SD	N
2004	2.15	.790	11	1.90	.788	142	2.03	.723	52	1.95	.772	205
2014	2.14	.992	27	2.53	.960	237	2.56	.966	174	2.52	.967	438
합계	2.14	.928	38	2.29	.949	379	2.44	.942	226	2.34	.947	643

독립변인	제곱합	자유도	평균 제곱	F	유의확률
연도	8.103	1	8.103	9.832	.002
성적	.989	2	.494	.600	.549
연도×성적	2.977	2	1.488	1.806	.165

〈표 1.99〉와 같이 동성애의 성적별, 성별에 따른 대학생의 인식을 보면 남자 대학생은 C학점이 2.09, B학점이 2.18, A학점은 2.33, 여자 대학생은 C학점이 2.50, B학점이 2.51, A학점은 2.54로, 성별로 차이가 있었다(p<.05). 그리고 대학생의 동성애에 대한 성적별, 연도별 차이를 보면 2004년은 C학점이 2.15, B학점은 1.90, A학점은 2.03, 2014년은 C학점이 2.14, B학점은 2.53, A학점은 2.56으로 연도별로 p<.01 수준에서 차이가 있었다.

이를 볼 때 남녀 대학생이 성적이 높을수록 동성에 대한 인식이 높았고, 2004년 보다는 2014년이 동성애에 대한 인식이 높았다.

그림 1.11 성적별, 성별 동성애 인식의 비교

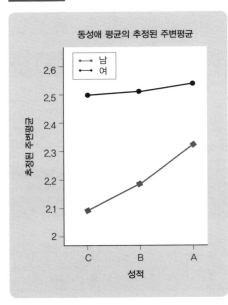

그림 1.12 성적별, 연도별 동성애 인식의 비교

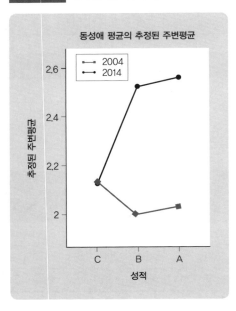

12) 대학생의 성매매 인식의 비교

(1) 전공별, 성별, 연도별 성매매 인식의 비교

대학생의 전공별, 성별, 연도별로 성매매 인식에 대해 비교 분석한 결과는 〈표 1.100〉과 같다(그림 1.13, 1.14 참조).

표 1.100 전공별, 성별, 연도별 성매매 인식의 비교

	의학공학			인문사범			예체능			합계		
	평균	SD	N	평균	SD	N	평균	SD	N	평균	SD	N
남	2.73	.773	216	2.65	.634	157	2.73	.986	19	2.70	.731	392
여	2.33	.601	76	2.35	.681	165	1.83	.681	25	2.29	.674	266
합계	2.63	.751	292	2.49	.674	322	2.22	.933	44	2.53	.735	658

독립변인	제곱합	자유도	평균 제곱	F	유의확률
성별	20.752	1	20.752	41.920	.000
전공	2.306	2	1.153	2.329	.098
성별×전공	3.459	2	1.730	3.494	.031

	의학공학			인문사범			예체능			합계		
	평균	SD	N	평균	SD	N	평균	SD	N	평균	SD	N
2004	2.66	.541	79	2.66	.586	116	2.43	.823	6	2.65	.575	201
2014	2.61	.816	213	2.40	.703	206	2.18	.955	38	2.48	.790	457
합계	2.63	.751	292	2.49	.674	322	2.22	.933	44	2.53	.735	658

독립변인	제곱합	자유도	평균 제곱	F	유의확률
연도	1.379	1	1.379	2.629	.105
전공	2.955	2	1.477	2.816	.061
연도×전공	1.422	2	.711	1.355	.259

〈표 1.100〉과 같이 전공별, 성별 성매매 인식을 비교 분석한 결과는 남자 대학생은 의학공학이 2.73, 인문사범이 2.65, 예체능이 2.73이고, 여자 대학생은 의학공학이 2.33, 인문사범이 2.35, 예체능은 1.83으로, 성별로는 p<.001 수준의 차이가 있었고, 전공별로는 차이가 있었다(p<.05). 전공별, 연도별 성매매에 대한 인식을 보면 2004년은 의학공학이 2.66, 인문사범은 2.66, 예체능은 2.43이고, 2014년에는 의학공학이 2.61, 인문사범이 2.40, 예체능은 2.18로 전공별, 연도별의 성매매 인식은 유의한 차이를 보이지 않았다.

이를 볼 때 예체능의 여자 대학생이 남자 대학생들보다 성매매에 대해 부정적으로 인식하고 있었고, 의학공학의 여자 대학생이 남자 대학생보다 성매매에 대해 부정적으로 인식하고 있었다.

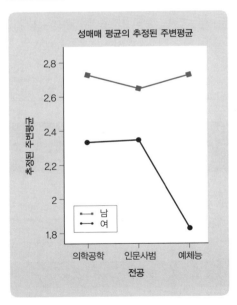

그림 1.13 성별, 전공별 성매매 인식의 비교

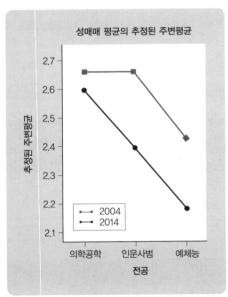

그림 1.14 연도별, 전공별 성매매 인식의 비교

(2) 성적별, 성별, 연도별 성매매 인식의 비교

성적별, 성별, 연도별 대학생의 성매매 인식에 대해 비교 분석한 결과는 〈표 1.101〉과 같다(그림 1.15, 1.16 참조).

표 1.101 성적별, 성별, 연도별 성매매 인식의 비교

	C			B			A			합계		
	평균	SD	N	평균	SD	N	평균	SD	N	평균	SD	N
남	3.00	.731	33	2.70	.697	249	2.61	.808	102	2.70	.736	384
여	2.14	.647	5	2.32	.577	128	2.26	.733	123	2.29	.656	256
합계	2.88	.770	38	2.57	.683	377	2.42	.786	225	2.53	.733	640

독립변인	제곱합	자유도	평균 제곱	F	유의확률
성별	9.656	1	9.656	19.554	.000
성적	.918	2	.459	.929	.395
성별×성적	1.019	2	.510	1.032	.357

	C			B			A			합계		
	평균	SD	N	평균	SD	N	평균	SD	N	평균	SD	N
2004	2.77	.819	11	2.64	.553	139	2.65	.577	52	2.65	.573	202
2014	2.93	.759	27	2.53	.746	238	2.35	.826	173	2.48	.791	438
합계	2.88	.770	38	2.57	.683	377	2.42	.786	225	2.53	.733	640

독립변인	제곱합	자유도	평균 제곱	F	유의확률
연도	.415	1	.415	.796	.373
성적	3.294	2	1.647	3.163	.043
연도×성적	1.868	2	.934	1.793	.167

〈표 101〉과 같이 성적별, 성별 성매매에 대한 인식은 남자 대학생은 C학점이 3.00, B학점은 2.70, A학점은 2.61이고, 여자 대학생은 C학점이 2.14, B학점은 2.32, A학점은 2.26으로 나타났고, 성별로 $p < .001$ 수준에서 유의한 차이가 있었다. 성매매에 대한 성적별, 연도별 인식은 2004년에 C학점이 2.77, B학점이 2.64, A학점이 2.65였고, 2014년은 C학점이 2.93, B학점이 2.53, A학점은 2.35로, 성적에서 차이가 있었다($p < .05$).

이를 볼 때 여자 대학생이 남자 대학생보다 성적이 낮을수록 성매매 인식에 대해 부정적이었고, 2014년이 2004년보다 성매매 인식이 부정적이었다.

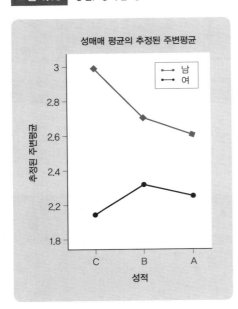

그림 1.15 성별, 성적별 성매매 인식의 비교

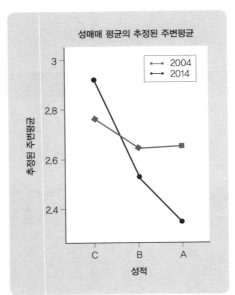

그림 1.16 연도별, 성적별 성매매 인식의 비교

(3) 거주지별, 성별, 연도별 성매매 인식의 비교

거주지별, 성별, 연도별 대학생의 성매매 인식에 대해 비교 분석한 결과는 〈표 1.102〉와 같다(그림 1.17, 1.18 참조).

표 1.102 거주지별, 성별, 연도별 성매매 인식의 비교

	농어촌			중소도시			대도시			합계		
	평균	SD	N	평균	SD	N	평균	SD	N	평균	SD	N
남	2.70	.701	27	2.77	.635	115	2.66	.784	254	2.70	.738	396
여	2.00	.805	10	2.35	.718	88	2.28	.637	170	2.29	.671	268
합계	2.51	.786	37	2.59	.703	203	2.51	.751	424	2.53	.738	664

독립변인	제곱합	자유도	평균 제곱	F	유의확률
성별	13.603	1	13.603	26.851	.000
거주지	1.632	2	.816	1.611	.200
성별×거주지	.758	2	.379	.748	.474

	C			B			A			합계		
	평균	SD	N	평균	SD	N	평균	SD	N	평균	SD	N
2004	2.56	.776	16	2.71	.587	74	2.62	.540	114	2.65	.577	204
2014	2.48	.810	21	2.52	.755	129	2.47	.812	310	2.48	.795	460
합계	2.51	.786	37	2.59	.703	203	2.51	.751	424	2.53	.738	664

독립변인	제곱합	자유도	평균 제곱	F	유의확률
연도	1.240	1	1.240	2.286	.131
거주지	.660	2	.330	.608	.545
연도×거주지	.095	2	.047	.087	.916

〈표 1.102〉와 같이 거주지별, 성별로 대학생의 성매매 인식에 대해 비교 분석한 결과는 남자 대학생이 농어촌은 2.70, 중소도시는 2.77, 대도시는 2.66으로 나타났고, 여자 대학생은 농어촌이 2.00, 중소도시는 2.35, 대도시는 2.28로 나타났다. 성별로는 $p < .001$ 수준에서 유의미한 차이를 보였다. 연도별, 거주지별로 대학생의 성매매 인식에 대한 결과는 2004년에는 농어촌이 2.56, 중소도시는 2.71, 대도시가 2.62였고, 2014년에는 농어촌이 2.48, 중소도시는 2.52, 대도시는 2.47로 나타났으며 연도별, 거주지별에 따른 차이는 없는 것으로 나타났다.

이를 볼 때 남자 대학생이 여자 대학생보다 성매매 인식이 긍정적이었고, 2014년이 2004년보다 성매매 인식이 부정적인 것으로 나타났다.

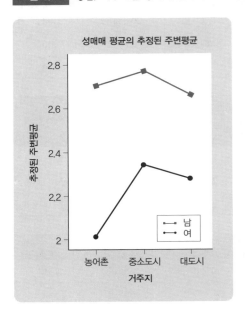

그림 1.17 성별, 거주지별 성매매 인식의 비교

그림 1.18 연도별, 거주지별 성매매 인식의 비교

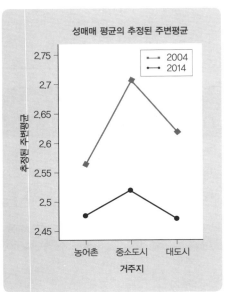

(4) 생활 정도별, 성별, 연도별 성매매 인식의 비교

생활 정도별, 성별, 연도별 대학생의 성매매 인식에 대해 비교 분석한 결과는 〈표 1.103〉과 같다(그림 1.19, 1.20 참조).

표 1.103 생활 정도별, 성별, 연도별 성매매 인식의 비교

	하			중			상			합계		
	평균	SD	N	평균	SD	N	평균	SD	N	평균	SD	N
남	2.71	.764	42	2.69	.721	320	2.77	.902	30	2.70	.739	392
여	2.33	.676	21	2.31	.670	226	2.07	.673	21	2.29	.672	268
합계	2.58	.753	63	2.53	.724	546	2.48	.878	51	2.53	.739	660

독립변인	제곱합	자유도	평균 제곱	F	유의확률
성별	13.161	1	13.161	25.884	.000
생활 정도	.310	2	.155	.305	.738
성별×생활 정도	1.120	2	.560	1.101	.333

	하			중			상			합계		
	평균	SD	N	평균	SD	N	평균	SD	N	평균	SD	N
2004	2.54	.569	32	2.68	.576	166	2.43	.693	5	2.65	.578	203
2014	2.63	.912	31	2.47	.772	380	2.49	.902	46	2.48	.795	457
합계	2.58	.753	63	2.53	.724	546	2.48	.878	51	2.53	.739	660

독립변인	제곱합	자유도	평균 제곱	F	유의확률
연도	.011	1	.011	.020	.888
생활 정도	.236	2	.118	.218	.804
연도×생활 정도	1.456	2	.728	1.343	.262

〈표 1.103〉과 같이 생활 정도별, 성별 성매매 인식을 확인한 결과 는 남자 대학생의 하류층이 2.71, 중산층이 2.69, 상류층이 2.77, 여자 대학생은 하류층이 2.33, 중산층이 2.31, 상류층이 2.07로 나타났고, 성별로는 $p < .001$ 수준에서 유의미한 차이를 보였다. 연도별, 생활 정도별은 2004년에는 하류층이 2.54, 중산층이 2.68, 상류층이 2.43이고, 2014년에는 하류층이 2.63, 중산층이 2.47, 상류층이 2.49로 연도별, 생활 정도에 따른 차이가 없는 것으로 나타났다.

이를 볼 때 남자 대학생이 여자 대학생보다 성매매에 대한 인식이 긍정적이었고, 2014년이 2004년보다 성매매 인식이 부정적인 것으로 나타났다.

그림 1.19 성별, 생활 정도별 성매매
　　　　　인식의 비교

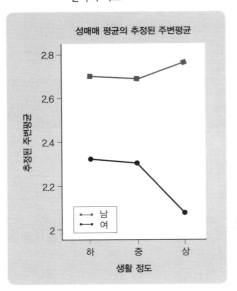

그림 1.20 연도별, 생활 정도별 성매매
　　　　　인식의 비교

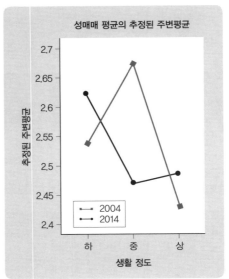

13) 대학생의 순결 인식의 비교

(1) 전공별, 성별, 연도별 순결 인식의 비교

전공별, 성별, 연도별 대학생의 순결 인식에 대해 비교 분석한 결과는 〈표 1.104〉와

표 1.104 전공별, 성별, 연도별 순결 인식의 비교

	의학공학			인문사범			예체능			합계		
	평균	SD	N	평균	SD	N	평균	SD	N	평균	SD	N
남	2.81	.925	219	2.74	.874	161	2.85	1.267	18	2.78	.920	398
여	2.99	.968	75	2.81	.824	162	3.09	.858	25	2.89	.873	262
합계	2.86	.938	294	2.78	.849	323	2.99	1.041	43	2.82	.903	660

독립변인	제곱합	자유도	평균 제곱	F	유의확률
성별	1.985	1	1.985	2.440	.119
전공	2.888	2	1.444	1.775	.170
성별×전공	.529	2	.265	.325	.722

	의학공학			인문사범			예체능			합계		
	평균	SD	N	평균	SD	N	평균	SD	N	평균	SD	N
2004	3.15	.805	80	2.98	.862	117	3.87	.807	5	3.07	.849	202
2014	2.74	.961	214	2.66	.821	206	2.87	1.021	38	2.72	.906	458
합계	2.86	.938	294	2.78	.849	323	2.99	1.041	43	2.82	.903	660

독립변인	제곱합	자유도	평균 제곱	F	유의확률
연도	11.470	1	11.470	14.609	.000
전공	6.408	2	3.204	4.081	.017
연도×전공	2.040	2	1.020	1.299	.273

같다(그림 1.21, 1.22 참조).

〈표 1.104〉와 같이 성별, 전공별 대학생의 순결 인식에 대한 차이를 보면 남자 대학생은 의학공학이 2.81, 인문사범은 2.74, 예체능은 2.85이고, 여자 대학생은 의학공학이 2.99, 인문사범은 2.81, 예체능은 3.09로 나타났다. 성별, 전공별 차이가 없

그림 1.21 성별, 전공별 순결 인식의 비교

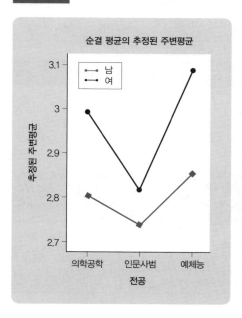

그림 1.22 연도별, 전공별 순결 인식의 비교

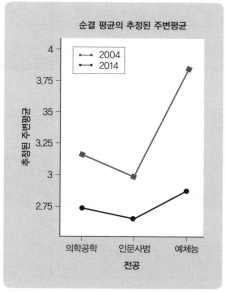

었다. 연도별, 전공별 순결에 대한 인식은 2004년은 의학공학이 3.15, 인문사범은 2.98, 예체능은 3.87이었고, 2014년은 의학공학이 2.74, 인문사범은 2.66, 예체능은 2.87로 나타났다, 연도별 차이는 없었고, 전공별로는 p<.05 수준에서 통계적으로 차이를 보였다.

이를 볼 때 남자 대학생보다 여자 대학생의 순결 인식이 더 높았다. 특히 예체능 계열의 남녀 대학생의 순결 인식이 높았다. 그리고 2004년보다 2014년에 순결에 대한 인식이 낮았다.

(2) 성적별, 성별, 연도별 순결 인식의 비교

성적별, 성별, 연도별 대학생의 순결 인식에 대해 비교 분석한 결과는 〈표 1.105〉와 같다(그림 1.23, 1.24 참조).

표 1.105 성적별, 성별, 연도별 순결 인식의 비교

	C			B			A			합계		
	평균	SD	N	평균	SD	N	평균	SD	N	평균	SD	N
남	2.62	1.014	33	2.74	.918	252	2.93	.856	105	2.78	.913	390
여	2.49	.740	5	2.85	.942	127	2.92	.851	120	2.87	.895	252
합계	2.60	.975	38	2.77	.926	379	2.92	.851	225	2.82	.906	642

독립변인	제곱합	자유도	평균 제곱	F	유의확률
성별	.004	1	.004	.004	.947
성적	3.702	2	1.851	2.261	.105
성별×성적	.665	2	.332	.406	.666

	C			B			A			합계		
	평균	SD	N	평균	SD	N	평균	SD	N	평균	SD	N
2004	2.70	1.018	11	3.10	.876	141	3.05	.752	51	3.07	.855	203
2014	2.56	.974	27	2.58	.902	238	2.89	.877	174	2.70	.907	439
합계	2.60	.975	38	2.77	.926	379	2.92	.851	225	2.82	.906	642

독립변인	제곱합	자유도	평균 제곱	F	유의확률
연도	4.041	1	4.041	5.177	.023
성적	3.534	2	1.767	2.264	.105
연도×성적	4.147	2	2.074	2.657	.071

〈표 1.105〉와 같이 대학생의 순결 인식에 대한 성별, 성적별, 연도별 차이는 남자 대학생인 경우에 C학점이 2.62, B학점이 2.74, A학점은 2.93이었고, 여자 대학생은 C학점이 2.49, B학점이 2.85, A학점이 2.92로, 성별, 성적별 차이가 없었다. 성적별, 연도별 차이를 보면 2004년에는 C학점이 2.70, B학점이 3.10, A학점이 3.05이고, 2014년에는 C학점이 2.56, B학점이 2.58, A학점은 2.89로, 연도별로 차이가 있었다(p < .05).

이를 볼 때 성적이 높을수록 순결에 대한 인식이 높았고, 2014년이 2004년보다 순결에 대한 인식이 낮아진 것을 볼 수 있다.

그림 1.23 성별, 성적별 순결 인식의 비교

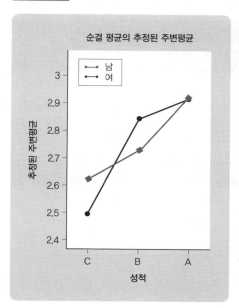

그림 1.24 연도별, 성적별 순결 인식의 비교

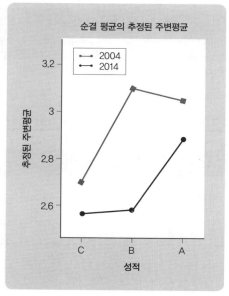

(3) 아버지의 학력별, 성별, 연도별에 따른 순결 인식의 비교

아버지의 학력별, 성별, 연도별에 따른 대학생의 순결 인식에 대해 비교 분석한 결과는 〈표 1.106〉과 같다(그림 1.25, 1.26 참조).

표 1.106 아버지 학력별, 성별, 연도별 순결 인식의 비교

	중졸 이하			고졸			대졸 이상			합계		
	평균	SD	N	평균	SD	N	평균	SD	N	평균	SD	N
남	2.88	.920	58	2.73	.874	138	2.78	.971	202	2.78	.930	398
여	3.33	.885	29	2.87	.869	85	2.80	.864	150	2.88	.879	264
합계	3.03	.928	87	2.78	.872	223	2.79	.925	352	2.82	.910	662

독립변인	제곱합	자유도	평균 제곱	F	유의확률
성별	4.273	1	4.273	5.203	.023
부학력	6.453	2	3.227	3.929	.020
성별×부학력	3.003	2	1.502	1.829	.161

	중졸 이하			고졸			대졸 이상			합계		
	평균	SD	N	평균	SD	N	평균	SD	N	평균	SD	N
2004	3.11	.910	58	3.01	.898	88	3.06	.783	55	3.05	.868	201
2014	2.86	.957	29	2.64	.826	135	2.74	.942	297	2.72	.910	461
합계	3.03	.928	87	2.78	.872	223	2.79	.925	352	2.82	.910	662

독립변인	제곱합	자유도	평균 제곱	F	유의확률
연도	9.651	1	9.651	11.942	.001
부학력	1.684	2	.842	1.042	.353
연도×부학력	.206	2	.103	.128	.880

〈표 1.106〉과 같이 아버지 학력별, 성별에 따른 대학생의 순결에 대한 인식은 남자 대학생은 아버지가 중졸 이하인 경우에 2.88, 고졸은 2.73, 대졸 이상은 2.78이고, 여자 대학생은 아버지가 중졸 이하인 경우에는 3.33, 고졸은 2.87, 대졸 이상은 2.80으로 나타났다. 성별, 아버지 학력별은 p<.05 수준에서 차이가 있었다. 아버지의 학력, 연도별에 따른 순결 인식을 보면 2004년에는 아버지가 중졸 이하인 경우가 3.11, 고졸은 3.01, 대졸 이상은 3.06이었고, 2014년은 아버지가 중졸 이하인 경우에는 2.86, 고졸은 2.64, 대졸 이상은 2.74로 나타났다. 연도별로 p<.01 수준에서 차이가 있었다.

이를 볼 때 2004년보다는 2014년이 순결 인식이 낮아졌고, 아버지가 학력이 높을수록 순결 인식이 낮은 것을 볼 수 있다.

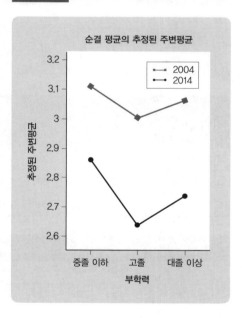

그림 1.25 성별, 부학력별 순결 인식의 비교   그림 1.26 연도별, 부학력별 순결 인식의 비교

(4) 어머니의 학력별, 성별, 연도별에 따른 순결 인식의 비교

어머니의 학력별, 성별, 연도별에 따른 대학생의 순결에 대한 인식을 비교 분석한 결과는 〈표 1.107〉과 같다(그림 1.27, 1.28 참조).

표 1.107 어머니의 학력별, 성별, 연도별 순결 인식의 비교

	중졸 이하			고졸			대졸 이상			합계		
	평균	SD	N	평균	SD	N	평균	SD	N	평균	SD	N
남	2.86	.914	72	2.72	.857	191	2.83	1.027	136	2.78	.928	399
여	3.22	.964	36	2.79	.805	99	2.86	.898	128	2.88	.881	263
합계	2.98	.942	108	2.74	.839	290	2.84	.965	264	2.82	.911	662

독립변인	제곱합	자유도	평균 제곱	F	유의확률
성별	2.938	1	2.938	3.571	.059
모학력	5.953	2	2.977	3.618	.027
성별×모학력	1.990	2	.995	1.210	.299

	중졸 이하			고졸			대졸 이상			합계		
	평균	SD	N	평균	SD	N	평균	SD	N	평균	SD	N
2004	3.08	.960	76	3.01	.788	100	3.14	.895	26	3.06	.867	202
2014	2.74	.863	32	2.60	.831	190	2.81	.969	238	2.72	.911	460
합계	2.98	.942	108	2.74	.839	290	2.84	.965	264	2.82	.911	662

독립변인	제곱합	자유도	평균 제곱	F	유의확률
연도	11.618	1	11.618	14.474	.000
모학력	2.222	2	1.111	1.384	.251
연도×모학력	.185	2	.092	.115	.891

〈표 1.107〉과 같이 어머니의 학력별, 성별에 따른 대학생의 순결에 대한 인식은 남자 대학생인 경우에 어머니가 중졸 이하는 2.86, 고졸은 2.72, 대졸 이상은 2.83

이고, 여자 대학생은 어머니가 중졸 이하는 3.22, 고졸은 2.79, 대졸 이상은 2.86으로 나타났다. 어머니 학력 정도에 따라 차이가 있었다(p < .05). 어머니의 학력별, 연도별은 2004년은 어머니가 중졸 이하인 경우는 3.08, 고졸은 3.01, 대졸 이상은 3.14이고, 2014년에는 어머니가 중졸 이하는 2.74, 고졸은 2.60, 대졸 이상은 2.81로 나타났으며, 어머니의 학력에 따른 차이가 없었다.

이를 볼 때 어머니가 학력이 낮을수록 대학생의 순결 인식이 높았고, 2014년이 2004년보다 순결 인식이 낮았다.

그림 1.27 성별, 모학력별 순결 인식의 비교

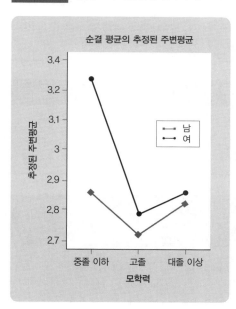

그림 1.28 연도별, 모학력별 순결 인식의 비교

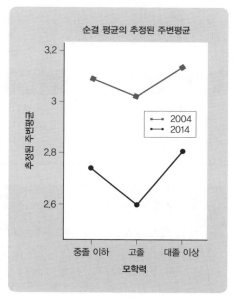

14) 대학생의 출산 인식에 대한 비교

(1) 전공별, 성별, 연도별 출산 인식에 대한 비교

전공별, 성별, 연도별에 따른 대학생의 출산에 대한 비교 분석한 결과는 〈표 1.108〉과 같다(그림 1.29, 1.30 참조).

표 1.108 전공별, 성별, 연도별 출산 인식의 비교

	의학공학			인문사범			예체능			합계		
	평균	SD	N	평균	SD	N	평균	SD	N	평균	SD	N
남	4.17	1.143	219	4.35	1.038	161	4.68	.582	19	4.27	1.087	399
여	4.35	.937	75	4.30	.905	165	4.00	1.155	25	4.28	.941	265
합계	4.21	1.095	294	4.32	.972	326	4.30	1.002	44	4.27	1.030	664

독립변인	제곱합	자유도	평균 제곱	F	유의확률
성별	2.530	1	2.530	2.396	.122
전공	.638	2	.319	.302	.739
성별×전공	7.012	2	3.506	3.320	.037

	의학공학			인문사범			예체능			합계		
	평균	SD	N	평균	SD	N	평균	SD	N	평균	SD	N
2004	4.41	1.087	80	4.50	.894	118	4.00	1.673	6	4.45	.999	204
2014	4.14	1.092	214	4.22	1.002	208	4.34	.878	38	4.19	1.035	460
합계	4.21	1.095	294	4.32	.972	326	4.30	1.002	44	4.27	1.030	664

독립변인	제곱합	자유도	평균 제곱	F	유의확률
연도	.196	1	.196	.186	.666
전공	1.398	2	.699	.665	.514
연도×전공	1.907	2	.954	.908	.404

〈표 1.108〉과 같이 대학생의 전공별, 성별, 연도별 출산에 대한 인식을 비교 분석한 결과는 남자 대학생이 의학공학인 경우에는 4.17, 인문사범은 4.35, 예체능은 4.68이고, 여자 대학생인 경우에는 의학공학이 4.35, 인문사범은 4.30, 예체능은 4.00으로 성별, 전공별로는 차이가 있었다(p<.05). 전공별, 연도별 출산에 대한 인식은 2004년에는 의학공학이 4.41, 인문사범이 4.50, 예체능이 4.00이고, 2014년에는 의학공학이 4.14, 인문사범이 4.22, 예체능이 4.34로 연도별, 전공별 차이가 있는 것으로 나타났다.

이를 볼 때 2014년은 2004년보다 출산에 대한 인식이 낮아졌고, 인문사범이 출산에 대한 인식이 높다고 볼 수 있다.

그림 1.29 성별, 전공별 출산 인식의 비교

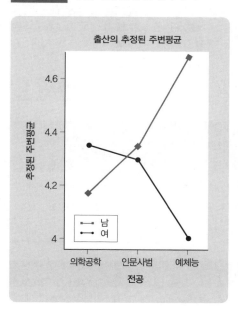

그림 1.30 연도별, 전공별 출산 인식의 비교

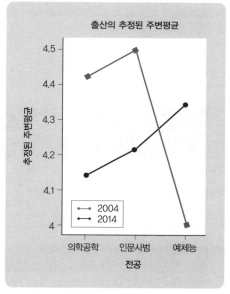

(2) 거주지별, 성별, 연도별, 출산 인식에 대한 비교

대학생의 거주지별, 성별, 연도별 출산에 대해 비교 분석한 결과는 〈표 1.109〉와 같다(그림 1.31, 1.32 참조).

표 1.109 거주지별, 성별, 연도별 출산 인식의 비교

	농어촌			중소도시			대도시			합계		
	평균	SD	N	평균	SD	N	평균	SD	N	평균	SD	N
남	4.54	.922	28	4.35	.958	120	4.23	1.115	256	4.28	1.059	404
여	4.70	.675	10	4.51	.763	86	4.13	1.032	171	4.27	.960	267
합계	4.58	.858	38	4.42	.884	206	4.19	1.082	427	4.28	1.020	671

독립변인	제곱합	자유도	평균 제곱	F	유의확률
성별	.314	1	.314	.306	.581
거주지	12.216	2	6.108	5.940	.003
성별×거주지	.403	2	.202	.244	.783

	농어촌			중소도시			대도시			합계		
	평균	SD	N	평균	SD	N	평균	SD	N	평균	SD	N
2004	4.47	1.125	17	4.53	.986	76	4.39	.991	114	4.44	.998	207
2014	4.67	.577	21	4.35	.815	130	4.12	1.106	313	4.21	1.023	464
합계	4.58	.858	38	4.42	.884	206	4.19	1.082	427	4.28	1.020	671

독립변인	제곱합	자유도	평균 제곱	F	유의확률
연도	.439	1	.439	.431	.512
거주지	6.556	2	3.278	3.213	.041
연도×거주지	1.925	2	.963	.944	.390

〈표 1.109〉와 같이 대학생의 거주지별, 성별, 연도별 출산에 대한 차이를 비교한 결과는 남자 대학생이 농어촌은 4.54, 중소도시 4.35, 그리고 대도시는 4.23이었다. 여자 대학생은 농어촌이 4.70, 중소도시 4.51, 대도시는 4.13으로 거주지별로는 $p < .01$ 수준에서 차이가 있었다. 대학생의 연도별, 거주지별 출산은 2004년은 농어촌이 4.47, 중소도시 4.53, 대도시는 4.39였고, 2014년은 농어촌이 4.67, 중소도시 4.35, 대도시가 4.12로, 거주지별 차이가 있었다($p < .05$).

이를 볼 때 농어촌과 중소도시가 대도시보다 출산에 대한 의사가 높은 것으로 나타났다.

그림 1.31 성별, 거주지별 출산 인식의 비교   그림 1.32 연도별, 거주지별 출산 인식의 비교

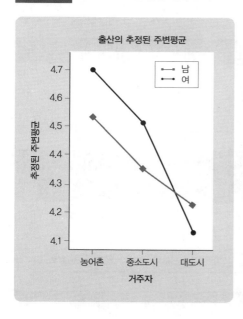

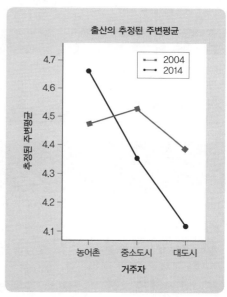

(3) 생활 정도별, 성별, 연도별 출산 인식에 대한 비교

대학생의 생활 정도별, 성별, 연도별 출산 인식에 대해 비교 분석한 결과는 〈표 1.110〉과 같다(그림 1.33, 1.34 참조).

표 1.110 생활 정도별, 성별, 연도별 출산 인식의 비교

	하			중			상			합계		
	평균	SD	N	평균	SD	N	평균	SD	N	평균	SD	N
남	4.75	.866	44	4.25	1.060	326	3.97	1.245	30	4.29	1.068	400
여	4.48	.981	21	4.27	.937	225	4.10	1.179	21	4.27	.960	267
합계	4.66	.906	65	4.26	1.011	551	4.02	1.208	51	4.28	1.026	667

독립변인	제곱합	자유도	평균 제곱	F	유의확률
성별	.099	1	.099	.096	.757
생활 정도	9.542	2	4.771	4.597	.010
성별×생활 정도	1.320	2	.660	.636	.530

	하			중			상			합계		
	평균	SD	N	평균	SD	N	평균	SD	N	평균	SD	N
2004	4.65	.981	34	4.40	1.006	167	5.00	.000	5	4.45	.995	206
2014	4.68	.832	31	4.20	1.009	384	3.91	1.226	46	4.20	1.031	461
합계	4.66	.906	65	4.26	1.011	551	4.02	1.208	51	4.28	1.026	667

독립변인	제곱합	자유도	평균 제곱	F	유의확률
연도	5.362	1	5.362	5.230	.023
생활 정도	7.786	2	3.893	3.797	.023
연도×생활 정도	4.411	2	2.205	2.151	.117

〈표 1.110〉과 같이 대학생의 생활 정도별, 성별, 연도별 출산에 대한 인식을 보면 남자 대학생은 하류층이 4.75, 중산층이 4.25, 상류층이 3.97이었고, 여자 대학생은 하류층이 4.48, 중산층이 4.27, 상류층은 4.10으로 성별로는 차이가 없었으나, 생활 정도별로 $p < .05$ 수준에서 차이가 있었다. 연도별, 생활 정도별 출산의 인식을 보면 2004년은 하류층이 4.65, 중산층이 4.40, 상류층이 5.00이고, 2014년에는 하류층이 4.68, 중산층이 4.20, 상류층은 3.91로 성별로는 차이가 없었으나 연도별, 생활 정도별에서 $p < .05$ 수준에서 차이가 있었다.

　이를 볼 때 생활 수준이 낮은 계층이 출산을 해야 한다는 인식이 더 높았다.

그림 1.33 성별, 생활 정도별 출산 인식의 비교

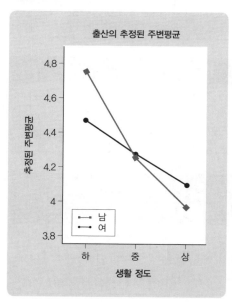

그림 1.34 연도별, 생활 정도별 출산 인식의 비교

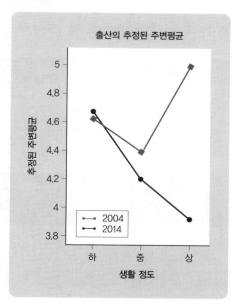

15) 대학생의 성충동의 인식에 대한 비교

(1) 전공별, 성별, 연도별 성충동의 인식에 대한 비교

대학생의 전공별, 성별, 연도별 성충동의 인식에 대해 분석한 결과는 〈표 1.111〉과 같다(그림 1.35, 1.36 참조).

표 1.111 전공별, 성별, 연도별 성충동 인식의 비교

	의학공학			인문사범			예체능			합계		
	평균	SD	N	평균	SD	N	평균	SD	N	평균	SD	N
남	2.32	.811	204	2.41	.768	144	2.51	.966	18	2.36	.802	366
여	1.66	.575	67	1.69	.526	148	1.92	.508	24	1.70	.541	239
합계	2.16	.811	271	2.04	.749	292	2.17	.786	42	2.10	.781	605

독립변인	제곱합	자유도	평균 제곱	F	유의확률
성별	29.707	1	29.707	58.883	.000
전공	1.795	2	.898	1.779	.170
성별×전공	.233	2	.116	.231	.794

	의학공학			인문사범			예체능			합계		
	평균	SD	N	평균	SD	N	평균	SD	N	평균	SD	N
2004	2.52	.773	60	2.20	.779	83	2.17	.446	4	2.33	.782	147
2014	2.05	.793	211	1.98	.728	209	2.18	.818	38	2.03	.767	458
합계	2.16	.811	271	2.04	.749	292	2.17	.786	42	2.10	.781	605

독립변인	제곱합	자유도	평균 제곱	F	유의확률
연도	1.486	1	1.486	2.523	.113
전공	4.016	2	2.008	3.409	.034
연도×전공	1.880	2	.940	1.596	.204

〈표 1.111〉과 같이 대학생의 성충동의 전공별, 성별, 연도별 비교 분석한 결과는 남자 대학생이 의학공학은 2.32, 인문사범 2.41, 그리고 예체능이 2.51이었고, 여자 대학생은 의학공학이 1.66, 인문사범은 1.69, 예체능은 1.92로 성별로 p<.001 수준에서 차이가 있었다. 그리고 연도별, 전공별 차이는 2004년에 의학공학은 2.52, 인문사범은 2.20, 예체능은 2.17이었고, 2014년은 의학공학이 2.05이고, 인문사범은 1.98, 그리고 예체능은 2.18이었다. 전공별 차이는 p<.05 수준의 차이가 있었다.

이를 볼 때 남자 대학생이 여자 대학생보다 성충동이 많았고, 의학공학(2.16), 예체능(2.17)의 대학생들이 인문사범(2.04) 대학생보다 성충동이 더 많았다.

그림 1.35 성별, 전공별 성충동 인식의 비교

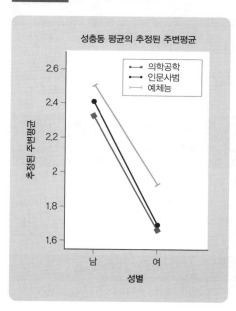

그림 1.36 연도별, 전공별 성충동 인식의 비교

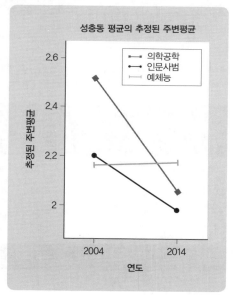

(2) 성적별, 성별, 연도별 성충동의 인식에 대한 비교

대학생의 성적별, 성별, 연도별 성충동의 인식에 대해 분석한 결과는 〈표 1.112〉와 같다(그림 13.37, 13.38 참조).

표 1.112 성적별, 성별, 연도별 성충동 인식의 비교

	C			B			A			합계		
	평균	SD	N	평균	SD	N	평균	SD	N	평균	SD	N
남	2.36	.855	32	2.36	.777	227	2.40	.833	100	2.37	.798	359
여	1.95	.666	5	1.75	.501	111	1.70	.573	113	1.73	.540	229
합계	2.31	.837	37	2.16	.754	338	2.03	.788	213	2.12	.774	588

독립변인	제곱합	자유도	평균 제곱	F	유의확률
성별	11.299	1	11.299	22.369	.000
성적	.188	2	.094	.186	.830
성별×성적	.528	2	.264	.523	.593

	C			B			A			합계		
	평균	SD	N	평균	SD	N	평균	SD	N	평균	SD	N
2004	2.62	.897	11	2.34	.753	100	2.22	.801	38	2.33	.777	149
2014	2.18	.790	26	2.08	.742	238	1.99	.782	175	2.05	.761	439
합계	2.31	.837	37	2.16	.754	338	2.03	.788	213	2.12	.774	588

독립변인	제곱합	자유도	평균 제곱	F	유의확률
연도	5.051	1	5.051	8.637	.003
성적	2.376	2	1.188	2.031	.132
연도×성적	.279	2	.139	.238	.788

〈표 1.112〉와 같이 대학생의 성충동의 성적별, 성별, 연도별 차이를 분석한 결과
는 남자 대학생이 C학점은 2.36, B학점이 2.36, 그리고 A학점은 2.40이었고, 여자
대학생은 C학점이 1.95, B학점은 1.75, A학점은 1.70으로 성적과는 차이가 없었고
성별로 p<.001 수준에서 차이가 있었다. 대학생의 성충동의 연도별, 성적별 차이
를 분석한 결과는 2004년은 C학점이 2.62. B학점은 2.34, A학점은 2.22였고 2014
년은 C학점이 2.18, B학점은 2.08, A학점은 1.99로 연도별로 p<.01 수준에서 통
계적으로 유의한 차이를 보였다.

이를 볼 때 성적별로는 별 차이가 없었고 남자 대학생이 여자 대학생보다 성충동
이 많았고, 연도별로는 2014년이 2004년보다 성충동이 낮아졌다.

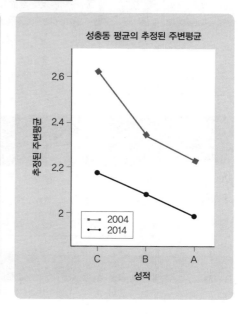

그림 1.37 성별, 성적별 성충동 인식의 비교   **그림 1.38** 연도별, 성적별 성충동 인식의 비교

(3) 거주지별, 성별, 연도별 성충동의 인식에 대한 비교

대학생의 거주지별, 성별, 연도별 성충동의 인식에 대해 비교 분석한 결과는 〈표 1.113〉과 같다(그림 1.39, 1.40참조).

표 1.113 거주지별, 성별, 연도별 성충동 인식의 비교

	농어촌			중소도시			대도시			합계		
	평균	SD	N	평균	SD	N	평균	SD	N	평균	SD	N
남	2.33	.783	26	2.45	.860	108	2.33	.770	237	2.36	.798	371
여	2.18	.897	8	1.67	.502	80	1.69	.529	153	1.70	.540	241
합계	2.29	.800	34	2.12	.824	188	2.08	.752	390	2.10	.778	612

독립변인	제곱합	자유도	평균 제곱	F	유의확률
성별	12.515	1	12.515	25.069	.000
거주지	1.539	2	.770	1.542	.215
성별×거주지	2.315	2	1.158	2.319	.099

	농어촌			중소도시			대도시			합계		
	평균	SD	N	평균	SD	N	평균	SD	N	평균	SD	N
2004	2.63	.901	13	2.29	.853	57	2.32	.691	80	2.33	.775	150
2014	2.08	.666	21	2.05	.804	131	2.01	.756	310	2.03	.765	462
합계	2.29	.800	34	2.12	.824	188	2.08	.752	390	2.10	.778	612

독립변인	제곱합	자유도	평균 제곱	F	유의확률
연도	7.298	1	7.298	12.368	.000
거주지	1.080	2	.540	.915	.401
연도×거주지	.678	2	.339	.574	.563

〈표 1.113〉과 같이 대학생의 성충동의 거주지별, 성별, 연도별을 비교 분석한 결과는 남자 대학생은 농어촌이 2.33, 중소도시 2.45, 대도시는 2.33이었고, 여자 대학생은 농어촌이 2.18, 중소도시는 1.67, 대도시는 1.69로 성별로 p＜.001 수준에서 차이가 있었다. 성충동의 연도별, 거주지별로 분석한 결과는 2004년에는 농어촌이 2.63, 중소도시는 2.29, 대도시는 2.32였고, 2014년에는 농어촌이 2.08, 중소도시는 2.05, 대도시는 2.01로 연도별로 p＜.001 수준에서 통계적으로 유의한 차이를 보였다.

이를 볼 때 거주지별로는 성충동에 대한 차이가 없었고, 남자 대학생이 여자 대학생보다 성충동이 많았으며, 2014년이 2004년보다 성충동이 낮아졌다.

그림 1.39 성별, 거주지별 성충동 인식의 비교

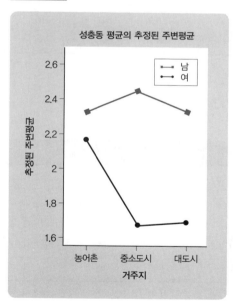

그림 1.40 연도별, 거주지별 성충동 인식의 비교

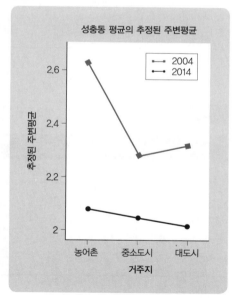

16) 성교육

(1) 학교 성교육

① 성교육을 받은 성별, 연도별 비교 : 대학생과 남녀 대학생이 학교에서 성교육을 받은 시간을 성별, 연도별로 비교 분석한 결과는 〈표 1.114〉, 〈표 1.115〉, 〈표 1.116〉과 같다.

표 1.114 성교육을 받은 시간 비교

	2004년	(%)	2014년	(%)	전체	(%)
1~2시간	88	(57.1)	176	(50.6)	264	(52.6)
3~4시간	35	(22.7)	59	(17.0)	94	(18.7)
5~6시간	20	(13.0)	41	(11.8)	61	(12.2)
7시간 이상	11	(7.1)	72	(20.7)	83	(16.5)
총계	154	(100.0)	348	(100.0)	502	(100.0)

$\chi^2=14.75$ (df=3, p<.01)

표 1.115 남자 대학생이 학교에서 성교육을 받은 시간 비교

	2004년	(%)	2014년	(%)	전체	(%)
1~2시간	51	(53.7)	107	(49.8)	158	(51.0)
3~4시간	24	(25.3)	37	(17.2)	61	(19.7)
5~6시간	12	(12.6)	27	(12.6)	39	(12.6)
7시간 이상	8	(8.4)	44	(20.5)	52	(16.8)
총계	95	(100.0)	215	(100.0)	310	(100.0)

$\chi^2=8.07$ (df=3, p<.05)

표 1.116	여자 대학생이 학교에서 성교육을 받은 시간 비교					
	2004년	(%)	2014년	(%)	전체	(%)
1~2시간	35	(61.4)	68	(51.5)	103	(54.5)
3~4시간	11	(19.3)	22	(16.7)	33	(17.5)
5~6시간	8	(14.0)	14	(10.6)	22	(11.6)
7시간 이상	3	(5.3)	28	(21.2)	31	(16.4)
총계	57	(100.0)	132	(100.0)	189	(100.0)

$\chi^2 = 7.45$ (df=3, p>.05)

〈표 1.114〉와 같이 대학생이 성교육을 받은 시간을 연도별로 분석한 결과는 1~2시간은 2004년 57.1%, 2014년 50.6%였고, 3~4시간은 2004년에 22.7%, 2014년에는 17.0%였다. 5~6시간은 2004년에 13.0%, 2014년에는 11.8%였고, 7시간 이상은 2004년에 7.1%, 2014년에는 20.7%였다. 연도별로 유의미한 차이를 보였다 (p<.01).

〈표 1.115〉와 같이 남자 대학생은 성교육을 받은 시간이 2004년에는 1~2시간이 53.7%, 20014년에는 49.8%였고, 2004년에는 3~4시간이 25.3%, 2014년에는 17.2%였다. 그리고 5~6시간은 2004년에 12.6%, 2014년에는 12.6%, 7시간 이상은 2004년에 8.4%, 2014년에는 20.5%로 차이가 있었다(p<.05).

〈표 1.116〉과 같이 여자 대학생이 성교육을 받은 시간은 1~2시간은 2004년에 61.4%, 2014년에는 51.5%, 3~4시간은 2004년에 19.3%, 2014년에는 16.7%였고, 5~6시간은 2004년에는 14.0%, 2014년에는 10.6%였으며, 7시간 이상은 2004년에 5.3%였고, 2014년에는 21.2%였다. 연도별 차이는 없었다(p>.05).

이를 볼 때 학교에서 성교육을 받은 시간이 2004년보다는 2014년에 늘었다고 볼 수 있다.

② 성교육을 어느 시간에 받았는가의 성별, 연도별 비교 : 대학생과 남녀 대학생이 학교에서 어느 시간에 성교육을 받았는가를 성별, 연도별로 비교 분석한 결과는 〈표 1.117〉, 〈표 1.118〉, 〈표 1.119〉와 같다.

표 1.117 어느 시간에 성교육을 받았는가의 비교

	2004년	(%)	2014년	(%)	전체	(%)
수업시간	36	(22.4)	113	(29.8)	149	(27.6)
특별활동시간	23	(14.3)	94	(24.8)	117	(21.7)
자율학습시간	7	(4.3)	8	(2.1)	15	(2.8)
수업시간 외의 별도시간	78	(48.4)	141	(37.2)	219	(40.6)
특강시간	17	(10.6)	23	(6.1)	40	(7.4)
총계	161	(100.0)	379	(100.0)	540	(100.0)

$\chi^2 = 16.68$ (df=4, p<.01)

표 1.118 남자 대학생이 어느 시간에 성교육을 받았는가의 비교

	2004년	(%)	2014년	(%)	전체	(%)
수업시간	27	(25.5)	79	(33.9)	106	(31.3)
특별활동시간	16	(15.1)	45	(19.3)	61	(18.0)
자율학습시간	6	(5.7)	7	(3.0)	13	(3.8)
수업시간 외의 별도시간	50	(47.2)	91	(39.1)	141	(41.6)
특강시간	7	(6.6)	11	(4.7)	18	(5.3)
총계	106	(100.0)	233	(100.0)	339	(100.0)

$\chi^2 = 5.36$ (df=4, p>.05)

표 1.119 여자 대학생이 어느 시간에 성교육을 받았는가의 비교

	2004년	(%)	2014년	(%)	전체	(%)
수업시간	9	(16.4)	34	(23.3)	43	(21.4)
특별활동시간	7	(12.7)	49	(33.6)	56	(27.9)
자율학습시간	1	(1.8)	1	(.7)	2	(1.0)
수업시간 외의 별도시간	28	(50.9)	50	(34.2)	78	(38.8)
특강시간	10	(18.2)	12	(8.2)	22	(10.9)
총계	55	(100.0)	146	(100.0)	201	(100.0)

$\chi^2 = 14.11$ (df=4, p<.01)

〈표 1.117〉과 같이 대학생이 학교에서 어느 시간에 성교육을 받았는가를 비교 분석한 결과 수업시간은 2004년에 22.4%, 2014년에는 29.8%였다. 수업시간 외에 별도시간은 2004년에 48.4%, 2014년에는 37.2%였다. 특별활동시간은 2004년에 14.3%, 2014년에는 24.8%로 연도별 차이를 보였다(p<.01).

〈표 1.118〉과 남자 대학생은 2004년에는 수업시간에 25.5%, 2014년은 33.9%였고, 수업시간 외 별도시간은 2004년에 47.2%, 2014년은 39.1%였다. 연도별 차이는 없었다(p>.05).

〈표 1.119〉와 같이 여자 대학생은 수업시간 외 별도시간은 2004년에 50.9%, 2014년은 34.2%, 특별활동시간은 2004년에 12.7%, 2014년은 33.6%로 연도별 차이를 보였다(p<.01).

이를 볼 때 20014년에는 2004년에 비해 정규수업시간보다 수업시간 외 별도시간에 많이 받은 것으로 나타났다.

③ 대학생이 학교 성교육을 받은 교사에 대한 비교(복수 응답) : 대학생과 남녀 대학생이 학교 성교육을 받은 교사에 대한 비교 분석한 결과는 〈표 1.120〉, 〈표 1.121〉, 〈표 1.122〉와 같다.

표 1.120 성교육을 받은 교사에 대한 비교

	2004년	(%)	2014년	(%)	전체	(%)
담임교사	30	(14.9)	86	(18.7)	116	(12.0)
보건교사	99	(49.3)	295	(64.0)	394	(40.6)
교과 전담 교사	37	(18.4)	90	(19.5)	127	(13.1)
생물교사	32	(15.9)	38	(8.2)	70	(7.2)
지역사회 단체 직원	31	(15.4)	109	(23.6)	140	(14.4)
기타	44	(21.9)	79	(17.1)	123	(12.7)
총계	201	(100.0)	461	(100.0)	970	(100.0)

표 1.121 남자 대학생이 성교육을 받은 교사에 대한 비교(복수 응답)

	2004년	(%)	2014년	(%)	전체	(%)
담임교사	26	(15.1)	59	(14.7)	85	(14.8)
보건교사	60	(34.9)	157	(39.2)	217	(37.9)
교과 전담 교사	20	(11.6)	59	(14.7)	79	(13.8)
생물교사	21	(12.2)	27	(6.7)	48	(8.4)
지역사회 단체 직원	22	(12.8)	61	(15.2)	83	(14.5)
기타	23	(13.4)	38	(9.5)	61	(10.6)
총계	172	(100.0)	401	(100.0)	573	(100.0)

표 1.122 여자 대학생이 성교육을 받은 교사에 대한 비교(복수 응답)

	2004년	(%)	2014년	(%)	전체	(%)
담임교사	4	(4.0)	27	(9.1)	31	(7.8)
보건교사	39	(38.6)	138	(46.6)	177	(44.6)
교과 전담 교사	17	(16.8)	31	(10.5)	48	(12.1)
생물교사	11	(10.9)	11	(3.7)	22	(5.5)
지역사회 단체 직원	9	(8.9)	48	(16.2)	57	(14.4)
기타	21	(20.8)	41	(13.9)	62	(15.6)
총계	101	(100.0)	296	(100.0)	397	(100.0)

〈표 1.120〉과 같이 대학생의 학교 성교육 교사에 대해 비교 분석한 결과는 2004년 보건교사 49.3%, 2014년 64.0%로 가장 많았다.

〈표 1.121〉과 같이 남자 대학생의 학교 성교육 교사에 대해 비교 분석한 결과는 2004년 보건교사 34.9%, 2014년 39.2%로 가장 많았다.

〈표 1.122〉와 같이 여자 대학생의 학교 성교육 교사에 대해 비교 분석한 결과는 2004년 보건교사 38.6%, 2014년 46.6%로 가장 많았다.

이를 볼 때 대학생의 성교육 교사는 2004년과 2014년 모두 보건교사가 가장 많았다.

④ 성교육을 받은 방법 비교(복수 응답) : 대학생과 남녀 대학생이 학교 성교육을 받은 방법을 비교 분석한 결과는 〈표 1.123〉, 〈표 1.124〉, 〈표 1.125〉와 같다.

표 1.123 성교육을 받은 방법의 비교

	2004년	(%)	2014년	(%)	전체	(%)
같은 성끼리	83	(42.1)	96	(21.6)	179	(27.9)
단체(같은 반 친구와 함께)	96	(48.7)	305	(68.5)	401	(62.5)
개별적으로(한 사람씩)	2	(1.0)	1	(.2)	3	(.5)
위의 방법을 섞어서	11	(5.6)	37	(8.3)	48	(7.5)
기타	5	(2.5)	6	(1.3)	11	(1.7)
총계	197	(100.0)	445	(100.0)	642	(100.0)

$\chi^2=33.60$ (df=4, p<.001)

표 1.124 남자 대학생이 성교육을 받은 방법의 비교

	2004년	(%)	2014년	(%)	전체	(%)
같은 성끼리	54	(43.9)	63	(24.0)	117	(30.4)
단체(같은 반 친구와 함께)	57	(46.3)	178	(67.9)	235	(61.0)
개별적으로(한 사람씩)	2	(1.6)	1	(.4)	3	(.8)
위의 방법을 섞어서	5	(4.1)	19	(7.3)	24	(6.2)
기타	5	(4.1)	1	(.4)	6	(1.6)
총계	123	(100.0)	262	(100.0)	385	(100.0)

$\chi^2=27.57$ (df=4, p<.001)

표 1.125 여자 대학생이 성교육을 받은 방법의 비교

	2004년	(%)	2014년	(%)	전체	(%)
같은 성끼리	29	(39.2)	33	(18.0)	62	(24.1)
단체(같은 반 친구와 함께)	39	(52.7)	127	(69.4)	166	(64.6)
개별적으로(한 사람씩)	—		—		—	
위의 방법을 섞어서	6	(8.1)	18	(9.8)	24	(9.3)
기타		—	5	(2.7)	5	(1.9)
총계	74	(100.0)	183	(100.0)	257	(100.0)

$\chi^2 = 14.24$ (df=4, p<.001)

〈표 1.123〉과 같이 대학생이 학교에서 성교육을 받은 방법을 비교 분석한 결과는 단체적으로(같은 반 친구와 함께)는 2004년에 48.7%, 2014년은 68.5%로 유의미한 차이를 보였다(p<.001).

〈표 1.124〉와 같이 남자 대학생이 학교에서 성교육을 받은 방법은 단체로(같은 반 친구와 함께)는 2004년에 46.3%, 2014년에는 67.9%로 유의미한 차이를 보였다 (p<.001).

〈표 1.125〉와 같이 여자 대학생이 학교에서 성교육을 받은 방법은 단체로(같은 반 친구와 함께)는 2004년에 52.7%, 2014년은 69.4%로 유의미한 차이를 보였다 (p<.001).

이를 볼 때 2004년보다는 2014년에 단체(같은 반 친구와 함께) 성교육을 받은 것을 알 수 있었다.

⑤ 성교육 시 가장 싫었던 점의 비교 : 대학생과 남녀 대학생이 학교에서 성교육 시 가장 싫었던 점을 비교 분석한 결과는 〈표 1.126〉, 〈표 1.127〉, 〈표 1.128〉과 같다.

표 1.126 성교육 시 가장 싫었던 점의 비교

	2004년	(%)	2014년	(%)	전체	(%)
담당하는 교사가 성에 대해 잘 모르는 것 같았다.	4	(2.1)	29	(6.9)	33	(5.4)
남학생과 여학생이 같이 교육받아 부끄러웠다.	13	(6.7)	62	(14.8)	75	(12.2)
이미 다 알고 있는 내용을 반복해서 듣는 것 같았다.	109	(56.2)	219	(52.3)	328	(53.5)
내용이 너무 어려워서 무슨 말인지 모르겠다.	7	(3.6)	9	(2.1)	16	(2.6)
이론 위주의 수업이라 잘 이해되지 않았다.	61	(31.4)	100	(23.9)	161	(26.3)
총계	194	(100.0)	419	(100.0)	613	(100.0)

$\chi^2 = 17.18$ (df=4, p<.01)

표 1.127 남자 대학생이 성교육 시 가장 싫었던 점의 비교

	2004년	(%)	2014년	(%)	전체	(%)
담당하는 교사가 성에 대해 잘 모르는 것 같았다.	2	(1.7)	22	(8.9)	24	(6.6)
남학생과 여학생이 같이 교육받아 부끄러웠다.	7	(5.8)	34	(13.8)	41	(11.2)
이미 다 알고 있는 내용을 반복해서 듣는 것 같았다.	70	(58.3)	132	(53.7)	202	(55.2)
내용이 너무 어려워서 무슨 말인지 모르겠다.	4	(3.3)	3	(1.2)	7	(1.9)
이론 위주의 수업이라 잘 이해되지 않았다.	37	(30.8)	55	(22.4)	92	(25.1)
총계	120	(100.0)	246	(100.0)	366	(100.0)

$\chi^2 = 15.62$ (df=4, p<.01)

표 1.128 여자 대학생이 성교육 시 가장 싫었던 점의 비교

	2004년	(%)	2014년	(%)	전체	(%)
담당하는 교사가 성에 대해 잘 모르는 것 같았다.	2	(2.7)	7	(4.0)	9	(3.6)
남학생과 여학생이 같이 교육받아 부끄러웠다.	6	(8.1)	28	(16.2)	34	(13.8)
이미 다 알고 있는 내용을 반복해서 듣는 것 같았다.	39	(52.7)	87	(50.3)	126	(51.0)
내용이 너무 어려워서 무슨 말인지 모르겠다.	3	(4.1)	6	(3.5)	9	(3.6)
이론 위주의 수업이라 잘 이해되지 않았다.	24	(32.4)	45	(26.0)	69	(27.9)
총계	74	(100.0)	173	(100.0)	247	(100.0)

$\chi^2=3.59$ (df=4, p<.01)

〈표 1.126〉과 같이 대학생이 학교에서 성교육을 받을 때에 가장 싫었던 점은 '이미 알고 있는 내용을 반복해서 듣는 것 같았다'는 것이 2004년에는 56.2%, 2014년은 52.3%였고, 이론 위주의 내용을 지적한 경우가 2004년에는 31.4%, 2014년은 23.9%로 유의미한 차이를 보였다(p<.01).

〈표 1.127〉과 같이 남자 대학생이 가장 싫었한 점은 '이미 알고 있는 내용을 반복해서 듣는 것 같았다'는 것이 2004년에는 58.3%, 2014년은 53.7%였다. '이론 위주의 수업이라 잘 이해되지 않았다'가 2004년 30.8%, 2014년은 22.4%로 유의미한 차이를 보였다(p<.01).

〈표 1.128〉과 같이 여자 대학생이 학교에서 성교육을 받을 때에 가장 싫었던 점은 '이미 다 알고 있는 내용을 반복해서 듣는 것 같았다'가 2004년 52.7%, 2014년 50.3%, 다음으로 '이론 위주의 수업이라 잘 이해되지 않았다'가 2004년 32.4%, 2014년은 26.0%로 유의미한 차이를 보였다(p<.01).

이를 볼 때 이미 다 알고 있는 내용을 반복해서 듣는 것과 이론 위주의 수업이라 잘 이해되지 않았다는 점을 가장 싫어했던 것으로 나타났다.

⑥ 성교육의 개선점 비교 : 대학생과 남녀 대학생이 학교에서 성교육의 개선점을 비교 분석한 결과는 〈표 1.129〉, 〈표 1.130〉, 〈1.131〉과 같다.

표 1.129 성교육의 개선점 비교

	2004년	(%)	2014년	(%)	전체	(%)
남학생과 여학생이 따로 받았으면 좋겠다.	7	(3.8)	77	(18.1)	84	(13.8)
이론보다 시청각 교육을 받고 싶다.	54	(29.7)	94	(22.1)	148	(24.4)
좀 더 자세한 내용을 알고 싶다.	58	(31.9)	97	(22.8)	155	(25.5)
좀 더 실감나게 받고 싶다.	35	(19.2)	84	(19.8)	119	(19.6)
성교육 시간이 더 많았으면 좋겠다.	16	(8.8)	29	(6.8)	45	(7.4)
기타	12	(6.6)	44	(10.4)	56	(9.2)
총계	182	(100.0)	425	(100.0)	607	(100.0)

$\chi^2=28.46$ (df=5, p<.001)

표 1.130 남자 대학생의 성교육의 개선점 비교

	2004년	(%)	2014년	(%)	전체	(%)
남학생과 여학생이 따로 받았으면 좋겠다.	3	(2.6)	47	(18.8)	50	(13.7)
이론보다 시청각 교육을 받고 싶다.	31	(27.0)	57	(22.8)	88	(24.1)
좀 더 자세한 내용을 알고 싶다.	37	(32.2)	56	(22.4)	93	(25.5)
좀 더 실감나게 받고 싶다.	24	(20.9)	52	(20.8)	76	(20.8)
성교육 시간이 더 많았으면 좋겠다.	12	(10.4)	15	(6.0)	27	(7.4)
기타	8	(7.0)	23	(9.2)	31	(8.5)
총계	115	(100.0)	250	(100.0)	365	(100.0)

$\chi^2=21.15$ (df=5, p<.01)

표 1.131 여자 대학생의 성교육의 개선점 비교

	2004년	(%)	2014년	(%)	전체	(%)
남학생과 여학생이 따로 받았으면 좋겠다.	4	(6.0)	30	(17.1)	34	(14.0)
이론보다 시청각 교육을 받고 싶다.	23	(34.3)	37	(21.1)	60	(24.8)
좀 더 자세한 내용을 알고 싶다.	21	(31.3)	41	(23.4)	62	(25.6)
좀 더 실감나게 받고 싶다.	11	(16.4)	32	(18.3)	43	(17.8)
성교육 시간이 더 많았으면 좋겠다.	4	(6.0)	14	(8.0)	18	(7.4)
기타	4	(6.0)	21	(12.0)	25	(10.3)
총계	67	(100.0)	175	(100.0)	242	(100.0)

$\chi^2=10.96$ (df=5, p<.05)

〈표 1.129〉와 같이 학교에서 성교육의 개선점을 비교 분석한 결과는 '좀 더 자세한 내용을 알고 싶다'가 2004년에는 31.9%, 2014년은 22.8%로 p<.001 수준에서 유의미한 차이를 보였다. 그리고 '이론보다 시청각 교육을 받고 싶다'는 2004년에는 29.7%, 2014년에는 22.1%였고, '좀 더 실감나게 받고 싶다'가 각각 2004년에 19.2%, 2014년에는 19.8%였다.

〈표 1.130〉과 같이 남자 대학생이 학교에서 성교육의 개선점으로 바라는 것은 '좀 더 자세한 내용을 알고 싶다'가 2004년에는 32.2%로 가장 높았고, 2014년에는 '이론보다 시청각 교육을 받고 싶다'가 22.8%로 가장 높아 유의미한 차이를 보였다 (p<.01).

〈표 1.131〉과 같이 여자 대학생은 '이론보다 시청각 교육을 받고 싶다'가 2004년에는 34.3%로 가장 높았고, 2014년에는 '좀 더 자세한 내용을 알고 싶다'가 23.4%를 나타내어 차이를 보였다(p<.05).

이를 볼 때 대학생이 학교 성교육의 개선점으로 가장 바라는 것은 '좀 더 자세한 내용을 알고 싶다'는 점과 '이론보다 시청각 교육을 받고 싶다'는 점으로 드러났다.

⑦ 학교 성교육 필요성의 비교 : 대학생의 학교 성교육의 필요성을 성별, 연도별로 비교 분석한 결과는 〈표 1.132〉와 같다(그림 1.41 참조).

표 1.132 성별, 연도별 학교 성교육 필요성의 비교

	2004			2014			합계		
	평균	SD	N	평균	SD	N	평균	SD	N
남	1.28	.517	130	1.44	.661	274	1.39	.622	404
여	1.23	.484	77	1.21	.513	192	1.22	.504	269
합계	1.27	.504	207	1.35	.614	466	1.32	.583	673

독립변인	제곱합	자유도	평균 제곱	F	유의확률
성별	2.565	1	2.565	7.732	.006
연도	.600	1	.600	1.808	.179
성별×연도	1.020	1	1.020	3.074	.080

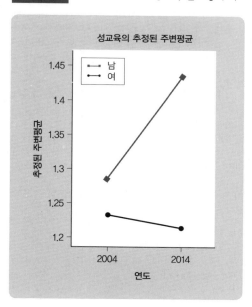

그림 1.41 연도별 남녀 학교 성교육 필요성의 비교

〈표 1.132〉와 같이 대학생의 학교 성교육의 필요성을 연도별, 성별로 비교 분석한 결과는 남자 대학생 2004년 1.28, 2014년 1.44이고, 여자 대학생은 2004년 1.23, 2014년 1.21로 성별로는 $p<.01$의 수준에서 차이가 있었으며, 연도별, 성별×연도별 상호작용 효과는 차이가 없었다.

이를 볼 때 남학생이 여학생보다 성교육에 대한 필요성을 더 느끼고 있었다.

⑧ 성교육을 받은 도움 정도의 비교 : 대학생이 학교에서 성교육을 받은 도움 정도를 성별, 연도별 비교를 분석한 결과는 〈표 1.133〉과 같다(그림 1.42 참조).

표 1.133 성교육을 받은 도움 정도의 비교

	2004			2014			합계		
	평균	SD	N	평균	SD	N	평균	SD	N
남	3.47	1.160	129	2.91	1.133	271	3.09	1.171	400
여	3.16	1.001	77	2.91	1.109	190	2.98	1.083	267
합계	3.35	1.111	206	2.91	1.122	461	3.04	1.137	667

독립변인	제곱합	자유도	평균 제곱	F	유의확률
성별	3.438	1	3.438	2.755	.097
연도	22.409	1	22.409	17.959	.000
성별×연도	3.332	1	3.332	2.670	.103

그림 1.42 연도별 남녀 성교육 도움 정도의 비교

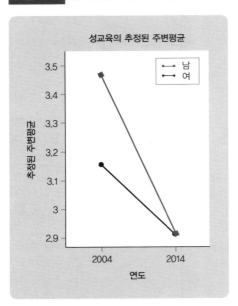

〈표 1.133〉과 같이 성교육을 받은 도움에 대해 성별, 연도별로 비교 분석한 결과는 남자 대학생은 2004년에 3.47이었고, 2014년에는 2.91이었다. 여자 대학생은 2004년은 3.16, 2014년에는 2.91로 성별로는 차이가 없었고, 연도별로는 차이가 있었다($p < .01$).

이를 볼 때 2014년이 2004년보다 학교의 성교육이 도움이 되지 못한 것으로 나타났다.

⑨ 성교육에 대한 교육 내용의 이해 수준의 비교 : 대학생이 학교에서 성교육을 받을 때에 교육 내용의 이해 수준을 성별, 연도별로 비교 분석한 결과는 〈표 1.134〉와 같다(그림 1.43 참조).

표 1.134 성교육에 대한 교육 내용의 이해 수준의 비교

	2004			2014			합계		
	평균	SD	N	평균	SD	N	평균	SD	N
남	2.98	1.076	128	2.55	.985	273	2.68	1.033	401
여	2.60	1.079	77	2.59	.895	191	2.59	.950	268
합계	2.83	1.090	205	2.56	.948	464	2.65	1.001	669

독립변인	제곱합	자유도	평균 제곱	F	유의확률
성별	3.860	1	3.860	3.940	.048
연도	6.572	1	6.572	6.709	.010
성별×연도	5.933	1	5.933	6.056	.014

〈표 1.134〉와 같이 대학생이 학교에서 성교육을 받을 때 교육 내용의 이해 수준을 연도별, 성별로 비교 분석한 결과를 보면 2004년은 남자 대학생이 2.98, 2014년은 2.55였고, 여자 대학생은 2004년에 2.60, 2014년은 2.59로 나타났다. 즉, 2004년의 평균값 2.83과 2014년 평균값 2.56을 비교해 보면, 2004년의 도움이 더 컸음을 알 수 있다. 남자 대학생의 평균값은 2.68, 여자 대학생은 2.59로, 남자 대학생이 여자 대학생보다 성교육의 교육 내용을 더 잘 이해했으며, 연도별로 유의미한 차이가 있었고($p < .001$), 성별과 성별

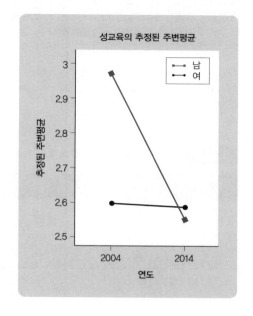

그림 1.43 성교육에 대한 교육 내용의 이해 수준의 비교

×연도별 상호작용 효과는 $p < .05$ 수준에서 차이가 있었다.

이를 볼 때 여자 대학생보다 남자 대학생이 성교육 내용을 더 잘 이해했으며, 2004년이 2014년보다 이해를 더 잘한 것으로 나타났다.

(2) 가정에서의 성교육

① 가정에서의 성교육 경험에 대한 비교 : 대학생과 남녀 대학생이 가정에서 성교육을 받은 경험에 대해 비교 분석한 결과는 〈표 1.135〉, 〈1.136〉, 〈1.137〉과 같다.

표 1.135 가정에서의 성교육 경험에 대한 비교

	2004년	(%)	2014년	(%)	전체	(%)
예	32	(16.2)	138	(30.1)	170	(26.0)
아니요	165	(83.8)	320	(69.9)	485	(74.0)
합계	197	(100.0)	458	(100.0)	655	(100.0)

$\chi^2 = 13.82$ (df=1, $p < .001$)

표 1.136 남자 대학생의 가정에서의 성교육 경험에 대한 비교

	2004년	(%)	2014년	(%)	전체	(%)
예	16	(13.0)	69	(25.7)	85	(21.7)
아니요	107	(87.0)	200	(74.3)	307	(78.3)
합계	123	(100.0)	269	(100.0)	392	(100.0)

$\chi^2=7.94$ (df=1, p<.01)

표 1.137 여자 대학생의 가정에서의 성교육 경험에 대한 비교

	2004년	(%)	2014년	(%)	전체	(%)
예	16	(21.6)	69	(36.5)	85	(32.3)
아니요	58	(78.4)	120	(63.5)	178	(67.7)
합계	74	(100.0)	189	(100.0)	263	(100.0)

$\chi^2=5.39$ (df=1, p<.05)

〈표 1.135〉와 같이 대학생이 가정에서 성교육을 받은 경험을 연도별로 분석한 결과는 대학생이 2004년 대학생 16.2%, 2014년 대학생 30.1%로 가정에서 성교육을 받은 경험이 많은 것으로 나타났다. 통계적으로 유의미한 차이가 있었다(p<.001).

〈표 1.136〉과 같이 남자 대학생은 성교육을 받은 경험이 2004년 13.0%, 2014년 25.7%로 나타났다. 2004년 남자 대학생에 비해 2014년 남자 대학생이 가정에서 성교육을 받은 경험이 많은 것으로 나타났다. 통계적으로 유의미한 차이가 있었다(p<.01). 즉, 2004년 남자 대학생에 비해 2014년 남자 대학생이 가정에서 성교육을 받은 경험이 많은 것으로 나타났다.

〈표 1.137〉과 같이 여자 대학생은 2004년 21.6%, 2014년 36.5%로 나타났다. 통계적으로 유의미한 차이가 있었다(p<.05).

이를 볼 때 대학생이 2004년에 비해 2014년이 가정에서 성교육을 받은 경험이 많았다.

② 가정 성교육의 필요성에 대한 비교 : 대학생의 가정 성교육의 필요성에 대한 비교를 분석한 결과는 〈표 1.138〉, 〈표 1.139〉, 〈표 1.140〉과 같다.

표 1.138 가정 성교육의 필요성에 대한 비교

	2004년	(%)	2014년	(%)	전체	(%)
예	157	(82.2)	298	(68.8)	455	(72.9)
아니요	34	(17.8)	135	(31.2)	169	(27.1)
합계	191	(100.0)	433	(100.0)	624	(100.0)

$\chi^2 = 12.01$ (df=1, p<.01)

표 1.139 남자 대학생의 가정 성교육의 필요성에 대한 비교

	2004년	(%)	2014년	(%)	전체	(%)
예	96	(81.4)	156	(61.7)	252	(67.9)
아니요	22	(18.6)	97	(38.3)	119	(32.1)
합계	118	(100.0)	253	(100.0)	371	(100.0)

$\chi^2 = 12.01$ (df=1, p<.01)

표 1.140 여자 대학생의 가정 성교육의 필요성에 대한 비교

	2004년	(%)	2014년	(%)	전체	(%)
예	61	(83.6)	142	(78.9)	203	(80.2)
아니요	12	(16.4)	38	(21.1)	50	(19.8)
합계	73	(100.0)	180	(100.0)	253	(100.0)

$\chi^2 = .72$ (df=1, p>.05)

〈표 1.138〉과 같이 대학생의 가정에서 성교육의 필요성을 비교 분석한 결과는 2004년에는 82.2%, 2014년은 68.8%로 나타났고, 연도별로 p<.01 수준에서 유의미한 차이가 있었다.

〈표 1.139〉와 같이 남자 대학생은 2004년은 81.4%, 2014년은 61.7%로 p<.01 수준에서 유의미한 차이가 있었다.

〈표 1.140〉과 같이 여자 대학생은 2004년에 83.6%, 2014년은 78.9%로 차이가 없었다(p>.05).

이상에서 볼 때 대학생이 가정에서의 성교육에 대해서 2004년에 비해 2014년에 필요 없다고 인식하였다. 이는 가정에서의 성교육이 별로 효과가 없다는 의미이다.

③ 성에 대한 질문 시 부모님의 반응 비교 : 대학생이 가정에서 성에 대해 질문을 했을 경우에 부모님의 반응에 대해 비교 분석한 결과는 〈표 1.141〉과 같다.

표 1.141 성에 대해 질문 시 부모님의 반응 비교

	2004년	(%)	2014년	(%)	전체	(%)
친절하게 가르쳐 주셨다.	28	(15.2)	140	(33.4)	168	(27.9)
어른이 되면 자연히 안다고 하셨다.	52	(28.3)	105	(25.1)	157	(26.0)
분명한 대답 없이 넘겨 버렸다.	64	(34.8)	94	(22.4)	158	(26.2)
야단치셨다.	2	(1.1)	8	(1.9)	10	(1.7)
기타	38	(20.7)	72	(17.2)	110	(18.2)
총계	184	(100.0)	419	(100.0)	603	(100.0)

$\chi^2 = 24.50$ (df=4, p<.001)

〈표 1.141〉과 같이 성에 대해 질문을 했을 때 부모님의 반응을 비교 분석한 결과는 2004년에는 '분명한 대답 없이 넘겨 버렸다'가 34.8%로 가장 높았으나, 2014년에는 '친절하게 가르쳐 주셨다'가 33.4%로 p<.001 수준에서 차이를 보였다.

이를 볼 때 부모님이 2004년에 비해 2014년에는 성에 대해 질문을 했을 때에 친절하게 가르쳐 주었음을 알 수가 있다.

2. 대학생의 성지식과 성의식과 행동의 차이와 인과관계

1) 대학생의 성지식

(1) 성지식의 경로에 대한 비교

대학생과 남녀 대학생이 성지식을 습득하는 경로를 성별, 연도별로 비교 분석한 결과는 〈표 2.1〉, 〈표 2.2〉, 〈표 2.3〉과 같다.

표 2.1 성지식 경로에 대한 연도별 비교

구분	종속변인	독립변인 집단	N	M	SD	t	
공기관을 통한 습득	부모님을 통해서 안다.	2004년	201	3.01	.68	3.12	**
		2014년	461	2.81	.92		
	형제 자매를 통해서 듣는다.	2004년	201	2.82	.66	-1.18	
		2014년	460	2.89	.87		
	학교에서 성교육을 통해 듣는다.	2004년	201	2.40	.82	3.84	***
		2014년	461	2.13	.80		
	선배나 친구를 통해서 듣는다.	2004년	203	2.09	.76	-1.76	
		2014년	460	2.21	.85		
	사회교육단체나 기타 특별강좌를 통해 듣는다.	2004년	200	2.48	.88	-.97	
		2014년	459	2.56	.93		
매체를 통한 습득	TV, 라디오, 영화 등 대중매체를 통해서 듣는다.	2004년	203	2.01	.71	-2.88	**
		2014년	459	2.20	.84		
	서적을 통해 안다.	2004년	202	2.25	.78	-3.93	***
		2014년	458	2.52	.91		
	외설 비디오, 성인 만화 등을 통해 안다.	2004년	202	2.47	.80	-.78	
		2014년	459	2.53	.88		
	여성 잡지, 성인 잡지를 통해 안다.	2004년	203	2.46	.86	-3.18	**
		2014년	457	2.69	.86		
	인터넷을 통해 안다.	2004년	202	2.25	.87	.20	
		2014년	460	2.24	.93		
	성지식 경로(전체)	2004년	199	2.43	.45	-1.19	
		2014년	457	2.48	.55		

**p<.01, ***p<.001

〈표 2.1〉과 같이 대학생이 성지식을 얻는 경로를 연도별로 비교 분석한 결과는 부모님을 통한 습득은 2004년에는 3.01, 2014년에는 2.81로 유의한 차이를 보였다 (p<0.1). 학교 성교육을 통한 습득은 2004년에는 2.40, 2014년은 2.13으로 유의미한 차이를 보였다(p<.001), TV, 라디오, 영화 등 대중매체를 통한 습득은 유의미한 차이를 보였다(p<.01).

　이상에서 볼 때 대학생은 2004년에는 TV, 라디오, 영화 등 대중매체를 통한 습

표 2.2　남자 대학생이 성지식을 얻는 경로에 대한 연도별 비교

구분	종속변인	독립변인 집단	N	M	SD	t	
공기관을 통한 습득	부모님을 통해서 안다.	2004년	125	3.07	.65	3.00	**
		2014년	270	2.83	.95		
	형제자매를 통해서 듣는다.	2004년	125	2.90	.63	−.18	
		2014년	269	2.92	.90		
	학교에서 성교육을 통해 듣는다.	2004년	125	2.51	.83	3.74	***
		2014년	270	2.17	.84		
	선배나 친구를 통해서 듣는다.	2004년	126	2.12	.78	.01	
		2014년	270	2.12	.83		
	사회교육단체나 기타 특별강좌를 통해 듣는다.	2004년	126	1.98	.74	−1.54	
		2014년	269	2.11	.85		
매체를 통한 습득	TV, 라디오, 영화 등 대중매체를 통해서 듣는다.	2004년	125	2.54	.86	−.25	
		2014년	269	2.57	.96		
	서적을 통해 안다.	2004년	125	2.26	.80	−2.50	*
		2014년	268	2.49	.93		
	외설 비디오, 성인 만화 등을 통해 안다.	2004년	126	2.29	.80	−.95	
		2014년	269	2.37	.92		
	여성 잡지, 성인 잡지를 통해 안다.	2004년	126	2.41	.88	−2.15	*
		2014년	267	2.62	.89		
	인터넷을 통해 안다.	2004년	125	2.08	.83	−.21	
		2014년	269	2.10	.95		
	성지식 경로(전체)	2004년	124	2.42	.44	−.25	
		2014년	267	2.43	.58		

*p<.05, **p<.001, ***p<.001

득, 서적을 통한 습득, 여성 잡지, 성인 잡지를 통한 습득을 많이 하였고 2014년에는 부모님, 학교 성교육을 통해서 성에 대한 지식을 많이 습득하였음을 알 수 있다.

〈표 2.2〉와 같이 남자 대학생이 성지식을 얻는 경로의 비교를 분석한 결과는 부모님을 통한 습득, 학교 성교육을 통한 습득, 서적을 통한 습득, 여성 잡지, 성인 잡지를 통한 습득이 통계적으로 유의미한 차이를 보였다. 2014년 대학생은 부모님, 학교 성교육을 통해 성지식을 많이 습득하였고 2004년 대학생은 서적이나 잡지를

표 2.3 여자 대학생이 성지식을 얻는 경로의 비교

구분	종속변인	독립변인 집단	N	M	SD	t	
공기관을 통한 습득	부모님을 통해서 안다.	2004년	76	2.91	.72	1.18	
		2014년	191	2.79	.88		
	형제자매를 통해서 듣는다.	2004년	76	2.68	.70	−1.63	
		2014년	191	2.86	.82		
	학교에서 성교육을 통해 듣는다.	2004년	76	2.21	.77	1.31	
		2014년	191	2.08	.73		
	선배나 친구를 통해서 듣는다.	2004년	77	2.05	.74	−2.75	**
		2014년	190	2.34	.87		
	사회교육단체나 기타 특별강좌를 통해 듣는다.	2004년	77	2.08	.66	−2.52	*
		2014년	190	2.32	.82		
매체를 통한 습득	TV, 라디오, 영화 등 대중매체를 통해서 듣는다.	2004년	75	2.37	.91	−1.33	
		2014년	190	2.54	.89		
	서적을 통해 안다.	2004년	77	2.23	.74	−3.18	**
		2014년	190	2.57	.86		
	외설 비디오, 성인 만화 등을 통해 안다.	2004년	76	2.78	.70	.28	
		2014년	190	2.75	.78		
	여성 잡지, 성인 잡지를 통해 안다.	2004년	77	2.55	.84	−2.32	*
		2014년	190	2.80	.80		
	인터넷을 통해 안다.	2004년	77	2.53	.87	.88	
		2014년	191	2.43	.87		
	성지식 경로(전체)	2004년	75	2.45	.48	−1.54	
		2014년	190	2.55	.49		

$*p<.05$, $**p<.01$

통해 성에 대한 지식을 많이 습득함을 알 수 있다.

〈표 2.3〉과 같이 여자 대학생의 성지식 경로 분석 결과를 보면 선배나 친구를 통한 습득, TV, 라디오, 영화 등 대중매체를 통한 습득, 서적을 통한 습득, 여성 잡지, 성인 잡지를 통한 습득이 통계적으로 유의미한 차이를 보였다. 2004년 여자 대학생이 2014년 여자 대학생보다 선배나 친구, TV, 라디오, 영화 등 대중매체, 서적, 여성 잡지, 성인 잡지를 통해 성지식 습득을 많이 함을 알 수 있다.

이를 볼 때 2004년에는 부모님과 외설 비디오, 성인 만화 등을 통해 성지식을 습득했지만 2014년에는 형제자매와 여성 잡지, 성인 잡지를 통해 습득하는 것으로 나타났다.

(2) 성기관 지식의 비교

대학생의 성지식 중에 성기관의 지식을 성별, 연도별로 비교 분석한 결과는 〈표 2.4〉와 같다(그림 2.1 참조)

표 2.4 성별, 연도별 성기관 지식의 비교

	2004			2014			합계		
	평균	SD	N	평균	SD	N	평균	SD	N
남	3.85	.428	129	4.04	.446	276	3.98	.450	405
여	3.91	.443	77	3.92	.505	193	3.92	.488	270
합계	3.87	.434	206	3.99	.475	469	3.96	.466	675

독립변인	제곱합	자유도	평균 제곱	F	유의확률
연도	1.456	1	1.456	6.851	.009
성별	.109	1	.109	.511	.475
연도×성별	1.199	1	1.199	5.640	.018

〈표 2.4〉와 같이 대학생의 성기관에 대한 성별, 연도별 차이를 비교 분석한 결과는 남자 대학생은 2004년에 3.85, 여자 대학생은 3.91이었고, 2014년에는 남자 대학생이 4.04였고, 여자 대학생은 3.92였다. 성별로 유의미한 차이가 있었다

(p<.01). 연도별 평균을 보면 2004년은 3.87이었고, 2014년은 3.99로 2004년보다 2014년에 성기관에 대한 지식이 높았다. 연도별로는 차이가 없었으며, 성별×연도별 상호작용 효과는 p<.05 수준이었다.

이를 볼 때 남자 대학생은 10년 전보다 성기관에 대한 지식이 늘었으나, 여학생은 2014년에 성기관에 대한 지식에 큰 차이가 없는 것으로 나타났다.

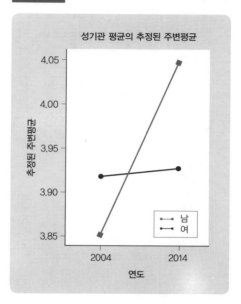

그림 2.1 성기관 지식

(3) 임신 및 출산 지식의 비교

대학생의 임신 및 출산 지식에 대해 성별, 연도별로 비교 분석한 결과는 〈표 2.5〉와 같다(그림 2.2 참조).

표 2.5 임신 및 출산 지식의 비교

	2004			2014			합계		
	평균	SD	N	평균	SD	N	평균	SD	N
남	3.58	.639	128	3.72	.675	276	3.68	.666	404
여	3.80	.573	77	3.72	.550	193	3.74	.557	270
합계	3.66	.623	205	3.72	.626	469	3.70	.625	674

독립변인	제곱합	자유도	평균 제곱	F	유의확률
연도	.098	1	.098	.251	.616
성별	1.528	1	1.528	3.924	.048
연도×성별	1.602	1	1.602	4.114	.043

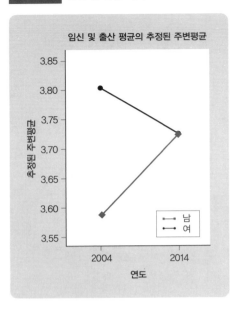

그림 2.2 임신 및 출산 지식

임신 및 출산 평균의 추정된 주변평균

〈표 2.5〉와 같이 대학생의 임신 및 출산 지식에 대해 성별, 연도별로 비교 분석한 결과는 남자 대학생은 2004년에 3.58, 2014년에는 3.72, 여자 대학생은 2004년에 3.80, 2014년에는 3.72였다. 성별 차이는 없었다. 2004년에는 평균 3.66이었고, 2014년에는 3.72였다. 연도별로는 차이가 없었다. 성별×연도별 상호작용 효과는 p<.05 수준이었다.

이를 볼 때 남자 대학생은 2004년에 비해 2014년에는 임신 및 출산 지식이 높아졌고, 여자 대학생은 2004년에 비해 2014년에 임신 및 출산에 대한 지식이 줄었다고 볼 수 있다.

(4) 성건강 지식의 비교

대학생의 성건강에 대한 지식을 성별, 연도별 비교 분석한 결과는 〈표 2.6〉과 같다 (그림 2.3 참조).

표 2.6 성별, 연도별 성건강 지식의 비교

	2004			2014			합계		
	평균	SD	N	평균	SD	N	평균	SD	N
남	3.43	.574	126	3.52	.559	276	3.49	.564	402
여	3.41	.517	77	3.28	.588	193	3.32	.571	270
합계	3.42	.551	203	3.42	.582	469	3.42	.573	672

독립변인	제곱합	자유도	평균 제곱	F	유의확률
연도	.043	1	.043	.136	.713
성별	2.267	1	2.267	7.076	.008
연도×성별	1.595	1	1.595	4.978	.026

〈표 2.6〉과 같이 성건강에 대한 지식을 성별, 연도별로 비교 분석한 결과는 남자 대학생은 평균이 3.49, 여자 대학생은 3.32로, 성별에 있어서 p<.01 수준에서 차이가 있었고, 연도별로는 차이가 없었으며, 성별×연도별 상호작용 효과는 p<.05 수준이었다.

이를 볼 때 남자 대학생은 10년 전보다 성건강에 대한 지식이 높아졌고, 여자 대학생은 2014년에 지식이 감소하였다고 할 수 있다.

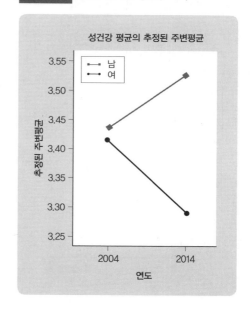

그림 2.3 성별, 연도별 성건강 지식

(5) 성관계 지식의 비교

대학생의 성관계 지식에 대한 성별, 연도별 비교 분석한 결과는 〈표 2.7〉과 같다(그림 2.4 참조).

표 2.7 성별, 연도별 성관계 지식의 비교

	2004			2014			합계		
	평균	SD	N	평균	SD	N	평균	SD	N
남	3.59	.685	126	3.71	.675	275	3.67	.679	401
여	3.42	.747	77	3.38	.728	193	3.36	.732	270
합계	3.52	.712	203	3.57	.715	468	3.56	.714	671

독립변인	제곱합	자유도	평균 제곱	F	유의확률
연도	.169	1	.169	.343	.558
성별	8.260	1	8.260	16.799	.000
연도×성별	.895	1	.895	1.820	.178

그림 2.4 성별, 연도별 성관계 지식

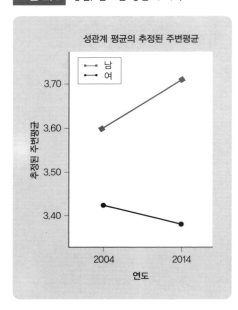

〈표 2.7〉과 같이 대학생의 성관계의 지식에 대해 성별, 연도별로 비교 분석한 결과는 2004년에 남자 대학생은 3.59였고, 여자 대학생은 3.42였다. 그리고 2014년에는 남자 대학생은 3.71이었고, 여자 대학생은 3.38이었다. 성별에 따라 p<.001 수준에서 큰 차이가 있었다. 연도별로는 2004년에 평균 3.52였고, 2014년에는 3.57로 연도별 차이가 없었으며, 성별×연도별 상호작용 효과도 차이가 없었다.

이를 볼 때 여자 대학생은 성관계 지식이 10년 전보다 낮아졌고, 남자 대학생은 성관계 지식이 10년 전보다 높아진 것으로 볼 수 있다.

(6) 성지식(전체) 인식의 비교

대학생의 성별, 연도별, 성지식 전체의 차이를 비교 분석한 결과는 〈표 2.8〉과 같다 (그림 2.5 참조).

표 2.8 성별, 연도별 성지식(전체) 인식의 비교

	2004			2014			합계		
	평균	SD	N	평균	SD	N	평균	SD	N
남	3.61	.451	129	3.75	.445	276	3.70	.451	405
여	3.64	.462	77	3.57	.454	193	3.59	.456	270
합계	3.62	.454	206	3.68	.456	469	3.66	.456	675

독립변인	제곱합	자유도	평균 제곱	F	유의확률
연도	.205	1	.205	1.009	.316
성별	.718	1	.718	3.526	.061
연도×성별	1.362	1	1.362	6.687	.010

〈표 2.8〉과 같이 대학생의 성지식 전체의 차이를 성별, 연도별 비교 분석한 결과는 2004년에는 남자 대학생 3.61, 2014년은 3.75였고, 여자 대학생은 2004년에 3.64, 2014년은 3.57로 성별, 연도별에서는 차이가 없었고, 성별×연도별 상호작용 효과에서 p<.05 수준이었다.

이를 볼 때 남자 대학생은 성지식이 높아진 반면에 여자 대학생은 성지식이 낮아졌다고 볼 수 있다.

그림 2.5 성별, 연도별 성지식(전체) 인식

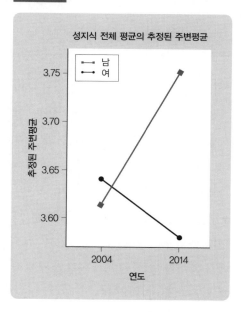

성지식 전체 평균의 추정된 주변평균

2) 대학생의 성의식

(1) 순결 인식의 비교

대학생의 성태도의 하위변인인 순결 인식에 대한 성별, 연도별의 차이를 비교 분석한 결과는 〈표 2.9〉와 같다(그림 2.6 참조).

표 2.9 성별, 연도별 순결 인식의 비교

	2004			2014			합계		
	평균	SD	N	평균	SD	N	평균	SD	N
남	3.00	.854	129	2.68	.937	276	2.78	.923	405
여	3.14	.880	76	2.78	.859	189	2.88	.879	265
합계	3.05	.864	205	2.72	.907	465	2.82	.907	670

독립변인	제곱합	자유도	평균 제곱	F	유의확률
성별	1.933	1	1.933	2.421	.120
연도	15.845	1	15.845	19.849	.000
성별×연도	.043	1	.043	.054	.816

〈표 2.9〉와 같이 대학생의 성태도의 하위변인인 순결 인식에 대한 성별, 연도별 의 차이를 비교 분석한 결과 남자 대학생은 2004년에 3.00, 2014년에는 2.68이었고, 여자 대학생은 2004년은 3.14, 2014년에는 2.78로, 성별로는 차이가 없었으며 연도별로 p < .001 수준에서 차이가 났다. 성별×연도별 상호작용 효과는 차이가 없었다.

이를 볼 때 2004년과 2014년의 순결 인식인 평균값이 3.05에서 2.72로, 10년 동안 순결 인식이 낮아진 것을 볼 수 있다.

그림 2.6 성별, 연도별 순결 인식

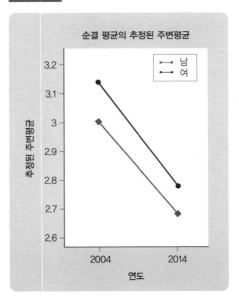

(2) 인공임신중절 인식의 비교

대학생의 성태도의 하위변인인 인공임신중절에 대한 인식을 성별, 연도별 차이를 비교 분석한 결과는 〈표 2.10〉과 같다(그림 2.7 참조).

표 2.10 성별, 연도별 인공임신중절 인식의 비교

	2004			2014			합계		
	평균	SD	N	평균	SD	N	평균	SD	N
남	2.66	.640	128	3.00	.566	272	2.89	.611	400
여	2.76	.572	75	2.91	.537	191	2.87	.550	266
합계	2.70	.616	203	2.96	.555	463	2.88	.587	666

독립변인	제곱합	자유도	평균 제곱	F	유의확률
성별	.003	1	.003	.010	.919
연도	8.143	1	8.143	24.754	.000
성별×연도	1.126	1	1.126	3.423	.065

〈표 2.10〉과 같이 대학생의 성태도의 하위변인인 인공임신중절에 대한 인식을 성별, 연도별로 차이를 비교 분석한 결과 2004년에 남자 대학생은 2.66, 2014년은 3.00, 여자 대학생은 2004년에 2.76, 2014년은 2.91이었다. 성별로는 차이가 없었다. 연도별로 보면 2004년에 평균값이 2.70이고 2014년에는 2.96이었다. p<.001 수준에서 차이가 있었다. 성별×연도별 상호작용 효과는 차이가 없었다.

이를 볼 때 2004년에 비해 2014년에

그림 2.7 성별, 연도별 인공임신중절 인식

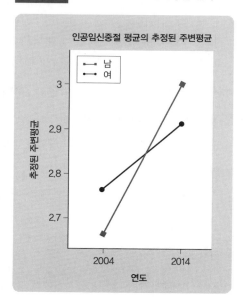

인공임신중절에 대해 더 허용적인 것을 알 수 있다.

(3) 결혼 출산 인식의 비교

대학생의 성태도의 하위변인인 결혼과 출산을 성별, 연도별로 비교 분석한 결과는 〈표 2.11〉과 같다(그림 2.8 참조).

표 2.11 성별, 연도별 결혼 출산 인식의 비교

	2004			2014			합계		
	평균	SD	N	평균	SD	N	평균	SD	N
남	1.92	.552	129	2.19	.599	275	2.11	.598	404
여	1.96	.525	76	2.16	.535	191	2.10	.539	267
합계	1.94	.541	205	2.18	.574	466	2.10	.575	671

독립변인	제곱합	자유도	평균 제곱	F	유의확률
성별	.001	1	.001	.004	.952
연도	7.350	1	7.350	23.065	.000
성별×연도	.191	1	.191	.600	.439

〈표 2.11〉과 같이 대학생의 성태도의 하위변인인 결혼과 출산의 차이를 성별, 연도별로 비교 분석한 결과 2004년에 남자 대학생은 1.92였고, 2014년은 2.19였다. 여자 대학생은 2004년에 1.96이었고, 2014년에는 2.16이었다. 성별 차이는 없었다. 연도별 차이는 2004년에 평균값이 1.94였고 2014년에는 2.18로 연도별로 p<.001 수준에서 차이가 났다. 성별과 성별×연도별 상호작용 효과는 통계적으로 유의한 차이가 없었다.

이를 볼 때 10년 전보다 결혼과 출산에 대한 인식이 높아진 것을 알 수 있다.

(4) 동성애에 대한 인식의 비교

대학생의 성태도의 하위변인 동성애에 대한 인식을 성별, 연도별로 비교 분석한 결과는 〈표 2.12〉와 같다(그림 2.9 참조).

표 2.12 성별, 연도별 동성애에 대한 인식의 비교

	2004			2014			합계		
	평균	SD	N	평균	SD	N	평균	SD	N
남	1.81	.743	130	2.40	.937	275	2.21	.921	405
여	2.17	.764	77	2.69	.989	189	2.54	.957	266
합계	1.95	.769	207	2.52	.968	464	2.34	.948	671

독립변인	제곱합	자유도	평균 제곱	F	유의확률
성별	13.844	1	13.844	17.097	.000
연도	41.278	1	41.278	50.979	.000
성별×연도	.183	1	.183	.226	.635

〈표 2.12〉와 같이 대학생의 동성애 인식에 대해 성별, 연도별로 비교 분석한 결과 2004년에 남자 대학생은 1.81이었고, 2014년에는 2.40이었다. 여자 대학생은 2004년에 2.17이었고, 2014년에는 2.69였다. 그리고 연도별로는 2004년에 평균값이 1.95였고, 2014년에는 2.52였고, 성별 평균값은 남자 대학생은 2.21이고, 여자 대학생은 2.54로 성별, 연도별에서 $p < .001$ 수준의 유의한 차이를 보였지만 성별×연도별 상호작용 효과는 차이가 없었다.

이를 볼 때 동성애에 대한 인식이 2004년보다는 2014년이, 남자 대학생보다는 여자 대학생이 더 호의적인 것을 알 수 있다.

그림 2.8	결혼 출산 인식의 비교

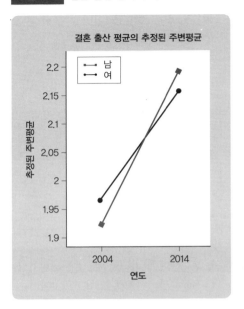

그림 2.9	동성애 인식의 비교

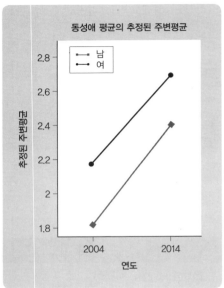

(5) 성매매 인식의 비교

대학생의 성태도의 하위변인인 성매매 인식에 대해 성별, 연도별로 비교 분석한 결과는 〈표 2.13〉과 같다(그림 2.10 참조).

표 2.13	성별, 연도별 성매매 인식의 비교

	2004			2014			합계		
	평균	SD	N	평균	SD	N	평균	SD	N
남	2.71	.579	127	2.69	.800	271	2.70	.736	398
여	2.55	.565	77	2.19	.683	192	2.29	.671	269
합계	2.65	.577	204	2.48	.793	463	2.53	.737	667

독립변인	제곱합	자유도	평균 제곱	F	유의확률
성별	14.608	1	14.608	29.470	.000
연도	4.644	1	4.644	9.370	.002
성별×연도	3.962	1	3.962	7.993	.005

〈표 2.13〉과 같이 대학생의 성태도의 하위변인인 성매매 인식을 성별, 연도별로 비교 분석한 결과 성별로는 남자 대학생의 평균값이 2.70이고, 여자 대학생은 평균값이 2.29로, p<.001 수준에서 차이가 있었다. 연도별은 2004년에 평균값이 2.65, 2014년에는 2.48로, p<.01 수준에서 차이가 났다. 성별×연도별 상호작용 효과는 p<.01 수준이었다.

이를 볼 때 2004년보다 2014년이, 남자 대학생보다는 여자 대학생이 성매매에 대해 부정적이었다.

(6) 피임에 대한 인식의 비교

대학생의 피임에 대한 인식을 성별, 연도별의 차이를 비교 분석한 결과는 〈표 2.14〉와 같다(그림 2.11 참조).

표 2.14 성별, 연도별 피임에 대한 인식의 비교

	2004			2014			합계		
	평균	SD	N	평균	SD	N	평균	SD	N
남	3.56	.528	126	3.62	.567	271	3.60	.555	397
여	3.58	.380	76	3.67	.473	191	3.65	.449	267
합계	3.57	.477	202	3.64	.530	462	3.62	.515	664

독립변인	제곱합	자유도	평균 제곱	F	유의확률
성별	.147	1	.147	.556	.456
연도	.712	1	.712	2.688	.102
성별×연도	.027	1	.027	.103	.749

〈표 2.14〉와 같이 대학생의 피임에 대한 인식을 성별, 연도별로 비교 분석한 결과 연도별로는 평균값이 2004년은 3.57, 2014년에는 3.64였고, 성별로는 남자 대학생의 평균값이 3.60이고, 여자 대학생은 3.65로 나타났다. 성별, 연도별, 성별×연도별 상호작용 효과에서 차이가 없었다.

이를 볼 때 남자 대학생보다 여자 대학생이 피임에 대한 인식이 높다고 볼 수 있다.

그림 2.10 성매매 인식의 비교

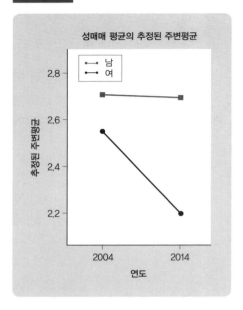

성매매 평균의 추정된 주변평균

그림 2.11 피임 인식의 비교

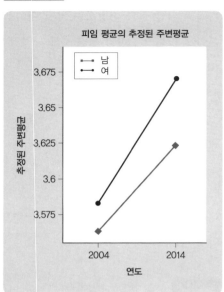

피임 평균의 추정된 주변평균

(7) 동거에 대한 인식의 비교

① 혼전 동거에 대한 인식의 비교 : 대학생의 혼전 동거에 대한 인식에 대해 성별, 연도별로 비교 분석한 결과는 〈표 2.15〉와 같다(그림 2.12 참조).

표 2.15 성별, 연도별 혼전 동거에 대한 인식의 비교

	2004			2014			합계		
	평균	SD	N	평균	SD	N	평균	SD	N
남	3.24	1.31	129	3.94	1.21	274	3.71	1.28	403
여	3.03	1.31	76	3.28	1.37	192	3.21	1.36	268
합계	3.17	1.31	205	3.67	1.32	466	3.51	1.33	671

독립변인	제곱합	자유도	평균 제곱	F	유의확률
성별	25.062	1	25.062	14.989	.000
연도	29.716	1	29.716	17.773	.000
성별×연도	6.699	1	6.699	4.006	.046

〈표 2.15〉와 같이 대학생의 혼전 동거에 대한 인식을 성별, 연도별로 비교 분석한 결과 2004년에 남자 대학생이 3.24, 2014년에는 3.94, 여자 대학생은 2004년에 3.03, 2014년에는 3.28이었고, 2004년 평균값은 3.17이고, 2014년에는 3.67이었다. 남자 대학생의 평균값은 3.71이고, 여자 대학생의 평균값은 3.21로 성별, 연도별 $p < .001$ 수준에서 차이를 보였고, 성별×연도별 상호작용 효과는 $p < .05$ 수준이었다.

이를 볼 때 10년 동안 동거에 대한 인식이 긍정적으로 변하였고, 여자 대학생보다는 남자 대학생의 동거에 대한 인식이 호의적으로 변하였다.

② 동거 시 결혼 여부 인식의 비교 : 동거 시 결혼 여부에 대한 인식을 비교 분석한 결과는 〈표 2.16〉과 같다(그림 2.13 참조).

표 2.16 동거 시 결혼 여부에 대한 인식의 비교

	2004			2014			합계		
	평균	SD	N	평균	SD	N	평균	SD	N
남	3.14	1.241	128	2.64	1.145	275	2.80	1.197	403
여	3.39	1.059	76	2.92	1.326	192	3.06	1.272	268
합계	3.24	1.180	204	2.76	1.229	467	2.90	1.233	671

독립변인	제곱합	자유도	평균 제곱	F	유의확률
성별	9.505	1	9.505	6.506	.011
연도	31.548	1	31.548	21.593	.000
성별×연도	.020	1	.020	.013	.908

〈표 2.16〉과 같이 동거 시 결혼 여부 인식에 대해 비교 분석한 결과 남자 대학생은 2004년에 3.14, 2014년에는 2.64였고, 여자 대학생은 2004년에 3.39, 2014년은 2.92였으며 남자 대학생은 평균값이 2.80, 여자 대학생은 평균값이 3.06이었다. 성별에 따라 $p < .05$였고, 연도별로 보면 2004년의 평균값이 3.24였고, 2014년은 평균값이 2.76이었다. 연도별로는 $p < .001$의 수준에서 차이가 있었고, 성별×연도별 상호작용 효과는 차이가 없었다.

이를 볼 때 남녀 대학생 모두가 동거를 하면 결혼을 해야 한다는 의식이 낮아졌음을 알 수 있다.

그림 2.12 혼전 동거 인식의 비교

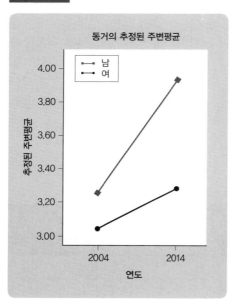

그림 2.13 동거 시 결혼 여부 인식의 비교

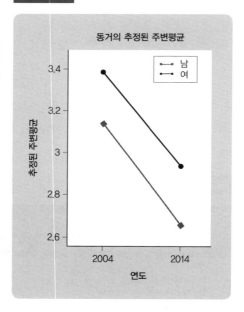

(8) 성의식에 대한 비교

대학생의 성태도의 하위변인인 성의식에 대해 성별, 연도별의 차이를 비교 분석한 결과는 〈표 2.17〉과 같다(그림 2.14 참조).

| 표 2.17 | 성별, 연도별 성의식에 대한 비교 | | | | | | | | |

	2004			2014			합계		
	평균	SD	N	평균	SD	N	평균	SD	N
남	3.11	.606	125	2.74	.566	272	2.86	.603	397
여	3.21	.463	73	3.07	.522	191	3.11	.509	264
합계	3.14	.558	198	2.88	.571	463	2.96	.580	661

독립변인	제곱합	자유도	평균 제곱	F	유의확률
성별	5.915	1	5.915	19.462	.000
연도	8.287	1	8.287	27.265	.000
성별×연도	1.702	1	1.702	5.601	.018

〈표 2.17〉과 같이 대학생의 성태도의 하위변인인 성의식에 대한 성별, 연도별의 차이를 비교 분석한 결과 연도별로는 2004년의 평균값은 3.14였고, 2014년은 2.88이었다. 성별로는 남자 대학생의 평균값이 2.86이고, 여자 대학생의 평균값은 3.11이었다. 성별, 연도별의 차이는 p < .001 수준이었다. 성별×연도별 상호작용 효과는 p < .05 수준이었다.

이를 볼 때 여자 대학생이 남자 대학생보다 성의식이 높고, 2004년보다는 2014년에 성의식이 낮아졌음을 알 수 있다.

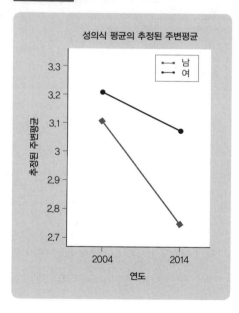

그림 2.14 성의식에 대한 비교

성의식 평균의 추정된 주변평균

추정된 주변평균 / 연도

3) 대학생의 성행동

(1) 성행동의 비교

대학생의 성행동에 대해 성별, 연도별로 비교 분석한 결과는 〈표 2.18〉과 같다(그림 2.15 참조).

표 2.18 성별, 연도별 성행동의 비교

	2004			2014			합계		
	평균	SD	N	평균	SD	N	평균	SD	N
남	1.70	.137	129	1.70	.251	273	1.70	.215	402
여	1.72	.124	74	1.78	.179	191	1.76	.173	265
합계	1.71	.133	203	1.74	.431	464	1.73	.200	667

독립변인	제곱합	자유도	평균 제곱	F	유의확률
성별	.130	1	.130	6.426	.011
연도	.278	1	.278	13.690	.000
성별×연도	.107	1	.107	5.280	.022

〈표 2.18〉과 같이 대학생의 성행동에 대해 성별, 연도별로 비교 분석한 결과 2004년에 남자 대학생이 1.70, 2014년은 1.70이었고, 여자 대학생은 2004년에 1.72, 2014년은 1.78이었다. 연도별로 보면 2004년의 평균값이 1.71이었고, 2014년은 1.74였다. 연도별로는 $p < .001$ 수준에서 차이가 있었고, 성별, 성별×연도별 상호작용 효과는 $p < .05$ 수준이었다.

이를 볼 때 남자 대학생보다는 여자 대학생의 성행동이 증가했으며, 2004년보다는 2014년에 성행동이 더 증가한 것을 알 수 있다.

(2) 성충동의 비교

대학생의 성충동의 연도별, 성별의 차이를 알아보기 위하여 비교 분석한 결과는 〈표 2.19〉와 같다(그림 2.16 참조).

표 2.19　성별, 연도별 성충동의 비교

	2004			2014			합계		
	평균	SD	N	평균	SD	N	평균	SD	N
남	2.59	.773	101	2.29	.796	272	2.37	.801	373
여	1.80	.433	49	1.68	.562	193	1.70	.540	242
합계	2.33	.775	150	2.03	.769	465	2.11	.780	615

독립변인	제곱합	자유도	평균 제곱	F	유의확률
성별	50.185	1	50.185	101.845	.000
연도	4.711	1	4.711	9.561	.002
성별×연도	.882	1	.882	1.789	.181

그림 2.15　성행동의 비교

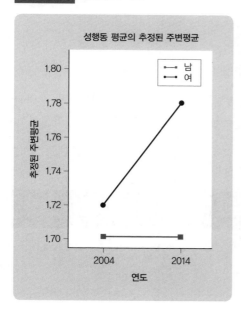

성행동 평균의 추정된 주변평균

그림 2.16　성충동의 비교

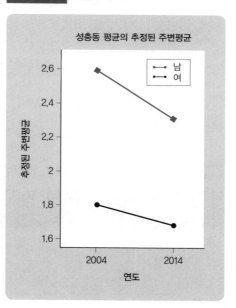

성충동 평균의 추정된 주변평균

　〈표 2.19〉와 같이 대학생의 성충동의 연도별, 성별로 비교 분석한 결과 남자 대학생이 2004년에 2.59, 2014년은 2.29, 여자 대학생은 2004년에 1.80, 2014년은 1.68이었고 평균값은 남자 대학생이 2.37이었고, 여자 대학생은 1.70이었다. 성별로

p<.001 수준에서 차이를 보였다. 연도별로는 2004년 평균값이 2.33이었고, 2014년은 2.03이었다. 연도별로는 p<.01 수준에서 차이가 났고, 성별×연도별 상호작용 효과에서는 차이가 없었다.

이를 볼 때 남자 대학생보다는 여자 대학생의 성충동이 증가하였고, 2004년보다는 2014년에 성충동이 낮아졌음을 알 수 있다.

4) 성지식 경로, 성교육, 성지식, 성충동, 성행동과의 인과관계

지금까지 살펴본 대학생의 성지식과 성의식 및 성행동의 성별, 연도별로 비교 분석한 결과를 토대로 성관련 변인들 간의 상관관계를 확인하고 변인들 간의 인과관계를 〈표 2.20〉~〈표 2.24〉와 같이 상관분석 결과를 제시하였다. 성지식의 얻게 된 경로는 학교를 비롯한 공공기관에서의 경로와 동영상, TV, 인터넷 등 미디어 매체를 통해서 얻은 성지식의 정도가 다를 것으로 생각되어 집단을 구분하였다. 성지식 경로(공기관과 매체), 성지식, 성교육 만족, 성의식, 성충동, 성행동에 상관관계를 전체적으로 확인하고 성별, 연도별을 구분하여 확인하였다.

(1) 성지식 경로, 성교육, 성지식, 성충동, 성행동과의 상관관계 분석(전체)

대학생 전체를 대상으로 성지식 경로, 성교육, 성지식, 성태도, 성행동과의 상관관계를 분석(전체)한 결과는 〈표 2.20〉과 같다.

표 2.20 성지식 경로, 성교육, 성지식, 성충동, 성행동과의 상관관계 분석(전체)

전체	성경로 : 공기관	성경로 : 매체	성지식	성의식	성행동	성충동	성교육 만족
성경로 : 공기관	1						
성경로 : 매체	.440**	1					
성지식	.236**	.236**	1				
성의식	−.046	−.044	−.102*	1			
성행동	−.134**	−.226**	−.203**	.072	1		
성충동	−.015	.249**	.108**	.082*	.244**	1	
성교육 만족	.257**	−.027	.129**	.039	−.014	−.100*	1

* p<.05, ** p<.01

〈표 2.20〉과 같이 대학생 전체를 대상으로 성지식 경로인 공기관과 매체와 성교육, 성지식, 성충동, 성행동과의 상관관계를 분석한 결과는 성지식 경로인 공기관과 매체와는 r=.440, 성지식과는 r=.236, 성교육 만족은 r=.257로 정적상관을 보였다. 그러나 성행동과는 부적상관(r=−.134)을 보였다. 이는 매체에 의한 성경로도 같은 성향을 보였다. 성의식과 종교 정도는 r=.506으로 가장 높은 상관을 보였다. 종교생활을 열심히 하는 대학생일수록 성의식이 높다고 할 수 있다.

또한 매체에 의한 성지식을 습득하는 대학생들은 성충동이 높았으나(r=.249), 성행동과는 부적인 상관을 보였다(r=−.228). 성교육을 공교육에 의해 습득하는 대학생은 성교육에 대한 만족도가 높았으며, 성행동과는 부적인 상관을 보였다. 성지식이 높은 학생들은 성행동을 적게 하는 것으로 나타났고(r=.203), 성행동과 성충동은 r=.244의 정적상관을 보였다. 성충동과 성교육 만족은 부적인 상관관계를 보여 성교육에 만족하는 학생은 성충동을 적게 나타내는 것으로 나타났다.

(2) 성지식 경로, 성교육, 성지식, 성충동, 성행동과의 상관관계 분석(2004년)

2004년 대학생을 대상으로 성지식 경로, 성교육, 성지식, 성충동, 성행동과의 상관관계를 분석한 결과는 〈표 2.21〉과 같다.

표 2.21 성지식 경로, 성교육, 성지식, 성충동, 성행동과의 상관관계 분석(2004년)

2004	성경로 : 공기관	성경로 : 매체	성지식	성의식	성행동	성충동	성교육 만족
성경로 : 공기관	1						
성경로 : 매체	.253**	1					
성지식	.118	.073	1				
성의식	.035	−.064	.012	1			
성행동	−.037	−.219**	−.212**	.107	1		
성충동	−.168*	.204**	.145	−.087	.370**	1	
성교육 만족	.489**	−.062	.217**	.094	−.081	−.191*	1

* p<.05, ** p<.01

〈표 2.21〉과 같이 2004년 대학생을 대상으로 성지식 경로인 공기관과 매체와 성교육, 성지식, 성충동, 성행동과의 상관관계를 분석한 결과는 공기관에 의해 습득한 성지식은 r=.253, 성충동과는 r=−.168, 성교육 만족은 r=.489로 상관관계를 보였다. 즉, 공교육에 의한 성지식 정도가 성지식, 성교육 만족도를 높이나, 성충동은 낮춘다고 할 수 있다.

그러나 매체에 의해 성지식을 습득한 대학생은 성행동과는 부적상관(r=−.219)을 보였다. 성의식과 종교 정도는 r=.514로 가장 높은 상관관계를 보였다. 종교생활을 열심히 하는 대학생일수록 성의식이 높다고 할 수 있다. 성지식이 높은 대학생은 성행동을 적게 하고, 성교육에 대한 만족이 높은 것으로 나타났다.

(3) 성지식 경로, 성교육, 성지식, 성충동, 성행동과의 상관관계 분석(2014년)

2014년 대학생을 대상으로 성지식 경로, 성교육, 성지식, 성충동, 성행동과의 상관관계를 분석한 결과는 〈표 2.22〉와 같다.

표 2.22 성지식 경로, 성교육, 성지식, 성충동, 성행동과의 상관관계 분석(2014년)

2014	성경로 : 공기관	성경로 : 매체	성지식	성의식	성행동	성충동	성교육 만족
성경로 : 공기관	1						
성경로 : 매체	.514**	1					
성지식	.280**	.309**	1				
성의식	−.071	−.027	−.145**	1			
성행동	−.167**	−.219**	−.221**	.049	1		
성충동	.033	.243**	.113*	.144**	.247**	1	
성교육 만족	.167**	.012	.080	−.003	−.013	−.035	1

* p<.05, ** p<.01

〈표 2.22〉와 같이 2014년 대학생을 대상으로 성지식 경로, 성교육, 성지식, 성충동, 성행동과의 상관관계를 분석한 결과는 공기관을 통해 습득한 성지식은 r=.514로 높은 상관을, 성지식과는 r=.280, 성행동과는 r=−.167, 성교육 만족은 r=.167

의 상관을 보였다. 즉, 공교육에 의한 성지식 정도가 성지식, 성교육 만족도를 높이나, 성행동은 낮춘다고 할 수 있다.

그러나 매체에 의해 성지식을 습득한 대학생은 성지식, 성충동과는 정적상관을, 성행동과는 부적상관(r=-.219)를 보였다. 성지식과 종교정도, 성의식, 성행동은 부적상관을, 성충동과는 정적상관을 보였다. 이는 종교생활을 안 할수록, 성행동이 낮을수록, 성의식이 낮을수록 성지식이 높다고 할 수 있다. 성의식과 종교정도는 r=.464로 높은 상관을 보였다. 종교생활을 열심히 하는 대학생일수록 성의식이 높다고 할 수 있다. 성충동이 많은 학생이 성행동도 많이 하는 것으로 나타났다.

(4) 성지식 경로, 성교육, 성지식, 성충동, 성행동과의 상관관계 분석(여자 대학생)

여자 대학생을 대상으로 성지식 경로, 성교육, 성지식, 성충동, 성행동과의 상관관계를 분석한 결과는 ⟨표 2.23⟩과 같다.

표 2.23 성지식 경로, 성교육, 성지식, 성충동, 성행동과의 상관관계 분석(여자 대학생)

여자 대학생	성경로 : 공기관	성경로 : 매체	성지식	성의식	성행동	성충동	성교육 만족
성경로 : 공기관	1						
성경로 : 매체	.473**	1					
성지식	.263**	.269**	1				
성의식	-.158*	-.057	-.086	1			
성행동	-.130*	-.251**	-.195**	.142*	1		
성충동	.092	.286**	.170**	.033	-.221**	1	
성교육 만족	.168**	-.056	.017	-.011	.059	-.115*	1

* p<.05, ** p<.01

⟨표 2.23⟩과 같이 여자 대학생을 대상으로 성지식 경로, 성교육, 성지식, 성충동, 성행동과의 상관관계를 분석한 결과 공기관을 통해 습득한 지식은 r=.473으로 높은 상관을, 성지식과는 r=.263, 성교육 만족은 r=.168의 정적상관을, 성의식, 성

행동과는 부적상관을 보였다. 즉, 공교육에 의한 성지식 정도가 성지식, 성교육 만족도를 높이나 성의식, 성행동은 낮춘다고 할 수 있다.

매체에 의한 경로로 성지식을 습득한 여자 대학생 성지식은 r=.269, 성충동 r=.286으로 정적상관을, 성행동 r=−.251로 부적상관를 보였다. 성지식과 성행동은 부적상관을, 성충동과는 정적상관을 보였다. 이는 성지식이 높을수록 성충동은 높지만 성행동은 낮다고 할 수 있다. 성의식과 종교 정도는 r=.525로 높은 상관을 보였다. 종교생활을 열심히 하는 대학생일수록 성의식이 높다고 할 수 있다. 여자 대학생들은 성충동이 많은 학생이 성행동은 낮은 것으로 나타났다.

(5) 성지식 경로, 성교육, 성지식, 성충동, 성행동과의 상관관계 분석(남자 대학생)

남자 대학생을 대상으로 성지식 경로, 성교육, 성지식, 성충동, 성행동과의 상관관계를 분석한 결과는 〈표 2.24〉와 같다.

표 2.24 성지식 경로, 성교육, 성지식, 성충동, 성행동과의 상관관계 분석(남자 대학생)

남자 대학생	성경로 : 공기관	성경로 : 매체	성지식	성의식	성행동	성충동	성교육 만족
성경로 : 공기관	1						
성경로 : 매체	.447**	1					
성지식	.233**	.191**	1				
성의식	.008	−.014	−.097	1			
성행동	−.146**	−.194**	−.192**	.031	1		
성충동	−.033	.161**	.009	.175**	.201**	1	
성교육 만족	.300**	.011	.214**	.055	−.004	−.060	1

* p<.05, ** p<.01

〈표 2.24〉와 같이 남자 대학생을 대상으로 성지식 경로, 성교육, 성지식, 성태도, 성행동과의 상관관계를 분석한 결과 공기관을 통해 습득한 성지식은 r=.447로 높은 상관을, 성지식과는 r=.233, 성교육 만족은 r=.300의 정적상관을, 성행동은 r=−.146으로 부적상관을 보였다. 매체를 통한 습득한 성지식은 .191, 성충동은

r=.161, 성교육 만족은 r=.011이고, 성행동은 r=−.194의 부적상관관계를 보였다.

　이를 볼 때 공교육에 의한 성지식 정도가 성지식, 성교육 만족도를 높이나 성행동은 낮춘다고 할 수 있다. 매체에 의한 경로로 성지식을 습득한 대학생은 성지식, 성충동과는 정적상관을, 성행동과는 부적상관를 보였다. 성지식과 종교 정도, 성행동은 부적상관을, 성교육 만족과는 정적상관을 보였다. 이는 성지식이 높을수록 종교생활은 안 하고, 성행동은 낮다고 할 수 있다. 성의식과 종교 정도는 r=.494로 높은 상관을 보였다. 종교생활을 열심히 하는 대학생일수록 성의식이 높다고 할 수 있다. 성의식과 성행동이 많은 학생이 성충동도 많은 것으로 나타났다.

5) 성지식 경로, 성교육, 성지식, 성충동, 성행동과의 경로 모형

성지식 경로, 성교육, 성지식, 성충동, 성행동과의 상관관계의 결과를 토대로 변인들 간의 인과관계를 확인하고자 경로 분석한 경로 모형은 〈그림 2.17〉과 같다.

그림 2.17 대학생의 성행동의 경로 모형

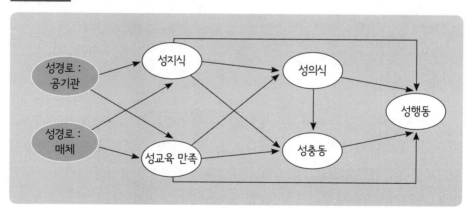

　〈그림 2.17〉과 같이 성지식을 접하게 되는 경로가 가족과 학교 등 공기관인 경우와 매체를 통해 습득하는 경우를 분리하여 성지식과 성교육 만족에 영향을 주는 것으로 모형을 구성하였다. 성지식은 성의식과 성충동을 매개로 성행동에 영향을 주는 경로를 지정하였다. 또한 성교육 만족은 성의식과 성충동을 매개로 성행동에 영

향을 줄 것으로 경로를 지정하였다.

〈그림 2.18〉~〈그림 2.22〉까지는 대학생의 성지식 경로에 의한 성지식이 성의식, 성충동, 성행동과의 관계를 2004년, 2014년, 여자와 남자별로 경로 분석한 결과이다. 일반적으로 모형 적합도는 유의확률 p > .05, GFI > .90, AGFI > .90, NFI > .90, RMR < .05이면 양호한 적합도로 판정한다(배병렬, 2005).

(1) 대학생의 전체 성행동 경로 분석(전체)

대학생의 전체 성행동 경로 분석을 비교 분석한 결과는 〈그림 2.18〉과 같다.

그림 2.18 　대학생의 성행동의 경로 분석(전체)

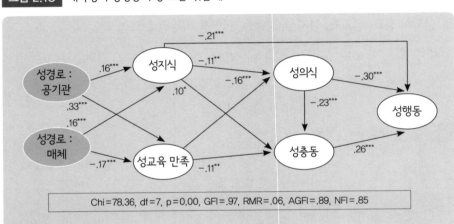

〈그림 2.18〉에서 보는 바와 같이 대학생의 성행동 경로 분석(전체)을 보면 검정을 기준으로 한다면 측정 모형은 적합하다고 볼 수 없었다. 그러나 검정은 사례 수에 민감하다는 문제점이 있으므로 사례 수와 모형의 간명성을 동시에 고려하는 GFI, AGFI, NFI, RMR을 종합하여 적합도를 평가하였다. 그 결과 GFI = .97 AGFI = .89, NFI = .85, RMR = .06으로 측정 모형은 적합도가 양호하다고 해석할 수 있다. 이는 본 분석 자료가 경로 모형의 긍정적 평가를 위한 조건을 충족하고 있음을 의미한다.

(2) 대학생의 성행동 경로 분석(2004년)

2004년 대학생의 성행동의 경로 분석을 비교 분석한 결과는 〈그림 2.19〉와 같다.

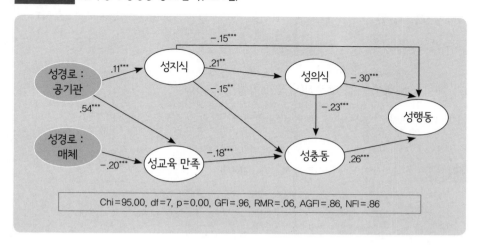

그림 2.19 대학생의 성행동 경로 분석(2004년)

〈그림 2.19〉에서 보는 바와 같이 2004년의 대학생의 성행동 경로 분석 결과 GFI =.96 AGFI =.86, NFI =.86, RMR =.06으로 측정 모형은 적합도가 양호하다고 해석할 수 있었다.

(3) 대학생의 성행동 경로 분석(2014년)

2014년의 대학생의 성행동의 경로를 비교 분석한 결과는 〈그림 2.20〉과 같다.

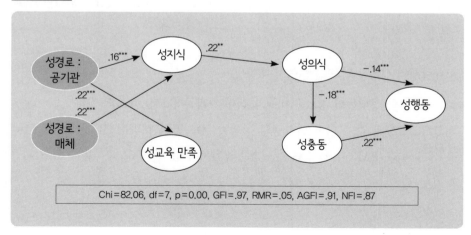

그림 2.20 대학생의 성행동의 경로 분석(2014)

〈그림 2.20〉에서 보는 바와 같이 2014년의 대학생의 성행동 경로 분석 결과는 GFI＝.97 AGFI＝.91, NFI＝.87, RMR＝.05로 측정 모형은 적합도가 양호하다고 해석할 수 있었다.

(4) 대학생의 성행동 경로 분석(남자 대학생)

남자 대학생의 성행동의 경로를 비교 분석한 결과는 〈그림 2.21〉과 같다.

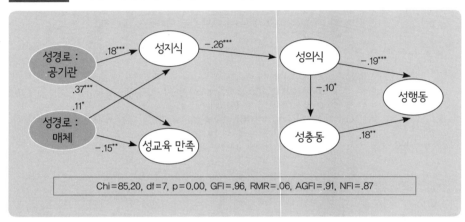

그림 2.21 대학생의 성행동 경로 분석 (남자 대학생)

〈그림 2.21〉에서 보는 바와 같이 남자 대학생의 성행동 경로 분석 결과이다. GFI ＝.96 AGFI＝.91, NFI＝.87, RMR＝.06으로 측정 모형은 적합도가 양호하다고 해석할 수 있었다.

(5) 대학생의 성행동 경로 분석(여자 대학생)

여자 대학생의 성행동의 경로를 비교 분석한 결과는 〈그림 2.22〉와 같다.

〈그림 2.22〉와 같이 여자 대학생의 성행동 경로 분석 결과는 GFI＝.98 AGFI＝.87, NFI＝.87, RMR＝.05로 측정 모형은 적합도가 양호하다고 해석할 수 있었다.

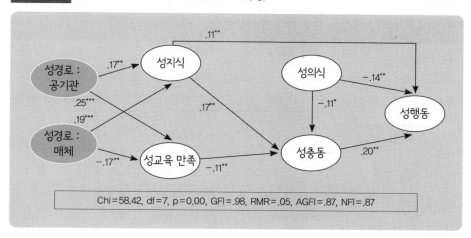

그림 2.22 대학생의 성행동의 경로 분석(여자 대학생)

Chi=58.42, df=7, p=0.00, GFI=.98, RMR=.05, AGFI=.87, NFI=.87

6) 종교에 따른 대학생의 혼전 성관계 경험 비교

대학생과 남녀 대학생이 종교에 따른 혼전 성관계 유무를 분석한 결과는 〈표 2.25〉, 〈표 2.26〉, 〈표 2.27〉과 같다.

표 2.25 종교에 따른 혼전 성관계 경험 비교

	기독교	(%)	천주교	(%)	불교	(%)	무교	(%)	전체	(%)
있다	67	(24.8)	37	(56.1)	31	(46.3)	96	(41.7)	231	(36.5)
없다	203	(75.2)	29	(43.9)	36	(53.7)	134	(58.3)	402	(63.5)
합계	270	(100.0)	66	(100.0)	67	(100.0)	230	(100.0)	633	(100.0)

χ^2=32.29 (df=3, p<.001)

표 2.26 남자 대학생의 종교에 따른 혼전 성관계 경험 비교

	기독교	(%)	천주교	(%)	불교	(%)	무교	(%)	전체	(%)
있다	43	(28.9)	24	(64.9)	28	(63.6)	80	(55.2)	175	(46.7)
없다	106	(71.1)	13	(35.1)	16	(36.4)	65	(44.8)	200	(53.3)
합계	149	(100.0)	37	(100.0)	44	(100.0)	145	(100.0)	375	(100.0)

χ^2=33.21 (df=3, p<.001)

표 2.27 여자 대학생의 종교에 따른 혼전 성관계 경험 비교

	기독교	(%)	천주교	(%)	불교	(%)	무교	(%)	전체	(%)
있다	24	(19.8)	13	(44.8)	3	(13.0)	16	(18.8)	56	(21.7)
없다	97	(80.2)	16	(55.2)	20	(87.0)	69	(81.2)	202	(78.3)
합계	121	(100.0)	29	(100.0)	23	(100.0)	85	(100.0)	258	(100.0)

$\chi^2 = 10.80$ (df=3, p<.05)

〈표 2.25〉와 같이 대학생의 종교에 따른 혼전 성관계 경험을 비교 분석한 결과는 기독교 24.8%, 천주교 56.1%, 불교는 46.3%로 나타났다. 통계적으로 유의미한 차이를 보였다(p<.001).

〈표 2.26〉과 같이 남자 대학생의 종교에 따른 혼전 성관계 경험을 보면 기독교가 28.9%, 천주교 64.9%, 불교 63.6%로, 통계적으로 유의미한 차이를 보였다(p<.001).

〈표 2.27〉과 같이 여자 대학생의 종교에 따른 혼전 성관계 경험을 비교해 보면 기독교가 19.8%, 천주교 44.8%, 불교는 13.0%로 통계적으로 유의미한 차이가 있었다(p<.05).

이를 볼 때 기독교 학생이 타종교보다 성경험이 적은 것으로 나타났다.

7) 종교생활의 열심에 따른 혼전 성관계 비교

대학생과 남녀 대학생이 종교생활의 열심에 따른 혼전 성관계 경험을 비교 분석한 결과는 〈표 2.28〉, 〈표 2.29〉, 〈표 2.30〉과 같다.

표 2.28 종교생활의 열심에 따른 혼전 성관계 비교

	열심히	(%)	보통	(%)	가끔	(%)	안 함	(%)	전체	(%)
있다	38	(21.3)	36	(30.8)	42	(51.2)	122	(45.7)	238	(37.0)
없다	140	(78.7)	81	(69.2)	40	(48.8)	145	(54.3)	406	(63.0)
합계	178	(100.0)	117	(100.0)	82	(100.0)	267	(100.0)	644	(100.0)

$\chi^2 = 36.44$ (df=3, p<.001)

표 2.29 남자 대학생의 종교생활의 열심에 따른 혼전 성관계 비교

	열심히	(%)	보통	(%)	가끔	(%)	안 함	(%)	전체	(%)
있다	23	(23.2)	28	(41.8)	34	(69.4)	95	(56.2)	180	(46.9)
없다	76	(76.8)	39	(58.2)	15	(30.6)	74	(43.8)	204	(53.1)
합계	99	(100.0)	67	(100.0)	49	(100.0)	169	(100.0)	384	(100.0)

$\chi^2 = 38.81$ (df=3, p<.001)

표 2.30 여자 대학생의 종교생활의 열심에 따른 혼전 성관계 비교

	열심히	(%)	보통	(%)	가끔	(%)	안 함	(%)	전체	(%)
있다	15	(19.0)	8	(16.0)	8	(24.2)	27	(27.6)	58	(22.3)
없다	64	(81.0)	42	(84.0)	25	(75.8)	71	(72.4)	202	(77.7)
합계	79	(100.0)	50	(100.0)	33	(100.0)	98	(100.0)	260	(100.0)

$\chi^2 = 8.25$ (df=6, p<.05)

〈표 2.28〉과 같이 대학생의 종교생활을 열심히 하는 정도에 따른 혼전 성관계 비교를 보면 '열심히'가 21.3%, '가끔'은 51.2%, '안 함'은 45.7%로 p<.001 수준에서 차이가 있는 것으로 나타났다.

〈표 2.29〉와 같이 남자 대학생의 종교생활을 열심히 하는 정도에 따른 혼전 성관계 비교를 보면 '열심히'가 23.2%, '가끔'은 41.8%, '안 함'은 56.2%로 p<.001 수준에서 차이가 있는 것으로 나타났다.

〈표 2.30〉과 같이 여자 대학생의 종교생활을 열심히 하는 정도에 따른 혼전 성관계 비교를 보면 '열심히'가 19.0%, '가끔'이 24.2%, '안 함'이 27.6%로 차이가 있는 것으로 나타났다(p<.05).

이를 볼 때 종교생활을 열심히 하는 학생들이 열심히 하지 않는 생활보다 혼전 성관계가 낮은 것으로 나타났다.

8) 성별, 연도별, 종교별 순결 인식의 비교

대학생의 성별, 연도별, 종교별로 순결 인식에 대해 비교 분석한 결과는 〈표 2.31〉과 같다(그림 2.23, 2.24 참조).

표 2.31 성별, 연도별, 종교별 순결 인식의 비교

	기독교			천주교			불교			무교			합계		
	평균	SD	N	평균	SD	N	평균	SD	N	평균	SD	N	평균	SD	N
남	3.26	.797	153	2.50	.885	38	2.61	.793	46	2.43	.901	149	2.78	.928	386
여	3.29	.801	124	2.44	.893	27	2.56	.958	23	2.53	.685	85	2.89	.875	259
합계	3.27	.797	277	2.48	.882	65	2.59	.845	69	2.47	.829	234	2.83	.908	645

독립변인	제곱합	자유도	평균 제곱	F	유의확률
성별	.002	1	.002	.003	.955
종교	91.609	3	30.536	44.902	.000
성별×종교	.506	3	.169	.248	.863

	기독교			천주교			불교			무교			합계		
	평균	SD	N	평균	SD	N	평균	SD	N	평균	SD	N	평균	SD	N
2004	3.40	.745	119	2.70	.994	17	2.57	.581	19	2.49	.763	43	3.06	.861	198
2014	3.17	.824	158	2.40	.835	48	2.60	.931	50	2.46	.845	191	2.72	.909	447
합계	3.27	.797	277	2.48	.882	65	2.59	.845	69	2.47	.829	234	2.83	.908	645

독립변인	제곱합	자유도	평균 제곱	F	유의확률
연도	1.394	1	1.394	2.069	.151
종교	77.204	3	25.735	38.181	.000
연도×종교	1.631	3	.544	.807	.490

〈표 2.31〉과 같이 대학생의 순결 인식에 대한 성별, 연도별, 종교별 차이를 분석한 결과 남자 대학생은 기독교 3.26, 천주교 2.50, 불교 2.61, 무교 2.43이고, 여자 대학생은 기독교 3.29, 천주교 2.44, 불교 2.56, 무교 2.53으로 종교별로 $p < .001$ 수준에서 유의한 차이를 보였다. 연도별, 종교별 차이를 비교한 결과 2004년 기독교 3.40, 천주교 2.70, 불교 2.57, 무교 2.49이고, 2014년 기독교 3.17, 천주교 2.40, 불교 2.60, 무교 2.46으로 연도별 차이는 없었으나 종교별로는 $p < .001$ 수준에서

통계적으로 유의한 차이를 보였다.

이를 볼 때 기독교인들이 천주교나 불교보다 순결 인식이 높은 것으로 나타났다.

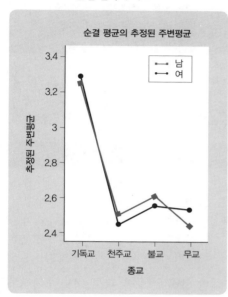

그림 2.23 성별, 종교별 대학생의 순결 인식의 비교

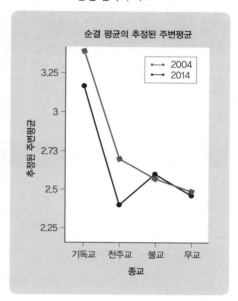

그림 2.24 연도별, 종교별 대학생의 순결 인식의 비교

9) 성별, 연도별, 종교 정도별 순결 인식의 비교

대학생의 성별, 연도별, 종교 정도별 대학생의 순결 인식의 비교에 대한 분석은 〈표 2.32〉와 같다(그림 2.25, 2.26 참조).

표 2.32 성별, 연도별, 종교 정도별 순결 인식의 비교

	전혀 없음			가끔			보통			열심히 함			합계		
	평균	SD	N	평균	SD	N	평균	SD	N	평균	SD	N	평균	SD	N
남	2.44	.884	174	2.45	.691	51	2.92	.786	68	3.46	.808	102	2.78	.930	395
여	2.45	.712	96	2.48	.743	33	3.06	.778	52	3.46	.830	80	2.88	.882	261
합계	2.44	.826	270	2.46	.707	84	2.98	.782	120	3.46	.815	182	2.82	.912	656

독립변인	제곱합	자유도	평균 제곱	F	유의확률
성별	.269	1	.269	.418	.518
종교	121.008	3	40.336	62.616	.000
성별×종교	.378	3	.126	.196	.899

	전혀 없음			가끔			보통			열심히 함			합계		
	평균	SD	N	평균	SD	N	평균	SD	N	평균	SD	N	평균	SD	N
2004	2.51	.749	49	2.46	.550	24	3.05	.788	47	3.56	.742	82	3.05	.867	202
2014	2.43	.843	221	2.46	.766	60	2.93	.780	73	3.37	.866	100	2.72	.913	454
합계	2.44	.826	270	2.46	.707	84	2.98	.782	120	3.46	.815	182	2.82	.912	656

독립변인	제곱합	자유도	평균 제곱	F	유의확률
연도	.990	1	.990	1.542	.215
종교 정도	101.807	3	33.936	52.881	.000
연도×종교 정도	.518	3	.173	.269	.848

〈표 2.32〉와 같이 대학생의 순결 인식에 대한 성별, 연도별, 종교 정도별 차이를 보면 남자 대학생은 전혀 없음 2.44, 가끔 2.45, 보통 2.92, 열심히 함 3.46, 여자 대학생은 전혀 없음 2.45, 가끔 2.48, 보통 3.06, 열심히 함 3.46으로 성별로는 차이가 없었으며, 종교 정도별로 $p < .001$ 수준에서 유의한 차이를 보였다. 연도별, 종교 정도별 차이는 2004년 전혀 없음 2.51, 가끔 2.46, 보통 3.05, 열심히 함 3.56, 2014년 전혀 없음 2.43, 가끔 2.46, 보통 2.93, 열심히 함 3.37로 연도별 차이는 없었다.

이를 볼 때 종교생활을 열심히 하는 대학생들이 순결 인식이 높은 것으로 나타났다.

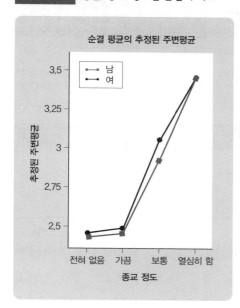

그림 2.25 성별, 종교 정도별 순결의 비교

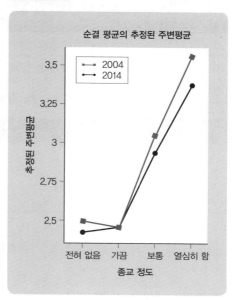

그림 2.26 연도별, 종교 정도별 순결의 비교

10) 동성애에 대한 인식의 비교

대학생의 동성애에 대한 인식의 차이를 성별, 연도별, 종교별로 비교 분석한 결과는 〈표 2.33〉과 같다(그림 2.27, 2.28 참조).

표 2.33 성별, 연도별, 종교별 동성애에 대한 인식의 비교

	기독교			천주교			불교			무교			합계		
	평균	SD	N	평균	SD	N	평균	SD	N	평균	SD	N	평균	SD	N
남	1.84	.757	154	2.32	.810	38	2.31	.915	46	2.54	.970	148	2.21	.920	386
여	1.98	.850	125	3.17	.809	27	3.00	.735	23	3.03	.691	85	2.54	.951	260
합계	1.90	.801	279	2.67	.907	65	2.54	.914	69	2.72	.909	233	2.34	.945	646

독립변인	제곱합	자유도	평균 제곱	F	유의확률
성별	29.256	1	29.256	41.821	.000
종교	109.759	3	36.586	52.300	.000
성별×종교	9.628	3	3.209	4.588	.003

	기독교			천주교			불교			무교			합계		
	평균	SD	N	평균	SD	N	평균	SD	N	평균	SD	N	평균	SD	N
2004	1.75	.627	121	2.46	.810	17	2.15	.915	19	2.22	.970	43	1.95	.920	200
2014	2.01	.890	158	2.74	.899	48	2.69	.886	50	2.83	.887	190	2.52	.965	234
합계	1.90	.801	279	2.67	.907	65	2.54	.914	69	2.72	.909	233	2.34	.945	646

독립변인	제곱합	자유도	평균 제곱	F	유의확률
연도	14.663	1	14.663	20.475	.000
종교	52.880	3	17.627	24.614	.000
연도×종교	3.342	3	1.114	1.556	.199

〈표 2.33〉과 같이 대학생의 동성애에 대해 성별, 연도별, 종교에 따른 차이를 비교 분석한 결과 남자 대학생이 기독교는 1.84, 천주교 2.32, 불교 2.31, 무교 2.54였고, 여자 대학생은 기독교가 1.98, 천주교 3.17, 불교 3.00, 무교는 3.03으로 나타났다. 종교별, 성별은 $p < .001$ 수준에서 차이가 있었다. 종교별, 연도별에 따른 차이

그림 2.27 성별, 종교별 동성애 인식의 비교

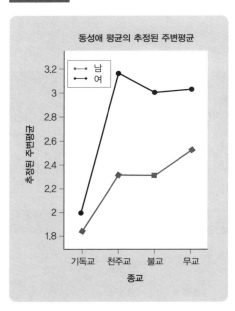

그림 2.28 연도별, 종교별 동성애 인식의 비교

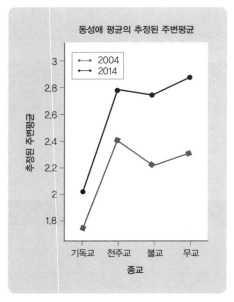

를 비교 분석한 결과는 2004년은 기독교가 1.75, 천주교 2.46, 불교 2.15, 무교 2.22였고, 2014년은 기독교가 2.01, 천주교 2.74, 불교 2.69, 무교는 2.83으로 나타났다. 종교별, 연도별은 p<.001 수준에서 차이가 있었다. 성별×종교별 상호작용 효과는 p<.01 차이가 있었다.

이를 볼 때 기독교의 남자 대학생과 여자 대학생이 동성애에 대해 부정적인 것으로 나타났고, 연도별로도 기독교가 타종교보다 부정적인 것으로 나타났다.

11) 성충동의 차이

대학생의 성충동을 성별, 연도별, 종교별로 분석한 결과는 〈표 2.34〉와 같다(그림 2.29, 2.30 참조).

표 2.34 성별, 연도별, 종교별 성충동의 차이

	기독교			천주교			불교			무교			합계		
	평균	SD	N	평균	SD	N	평균	SD	N	평균	SD	N	평균	SD	N
남	2.39	.712	135	2.51	.821	35	2.37	.979	44	2.32	.843	142	2.37	.811	356
여	1.78	.570	110	1.68	.529	28	1.47	.512	19	1.66	.509	79	1.70	.545	236
합계	2.12	.718	245	2.15	.815	63	2.10	.955	63	2.08	.805	221	2.11	.787	592

독립변인	제곱합	자유도	평균 제곱	F	유의확률
성별	50.975	1	50.975	99.206	.000
종교	2.023	3	.674	1.312	.269
성별×종교	1.322	3	.441	.858	.463

	기독교			천주교			불교			무교			합계		
	평균	SD	N	평균	SD	N	평균	SD	N	평균	SD	N	평균	SD	N
2004	2.29	.737	87	2.35	.899	13	2.35	.647	14	2.51	.895	31	2.35	.777	145
2014	2.02	.690	158	2.09	.793	50	2.03	1.021	49	2.01	.769	190	2.03	.775	447
합계	2.12	.718	245	2.15	.815	63	2.10	.955	63	2.08	.805	221	2.11	.787	592

독립변인	제곱합	자유도	평균 제곱	F	유의확률
연도	7.558	1	7.558	12.498	.000
종교	.838	3	.279	.462	.709
연도×종교	1.010	3	.337	.557	.644

〈표 2.34〉와 같이 대학생의 성충동의 인식을 성별, 연도별, 종교별로 비교 분석한 결과 남자 대학생이 기독교는 2.39, 천주교 2.51, 불교 2.37, 무교는 2.32였고, 여자 대학생은 기독교가 1.78, 천주교는 1.68, 불교 1.47, 무교는 1.66으로 성별로는 $p < .001$ 수준에서 차이가 있었다. 연도별, 종교별 분석 결과는 2004년은 기독교가 2.29, 천주교 2.35, 불교 2.35, 무교는 2.51이었고, 2014년은 기독교가 2.02, 천주교 2.09, 불교 2.03, 무교는 2.01로 연도별로는 $p < .001$ 수준에서 통계적으로 유의한 차이를 보였다.

이를 볼 때 남학생이 여학생보다 성충동이 더 많고, 2004년보다 2014년에 성충동이 낮아졌다고 볼 수 있다.

그림 2.29 성별, 종교별 성충동의 차이

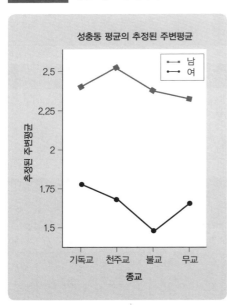

그림 2.30 연도별, 종교별 성충동의 차이

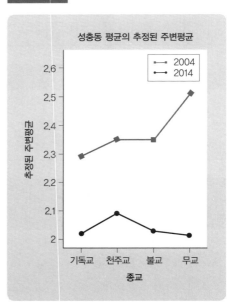

12) 성별, 연도별, 종교 정도별 성충동의 차이

대학생의 성별, 연도별, 종교 정도별 성충동의 차이를 분석한 결과는 〈표 2.35〉와 같다(그림 2.31, 2.32 참조).

표 2.35 성별, 연도별, 종교 정도별 성충동의 차이

	전혀 없음			가끔			보통			열심히 함			합계		
	평균	SD	N	평균	SD	N	평균	SD	N	평균	SD	N	평균	SD	N
남	2.25	.768	166	2.53	.941	47	2.36	.741	61	2.53	.817	90	2.37	.806	364
여	1.66	.484	92	1.76	.765	28	1.66	.562	46	1.75	.476	72	1.70	.536	238
합계	2.04	.738	258	2.24	.951	75	2.06	.752	107	2.18	.786	162	2.11	.784	602

독립변인	제곱합	자유도	평균 제곱	F	유의확률
성별	58.792	1	58.792	117.247	.000
종교	4.170	3	1.390	2.772	.041
성별×종교	.882	3	.294	.586	.624

	전혀 없음			가끔			보통			열심히 함			합계		
	평균	SD	N	평균	SD	N	평균	SD	N	평균	SD	N	평균	SD	N
2004	2.45	.835	37	2.34	.764	15	2.16	.740	34	2.35	.771	62	2.33	.778	148
2014	1.97	.699	221	2.22	.996	60	2.01	.758	73	2.08	.781	100	2.03	.773	454
합계	2.04	.738	258	2.24	.951	75	2.06	.752	107	2.18	.786	162	2.11	.784	602

독립변인	제곱합	자유도	평균 제곱	F	유의확률
연도	5.675	1	5.675	9.483	.002
종교 정도	1.517	3	.506	.845	.470
연도×종교 정도	1.828	3	.609	1.018	.384

〈표 2.35〉와 같이 대학생의 성충동의 인식을 성별, 연도별, 종교 정도별로 비교 분석한 결과 남자 대학생이 전혀 없음이 2.25, 가끔 2.53, 보통 2.36, 열심히 함

은 2.53이었고, 여자 대학생은 전혀 없음이 1.66, 가끔 1.76, 보통 1.66, 열심히 함은 1.75로 성별로는 p<.001 수준에서 차이가 있었으며, 종교별로는 p<.05 수준에서 차이가 있었다. 연도별, 종교 정도별 분석결과는 2004년에는 전혀 없음이 2.45, 가끔 2.34, 보통 2.16, 열심히 함은 2.35였고, 2014년에는 전혀 없음이 1.97, 가끔 2.22, 보통 2.01, 열심히 함은 2.08로 연도별 차이는 p<.01 수준이었다.

이를 볼 때 종교 활동을 가끔 또는 열심히 하는 학생들이 전혀 안 하는 학생과 보통으로 하는 학생보다 성충동을 더 느끼는 것으로 나타났다. 그리고 남자 대학생이 여자 대학생보다 성충동을 더 느끼는 것으로 나타났다.

그림 2.31 성별, 종교 정도별 성충동의 차이   **그림 2.32** 연도별, 종교 정도별 성충동의 차이

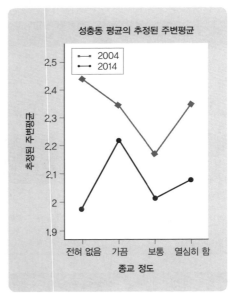

13) 종교생활 정도에 따른 성행동과의 상관관계

지금까지 살펴본 대학생의 성지식과 성의식 및 성행동의 연도별, 성별 차이의 결과를 토대로 성관련 변인들 간의 상관관계를 확인하고 변인들 간의 인과관계를 살펴보고자 한다. 성지식을 얻게 된 경로는 학교를 비롯한 공기관에서의 경로와 동영상, TV, 인터넷 등 미디어 매체를 통해서 얻은 성지식의 정도가 다를 것으로 생각되어 집단을 구분하였다. 성지식 경로 : 공기관, 성지식 경로 : 매체, 성지식, 성교육 만족, 성의식, 성충동, 성행동의 상관을 전체적으로 확인하고 연도별, 성별에 따라 구분하여 확인하였다.

(1) 성지식 경로, 종교생활 정도, 성교육 만족, 성지식, 성충동, 성행동과의 상관관계 분석(전체)

전체 대학생을 대상으로 종교생활 정도, 성경로, 성교육, 성지식, 성충동, 성행동과의 상관관계를 분석한 결과는 〈표 2.36〉과 같다.

표 2.36 성지식 경로, 종교생활 정도, 성교육 만족, 성지식, 성충동, 성행동과의 상관관계 분석(전체)

전체	성경로 : 공기관	성경로 : 매체	성지식	종교생활 정도	성의식	성행동	성충동	성교육 만족
성경로 : 공기관	1							
성경로 : 매체	.440**	1						
성지식	.236**	.236**	1					
종교생활 정도	.051	−.041	−.098*	1				
성의식	−.046	−.044	−.102*	.506**	1			
성행동	−.134**	−.226**	−.203**	−.113*	.072	1		
성충동	−.015	.249**	.108**	.061	.082*	.244**	1	
성교육 만족	.257**	−.027	.129**	.070	.039	−.014	−.100*	1

* $p < .05$, ** $p < .01$

〈표 2.36〉과 같이 대학생 전체를 대상으로 종교생활 정도, 성경로, 성교육 만족, 성지식, 성충동, 성행동과의 상관관계를 분석한 결과 성경로인 공기관과 매체는

r=.440, 성지식과는 r=.236, 성교육 만족은 r=.257로 정적상관을 보였다. 그러나 성행동과는 부적상관(r=−.134)을 보였다. 이는 매체에 의한 성경로도 같은 유형을 보였다. 성의식과 종교생활 정도는 r=.506으로 가장 높은 상관을 보였다. 종교생활을 열심히 하는 대학생일수록 성의식이 높다고 할 수 있다. 또한 매체에 의한 성지식을 습득하는 대학생들은 성충동이 높았으나(r=.249), 성행동과는 부적인 상관을 보였다(r=−.226). 성교육을 공교육에 의해 습득하는 대학생들은 성교육에 대한 만족도가 높으며, 성행동과는 부적상관을 보였다. 성지식이 높은 학생들은 성행동을 적게 하는 것으로 나타났고(r=−.203), 성행동과 성충동은 r=.244의 정적상관을 보였다. 성충동과 성교육 만족은 부적상관을 보여 성교육을 만족하는 학생들은 성충동을 적게 하는 것으로 나타났다.

(2) 성지식 경로, 종교생활 정도, 성교육 만족, 성지식, 성충동, 성행동과의 상관관계 분석(2004년)

2004년 대학생을 대상으로 종교 생활정도, 성경로, 성충동, 성지식, 성충동, 성행동과의 상관관계를 분석한 결과는 〈표 2.37〉과 같다.

표 2.37 성지식 경로, 종교생활 정도, 성교육 만족, 성지식, 성충동, 성행동과의 상관관계 분석 (2004년)

2004	성경로 : 공기관	성경로 : 매체	성지식	종교생활 정도	성의식	성행동	성충동	성교육 만족
성경로 : 공기관	1							
성경로 : 매체	.253**	1						
성지식	.118	.073	1					
종교생활 정도	.095*	−.059	−.063	1				
성의식	.035	−.064	.012	.514**	1			
성행동	−.037	−.219**	−.212**	−.241**	.107	1		
성충동	−.168*	.204*	.145	−.053	−.087	.370**	1	
성교육 만족	.489**	−.062	.217**	.128*	.094	−.081	−.191*	1

* p<.05, ** p<.01

〈표 2.37〉과 같이 2004년 대학생을 대상으로 종교생활 정도, 성경로, 성교육 만족, 성지식, 성충동, 성행동과의 상관관계를 분석한 결과 성경로인 공기관과 매체와 성지식은 r=.253, 성충동과는 r=-.168, 성교육 만족은 r=.489로 상관을 보였다. 즉, 공교육에 의한 성지식 정도가 성지식, 성교육 만족도를 높이나, 성충동은 낮춘다고 할 수 있다. 그러나 매체에 의한 경로로 성지식을 습득한 대학생은 성행동과는 부적상관(r=-.219)을 보였다. 성의식과 종교생활 정도는 r=.514로 가장 높은 상관을 보였다. 종교생활을 열심히 하는 대학생일수록 성의식이 높다고 할 수 있다. 성지식이 높은 학생들은 성행동을 적게 하고, 성교육에 대한 만족이 높은 것으로 나타났다.

(3) 성지식 경로, 종교생활 정도, 성교육 만족, 성지식, 성충동, 성행동과의 상관관계 분석(2014년)

2014년 대학생을 대상으로 종교생활 정도, 성경로, 성교육, 성지식, 성충동, 성행동과의 상관관계를 분석한 결과는 〈표 2.38〉과 같다.

표 2.38 성지식 경로, 종교생활 정도, 성교육 만족, 성지식, 성충동, 성행동과의 상관관계 분석 (2014년)

2014	성경로 : 공기관	성경로 : 매체	성지식	종교생활 정도	성의식	성행동	성충동	성교육 만족
성경로 : 공기관	1							
성경로 : 매체	.514**	1						
성지식	.280**	.309**	1					
종교생활 정도	.050	-.071	-.094*	1				
성의식	-.071	-.027	-.145**	.464**	1			
성행동	-.167**	-.219**	-.221**	-.086*	.049	1		
성충동	.033	.243**	.113*	.047	.144**	.247**	1	
성교육 만족	.167**	.012	.080	.130*	-.003	-.013	-.035	1

* p<.05, ** p<.01

〈표 2.38〉과 같이 2014년 대학생을 대상으로 종교생활 정도, 성경로, 성교육 만

족, 성지식, 성충동, 성행동과의 상관관계를 분석한 결과 성경로인 공기관과 매체와의 상관은 r=.514로 높은 상관을, 성지식과는 r=.280, 성행동과는 r=-.167, 성교육 만족은 r=.167의 상관을 보였다. 즉, 공교육에 의한 성지식 정도가 성지식, 성교육 만족도를 높이나, 성행동은 낮춘다고 할 수 있다. 그러나 매체에 의한 경로로 성지식을 습득한 대학생은 성지식, 성충동과는 정적상관을, 성행동과는 부적상관(r=-.219)을 보였다. 성지식과 종교생활 정도, 성의식, 성행동은 부적상관을, 성충동과는 정적상관을 보였다. 이는 종교생활을 안 할수록 성행동이 낮을수록, 성의식이 낮을수록 성지식이 높다고 할 수 있다. 성의식과 종교생활 정도는 r=.464로 높은 상관을 보였다. 종교생활을 열심히 하는 대학생일수록 성의식이 높다고 할 수 있다. 성충동이 많은 대학생이 성행동도 많이 하는 것으로 나타났다.

(4) 성지식 경로, 종교생활 정도, 성교육 만족, 성지식, 성충동, 성행동과의 상관관계 분석(남자 대학생)

남자 대학생을 대상으로 종교생활 정도, 성경로, 성교육 만족, 성지식, 성충동, 성행동과의 상관관계를 분석한 결과는 〈표 2.39〉와 같다.

표 2.39 성지식 경로, 종교생활 정도, 성교육 만족, 성지식, 성충동, 성행동과의 상관관계 분석 (남자 대학생)

남자 대학생	성경로 : 공기관	성경로 : 매체	성지식	종교생활 정도	성의식	성행동	성충동	성교육 만족
성경로 : 공기관	1							
성경로 : 매체	.447**	1						
성지식	.233**	.191**	1					
종교생활 정도	.062	-.036	-.190*	1				
성의식	.008	-.014	-.097	.494**	1			
성행동	-.146**	-.194**	-.192**	-.151*	.031	1		
성충동	-.033	.161**	.009	.126*	.175**	.201**	1	
성교육 만족	.300**	.011	.214**	.058	.055	-.004	-.060	1

* p<.05, ** p<.01

〈표 2.39〉와 같이 남자 대학생을 대상으로 종교생활 정도, 성경로, 성교육 만족, 성지식, 성충동, 성행동과의 상관관계를 분석한 결과 성경로인 공기관과 매체와의 상관은 r=.447로 높은 상관을, 성지식과는 r=.233, 성교육 만족은 r=.300의 정적 상관을, 성행동(r=-.146)과는 부적상관을 보였다. 즉, 공교육에 의한 성지식 정도가 성지식, 성교육 만족도를 높이나, 성행동은 낮춘다고 할 수 있다. 매체에 의한 경로로 성지식을 습득한 대학생은 성지식, 성충동과는 정적상관을, 성행동과는 부적 상관를 보였다. 성지식과 종교생활 정도, 성행동은 부적상관을, 성교육 만족과는 정적상관을 보였다. 이는 성지식이 높을수록 종교생활은 안 하고, 성행동은 낮다고 할 수 있다. 성의식과 종교생활 정도는 r=.494로 높은 상관을 보였다. 종교생활을 열심히 하는 대학생일수록 성의식이 높다고 할 수 있다. 성의식과 성행동이 많은 대학생이 성충동도 많은 것으로 나타났다.

(5) 성지식 경로, 종교생활 정도, 성교육 만족, 성지식, 성충동, 성행동과의 상관관계 분석(여자 대학생)

여자 대학생을 대상으로 종교생활 정도, 성경로, 성교육 만족, 성지식, 성충동, 성행동과의 상관관계를 분석한 결과는 〈표 2.40〉과 같다.

표 2.40 성지식 경로, 종교생활 정도, 성교육 만족, 성지식, 성충동, 성행동과의 상관관계 분석 (여자 대학생)

여자 대학생	성경로 : 공기관	성경로 : 매체	성지식	종교생활 정도	성의식	성행동	성충동	성교육 만족
성경로 : 공기관	1							
성경로 : 매체	.473**	1						
성지식	.263**	.269**	1					
종교생활 정도	.026	-.018	.056	1				
성의식	-.158*	-.057	-.086	.525**	1			
성행동	-.130*	-.251**	-.195**	-.033	.142*	1		
성충동	.092	.286**	.170**	.061	.033	-.221**	1	
성교육 만족	.168**	-.056	.017	.075	-.011	.059	-.115*	1

* p<.05, ** p<.01

〈표 2.40〉과 같이 여자 대학생을 대상으로 종교생활 정도, 성경로, 성교육 만족, 성지식, 성충동, 성행동과의 상관관계를 분석한 결과 성경로인 공기관과 매체와의 상관은 r=.473으로 높은 상관을, 성지식과는 r=.263, 성교육 만족은 r=.168의 정적상관을 성의식, 성행동과는 부적상관을 보였다. 즉, 공교육에 의한 성지식 정도가 성지식, 성교육 만족도를 높이나 성의식, 성행동은 낮춘다고 할 수 있다. 매체에 의한 경로로 성지식을 습득한 대학생은 성지식, 성충동과는 정적상관을 성행동과는 부적상관를 보였다. 성지식과 성행동은 부적상관을 성충동과는 정적상관을 보였다. 이는 성지식이 높을수록 성충동은 높지만 성행동은 낮다고 할 수 있다. 성의식과 종교생활 정도는 r=.525로 높은 상관을 보였다. 종교생활을 열심히 하는 대학생일수록 성의식이 높다고 할 수 있다. 여학생들은 성충동이 많은 학생이 성행동은 적은 것으로 나타났다.

14) 대학생의 종교생활 정도에 따른 성행동과의 경로 분석

(1) 대학생의 종교생활 정도에 따른 성행동 경로 모형

대학생의 종교생활 정도, 성지식 경로, 성교육 만족, 성지식, 성충동, 성행동과의 인과관계를 확인하고자 경로 분석한 경로 모형은 〈그림 2.33〉과 같다.

그림 2.33 대학생의 종교생활 정도에 따른 성행동 경로 모형

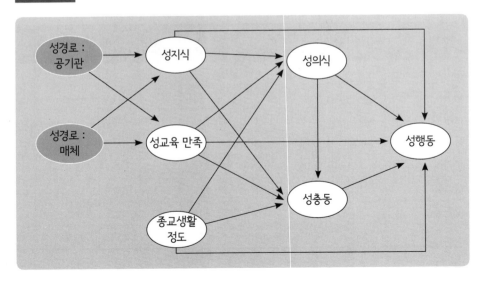

〈그림 2.33〉에서와 같이 대학생의 종교생활 정도, 성경로, 성교육 만족, 성지식, 성충동, 성행동과의 인과관계를 확인하고자 경로 분석한 경로 모형은 GFI=.97 AGFI=.89, NFI=.85, RMR=.06으로 측정 모형은 적합도가 양호하다고 해석할 수 있다. 이는 본 분석 자료가 경로 모형의 긍정적 평가를 위한 조건을 충족하고 있음을 의미한다.

(2) 종교생활 정도, 성지식 경로, 성교육 만족, 성지식, 성충동, 성행동과의 경로 분석 (전체)

전체 대학생을 대상으로 종교생활 정도, 성지식 경로, 성교육 만족, 성지식, 성충동, 성행동과의 인과관계를 분석한 경로 분석한 결과는 〈그림 2.34〉와 같다.

그림 2.34 대학생의 종교생활 정도에 따른 성행동 경로 분석(전체)

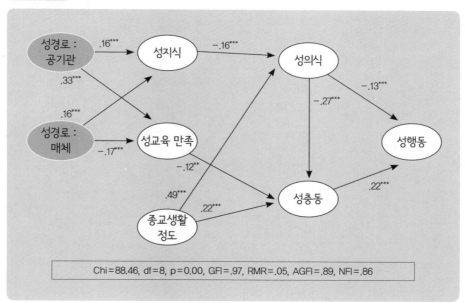

〈그림 2.34〉에서 보는 바와 같이 전체 대학생을 대상으로 종교생활 정도, 성지식 경로, 성교육 만족, 성지식, 성충동, 성행동과의 인과관계를 분석한 경로 분석한 결과는 GFI=.97, AGFI=.89, NFI=.86, RMR=.05로 측정 모형은 적합도가 양호하다고 해석할 수 있다.

(3) 종교생활 정도, 성지식 경로, 성교육 만족, 성지식, 성충동, 성행동과의 경로 분석 (2004년)

2004년 대학생을 대상으로 종교생활 정도, 성지식 경로, 성교육 만족, 성지식, 성충동, 성행동과의 인과관계를 경로 분석한 결과는 〈그림 2.35〉와 같다.

〈그림 2.35〉와 같이 2004년 대학생을 대상으로 종교생활 정도, 성지식 경로, 성교육 만족, 성지식, 성충동, 성행동과의 인과관계를 경로 분석한 결과는 GFI=.93, AGFI=.86, NFI=.87, RMR=.05로 측정 모형은 적합도가 양호하다고 해석할 수 있다.

그림 2.35 대학생의 종교생활 정도에 따른 성행동 경로 분석(2004년)

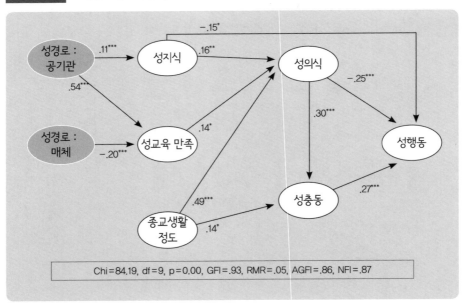

(4) 종교생활 정도, 성지식 경로, 성교육 만족, 성지식, 성충동, 성행동과의 경로 분석
(2014년)

2014년 대학생을 대상으로 종교생활 정도, 성지식 경로, 성교육 만족, 성지식, 성충동, 성행동과의 인과관계를 경로 분석한 결과는 〈그림 2.36〉과 같다.

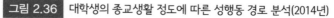

그림 2.36 대학생의 종교생활 정도에 따른 성행동 경로 분석(2014년)

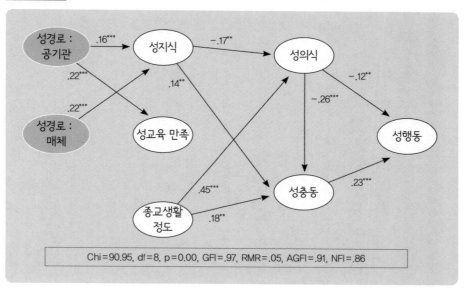

〈그림 2.36〉에서 보는 바와 같이 2014년 대학생을 대상으로 종교생활 정도, 성지식 경로, 성교육 만족, 성지식, 성충동, 성행동과의 인과관계를 경로 분석한 결과는 GFI=.97 AGFI=.91, NFI=.86, RMR=.05로 측정 모형은 적합도가 양호하다고 해석할 수 있다.

(5) 종교생활 정도, 성지식 경로, 성교육 만족, 성지식, 성충동, 성행동과의 경로 분석 (남자 대학생)

남자 대학생을 대상으로 종교생활 정도, 성지식 경로, 성교육 만족, 성지식, 성충동, 성행동과의 인과관계를 경로 분석한 결과는 〈그림 2.37〉과 같다.

그림 2.37　대학생의 종교생활 정도에 따른 성행동 경로 분석(남자 대학생)

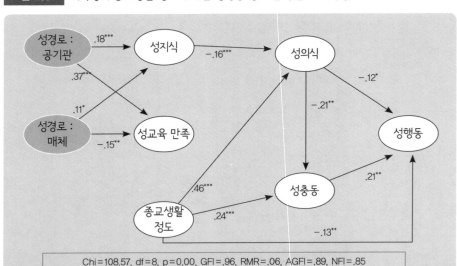

〈그림 2.37〉과 같이 남자 대학생을 대상으로 종교생활 정도, 성지식 경로, 성교육 만족, 성지식, 성충동, 성행동과의 인과관계를 경로 분석한 결과는 GFI = .96 AGFI = .89, NFI = .85, RMR = .06으로 측정 모형은 적합도가 양호하다고 해석할 수 있다.

(6) 종교생활 정도, 성지식 경로, 성교육 만족, 성지식, 성충동, 성행동과의 경로 분석 (여자 대학생)

여자 대학생을 대상으로 종교생활 정도, 성지식 경로, 성교육 만족, 성지식, 성충동, 성행동과의 인과관계를 경로 분석한 결과는 〈그림 2.38〉과 같다.

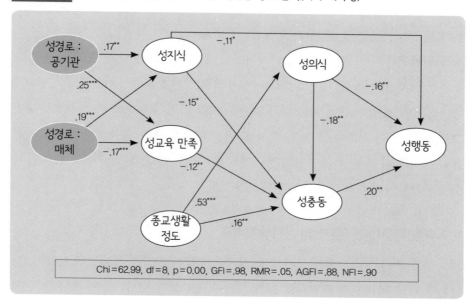

그림 2.38 | 대학생의 종교생활 정도에 따른 성행동 경로 분석(여자 대학생)

Chi=62.99, df=8, p=0.00, GFI=.98, RMR=.05, AGFI=.88, NFI=.90

〈그림 2.38〉과 같이 여자 대학생을 대상으로 종교생활 정도, 성지식 경로, 성교육 만족, 성지식, 성충동, 성행동과의 인과관계를 경로 분석한 결과는 GFI=.98 AGFI=.88, NFI=.90, RMR=.05로 측정 모형은 적합도가 양호하다고 해석할 수 있다.

3. 결론

우리 사회의 급격한 경제성장과 세계화 · 정보화 · 사회화 속에 살고 있는 현대인의 의식과 가치관의 변화는 가히 충격적이라고 해도 지나치지 않다. 특히 핵가족화, 호주제 폐지, 양성평등 사상의 증대와 부부의 직장진출 확대, 전파 매체의 영향력 증대 및 인터넷의 보급에 따른 파급 효과는 여러 가지 후유증을 파생시키고 있다. 그중에서도 혼전 성행동, 혼전 동거, 이혼 급등과 결혼 기피, 출산 회피에 따른 출산율의 급격한 감소 등이 국가 사회적 문제로 제기되고 있다. 본 연구에서 밝혀진 사실에 근거하여 다음과 같이 결론을 맺고자 한다.

1) 2004년과 2014년 대학생의 성지식의 비교

2004년과 2014년 대학생의 성지식 중 성기관에 대한 지식은 2004년은 3.87, 2014년은 3.99로 2014년에 성기관에 대한 지식이 높았으며, 2004년 여학생은 평균이 3.91, 2014년 남학생의 평균은 4.04로 상호작용 효과를 확인할 수 있었다. 즉, 남학생은 10년 전보다 성기관에 대한 지식이 줄었으나, 여학생은 2014년에 성기관에 대한 지식이 상승한 것이라고 할 수 있다.

성건강 지식의 비교는 남녀에 따라 $p < .01$ 수준에서 차이가 있었고, 연도별로는 차이가 없었으며, 성별×연도별 상호작용 효과는 $p < .05$ 수준에서 차이를 보였다. 남학생은 10년 전보다 성건강에 대한 지식이 줄었고, 여학생은 2014년에 성건강 지식이 증가하였다고 할 수 있다.

성지식 경로는 2004년 대학생은 대중매체를 통한 습득과 서적을 통한 습득, 여성 잡지, 성인 잡지를 통한 습득을 많이 하였고 2014년 대학생은 부모와 학교 성교육을 통해서 성에 대한 지식을 많이 습득하였음을 알 수 있다.

2) 2004년과 2014년 남녀 대학생의 성행동의 비교

대학생의 성행동의 연도별, 성별 차이는 $p < .001$ 수준에서 성별, 성별×연도별 상호작용 효과에서는 $p < .05$ 수준에서 차이가 있었다. 남학생보다는 여학생의 성행동이 늘어났으며, 2004년보다는 2014년에 성행동이 더 많아졌음을 알 수가 있다.

대학생의 성충동의 연도별, 성별의 차이는 p<.001 수준에서, 연도별에서는 p<.01 수준에서 차이가 났으나, 성별×연도별 상호작용 효과에서는 차이가 없었다. 이러한 결과를 볼 때 남자 대학생보다는 여자 대학생의 성충동이 늘어났으며, 2004년보다는 2014년에 성충동이 더 많아졌음을 알 수 있다.

대학생들의 첫 경험의 연령은 2004년은 19~20세 38.6%로 성관계를 경험한 학생이 많은 반면에 2014년 또한 19~20세에 경험한 학생이 42.2%로 많았다(χ^2=3.80, df=4, p>.05).

남학생의 첫 성관계 장소 비교를 볼 때에 2004년에는 성관계 장소로 자신의 집을 가장 많이 응답한 반면 2014년에는 호텔/모텔을 가장 많은 것으로 응답하여 차이가 있었다.

종교의 열심에 따른 혼전 성관계를 비교한 결과 '있다'는 21.3%, '없다'는 78.7%이고, 종교활동이 없는 학생은 '있다'가 45.7%, '없다'가 54.3%로 나타났다(χ^2=36.44, df=3, p<.001). 종교(기독교)와 종교활동(기독교)을 열심히 하는 학생이 종교(기독교)가 없고 종교활동(기독교)을 열심히 하지 않는 학생보다 혼전 성관계가 낮았다.

3) 2004년과 2014년 남녀 대학생의 성교육의 비교

첫째, 성교육의 필요성 : 성교육 필요성의 정도에 대한 차이를 연도별, 성별에 의한 이원변량분석 결과이다. 성별로는 p<.01의 수준에서 차이가 있었으며, 연도별, 성별×연도별 상호작용 효과는 차이가 없었다. 즉, 남학생이 여학생보다 성교육에 대한 필요성을 더 느끼고 있었다.

둘째, 학교 성교육의 성문제 도움 정도의 비교 : 학교 성교육의 성문제 도움에 대한 정도 차이를 연도별, 성별에 의한 이원변량분석 결과이다. 성별로는 차이가 없었으나, 연도별로는 p<.001의 수준에서 차이가 있었으며, 성별×연도별 상호작용 효과는 p<.05 수준에서 차이가 있었다. 즉, 2004년이 2014년보다 학교 성교육의 성문제 도움을 더 많이 받고 있다고 할 수 있고, 2004년 남학생이 가장 많은 도움을 얻었고, 2014년 남학생이 가장 도움을 적게 받은 것을 평균값을 통해 확인할 수 있었다.

셋째, 학교 성교육의 개선점 비교 : 학교에서 성교육의 개선점을 비교 분석한 결과 $p < .001$ 수준에서 유의미한 차이를 보였다. 남자 대학생의 경우 2004년과 2014년에 '좀 더 자세한 내용을 알고 싶다'가 32.2%, 22.8%였고, 여자 대학생의 경우 '이론보다 시청각 교육을 받고 싶다'가 각각 34.3%, 21.1%를 보여 남녀 대학생이 바라는 성교육 개선점이 서로 다른 것으로 드러났다.

넷째, 가정 성교육 경험 : 대학생의 가정 성교육 경험을 연도별로 분석한 결과 $p < .001$ 수준에서 유의미한 차이가 있었다. 2004년 대학생(16.2%)에 비해 2014년 대학생(30.1%)이 가정 성교육 경험이 많은 것으로 나타났다. 성에 대한 질문 시 부모님의 반응을 연도별로 분석한 결과 $p < .001$ 수준에서 차이를 보였다. 2004년 대학생은 '분명한 답 없이 넘겨 버렸다'는 응답을 가장 많이 한 반면 2014년 대학생은 '친절하게 가르쳐 주셨다'는 응답을 가장 많이 하여 연도별로 차이가 있었다.

4. 제언

다음과 같이 제언하고자 한다.

첫째, 가정에서의 성교육의 재검토가 필요하다. 성지식 경로는 2004년 대학생은 대중매체를 통한 습득과 서적과 여성 잡지, 성인 잡지를 통한 습득을 많이 하였고 2014년 대학생은 부모와 학교 성교육을 통해서 성에 대한 지식을 많이 습득하였음을 알 수 있다. 이를 통해 여학생은 2004년보다 2014년에 성기관과 성건강은 증가하였다. 그러나 성행동과 혼전 성관계는 2004년보다 2014년이 증가하였다. 이 결과를 통해 우리에게 주는 시사점은 성에 대한 지식은 증가하였지만 성윤리 교육에 문제점이 나타났다고 볼 수 있다. 따라서 가정에서의 성교육의 전반적인 재검토가 필요하다고 본다.

성윤리는 생명윤리보다 중요하기 때문에 성윤리 교육은 반드시 필요하다. 왜냐하면 성에서 생명이 잉태되기 때문이다. 따라서 바른 성윤리 의식 정립을 위한 성교육이 중요하다. 이를 통해 순결교육이 어느 때보다 중요하다고 본다.

둘째, 학교에서의 성교육의 개선점이 필요하다. 남학생이 여학생보다 성교육에 대한 필요성을 느끼고 있었다. 그리고 학교 성교육의 성문제 도움 정도의 비교를 볼 때에 남학생은 학교에서의 성교육이 가장 적게 도움이 되는 것으로 나타났다. 성교육의 개선점으로 '좀 더 자세히 알고 싶다'와 '이론보다 비디오 등을 통한 시청각 교육을 받고 싶다'가 높은 응답률을 보였다. 이로 미루어 볼 때 성교육은 좀더 구체적이고 현실적인 도움이 될 수 있는 교사들의 충분한 연수와 새로운 성교육 교재의 개발과 편찬이 요구된다. 아울러 성교육 전문가의 양성이 절대적으로 필요하다.

셋째, 성윤리에 대한 책임 있는 교육이 필요하다. 그 대안으로 중고등학교 내에 성윤리 과목을 교양 필수로 지정하고, 대학에서는 성윤리 과목을 신설하여 이를 위한 교사와 교수 양성이 시급하다. 또한 기독교 윤리의 기초 위에 교육을 받아 온 2014년 대학생들이 높은 성윤리를 가지고 있음을 볼 때 기독교를 비롯한 종교계에서 지속적인 성윤리 교육이 필요하다.

성윤리 전담교사 양성에 대한 대안으로 대학 내에 성윤리 과목신설, 사범대, 교육대에 유사한 학과에서 성윤리 과목을 실시하여 초등학교, 중고등학교에 배치하는 방법이 있다. 제2대안은 각 학교의 보건교사를 활용하는 방법을 생각할 수 있다. 보건교사를 교육부에서 성윤리 교육 연수 후 초등학교, 중고등학교에 배치하는 방법이 있다. 그리고 성윤리 교과서 및 교육보조 자료로 영상 프로그램 등의 개발이 필요하다고 생각한다.

넷째, 언론매체에서 건전한 성윤리의 정립이 필요하다. 언론매체는 상업성이 매우 짙다. 그동안 언론이 분별력과 책임의식을 잊어버리고 성을 상품화하는 데 일조하였다. 일조 정도가 아니라 각종 미인대회를 유치하여 성을 상품화하는 데 앞장을 섰다. 이처럼 언론매체는 물질적인 이익을 위해서는 윤리는 안중에도 없는 듯이 성을 상품화하고 선정적인 분위기를 조장하였다. 특히 텔레비전은 교묘하게 성을 상품화하여 시청률 높이기에 급급하고 있다. 여성을 상품화하는 행위는 도덕적, 정신적 파괴행위이다(김경희, 1992).

노골적인 성상품화로서 성관계에 대한 적나라한 묘사와 투영을 통해서 에로틱한 감정을 유발시키고, 더 나아가서 성적 충동을 자극한다. 그리고 성상품화로 다른 제품의 판매촉진을 위해 관심을 유도하고 있다. 그뿐만 아니라 성을 이윤을 창출하는 도구로 이용하고 있다. 교육은 상업과의 연계를 차단해야 한다. 특히 성교육은 철저하게 상업과의 연계를 차단해야 한다. 그때 건전한 성윤리를 정립할 수 있다.

따라서 인간의 성을 상품화하고, 향락산업을 조장하는 사회악을 근절하여 건전한 성문화 및 여성의 인권을 신장하는 데 앞장을 서야 한다. 그리고 사회법을 강화하는 등 제도적 개선이 필요하다.

다섯째, 교회에서 성교육이 필요하다. 학교에서의 성교육 배정시간은 많아야 1년에 10시간이다. 그나마 교육 프로그램조차도 제대로 개발되어 있지 않아 책임 있게 교육을 시행하지 못하고 있다. 가정에서의 성교육 또한 어떤 원칙에 준해 교육하기보다 부모 개개인의 윤리적 모범생활을 통해 이루어진다. 그런데 문제는 부모의 윤리의식 결핍이다. 또 한 가지 문제는 학교나 가정에서 성교육 프로그램을 실시한다 할지라도 예방적 차원에서의 교육에 치중할 뿐 이미 발생된 문제에 대해 해답을 준다는 것은 그렇게 쉬운 것이 아니다. 그러나 교회교육은 둘 다를 포함한다. 성경에는 성의 기원, 성의 목적 및 성윤리에 대해 자세하게 언급되어 있다. 그렇기 때문에 제반 성문제에 대한 해결점을 기대할 수 있다. 물론 타 종교에서도 경전이 있지만 이 성문제에 대해서는 소극적인 자세를 취하고 있다. 따라서 신학교에서의 전문 성교육 목회자 양성이 필요하다. 그러할 때 교회에서의 성교육은 가장 이상적이라 할 수 있다.

부록

2004년과 2014년 대학생의 성충동, 성충동, 성교육, 성행동에 관한 비교 연구

1. 인적 사항

1. 성별은?   남 □   여 □

2. 연령은?   만 (   ) 세

3. 전공은? (   )

4. 학년은? (   ) 학년

5. 거주 형태는?   ① 전원주택 □   ② 아파트 □   ③ 단독주택 □
   ④ 상가주택 □   ⑤ 기타 □

6. 거주지는?   ① 대도시 □   ② 중소도시 □   ③ 농촌 □   ④ 어촌 □   ⑤ 기타 □

7. 학력은?   ① 대학 1년 □   ② 대학 2년 □   ③ 대학 3년 □   ④ 대학 4년 □

8. 전체 평균의 성적은?   ① A⁺ □   ② A⁻ □   ③ B⁺ □   ④ B⁻ □   ⑤ C □

9. 동거 가족은?   ① 조부 □   ② 조모 □   ③ 부 □   ④ 모 □   ⑤ 계부 □
   ⑥ 계모 □   ⑦ 형제 □   ⑧ 자매 □

10. a. 아버지 학력은?
    ① 국졸 □   ② 중졸 □   ③ 고졸 □   ④ 대졸 □   ⑤ 대학 이상 □
    b. 어머니 학력은?
    ① 국졸 □   ② 중졸 □   ③ 고졸 □   ④ 대졸 □   ⑤ 대학 이상 □

11. 부모님의 직업은?   ① 전문직 □   ② 관리직 □   ③ 사무직 □   ④ 판매직 □
    ⑤ 서비스직 □   ⑥ 생산직 □   ⑦ 노무직 □   ⑧ 농·축·수산 □   ⑨ 가사 □
    ⑩ 무직 □   ⑪ 기타 □

12. 생활 정도는?   ① 상류 □   ② 부유 □   ③ 중상 □   ④ 중류 □   ⑤ 하 □

13. 종교는?   ① 기독교 □   ② 천주교 □   ③ 불교 □   ④ 유대교 □   ⑤ 모슬렘 □
    ⑥ 무교 □   ⑦ 기타 □

14. 종교활동 상황은? ① 매우 열심히 ☐ ② 비교적 열심히 ☐ ③ 보통 ☐
④ 가끔씩 ☐ ⑤ 전혀 없음 ☐

15. 여가생활은 주로 어떻게 보내는가?(순서대로 세 가지만 고르시오.)
① 스포츠 ☐ ② 등산 ☐ ③ 독서 ☐ ④ 음악 감상 및 연주회 관람 ☐
⑤ 만화 및 잡지 ☐ ⑥ 인터넷 ☐ ⑦ TV시청 ☐ ⑧ 영화 ☐
⑨ 연극 및 공연 관람 ☐ ⑩ 수면 ☐ ⑪ 친구와 함께 ☐
⑫ 산책 ☐ ⑬ 기타 ☐

16. 배우자의 선택 조건 중 중요하다고 생각하는 것은?(순서대로 세 가지만 고르시오.)
① 외모 ☐ ② 경제력 ☐ ③ 능력 ☐ ④ 학벌 ☐ ⑤ 가정환경 ☐
⑥ 종교 및 가치관 ☐ ⑦ 직업 ☐ ⑧ 성격 ☐ ⑨ 건강 ☐ ⑩ 출생순위 ☐
⑪ 장래성 ☐ ⑫ 연령 ☐ ⑬ 환경의 유사성 ☐ ⑭ 취미 ☐ ⑮ 성적인 매력 ☐

17. 결혼생활을 위해 가장 중요하다고 생각되는 것은?(순서대로 두 가지만 고르시오.)
① 성적 만족 ☐ ② 친밀한 대화 ☐ ③ 종교 ☐ ④ 경제력 ☐
⑤ 유사한 취미 ☐ ⑥ 양가 가족과의 관계 ☐ ⑦ 성격 ☐ ⑧ 기타 ☐

2. 성에 대한 신체발달 변화에 대한 내용입니다.

문항내용	9세	10세	11세	12세	13세 이상
1. 이성에게 호기심을 느낀 시기는?					
2. 초경과 몽정의 시기는?					
3. 가슴이 나온 시기는?					
4. 목소리의 변화는?					

3. 성에 대한 인식 질문입니다.

순결

문항내용	전혀 그렇지 않다	대체로 그렇지 않다	보통 이다	대체로 그렇다	매우 그렇다
	1	2	3	4	5
1. 남녀의 신체적 순결은 상대방에게 소중하다.					
2. 시대가 변해도 순결은 지켜야 한다.					

문항내용					
3. 배우자는 순결해야 한다.					
4. 서로 사랑한다고 해도 결혼하기 전까지는 성관계를 가져서는 안 된다.					
5. 결혼할 상대자가 나타날 때까지 순결은 지켜야 한다.					
6. 결혼 전의 성관계는 부도덕하다.					
7. 사회가 허용하지 않는 성관계는 비도덕적이다.					
8. 혼전 성관계는 남자는 괜찮지만 여자는 안 된다.					
9. 처녀막은 순결을 상징한다.					

인공인심중절

문항내용	전혀 그렇지 않다	대체로 그렇지 않다	보통 이다	대체로 그렇다	매우 그렇다
	1	2	3	4	5
1. 인공임신중절은 생명을 죽이는 것이기 때문에 허용해서는 안 된다.					
2. 인공임신중절은 종교에 반하기 때문에 허용해서는 안 된다.					
3. 인공임신중절은 법적으로 허용되어야 한다.					
4. 혼전 임신은 미혼모 등의 사회문제가 있으므로 인공임신중절을 해야 한다.					
5. 혼전 임신이 되었다면 아이를 낳아야 한다.					
6. 원하지 않는 임신을 하였다면 인공임신중절을 시켜야 한다.					
7. 요즘 인공임신중절을 쉽게 할 수 있기에 임신해도 안심이 된다.					
8. 인공임신중절을 해도 죄책감을 느끼지 않는다.					
9. 인공임신중절을 쉽게 할 수 있는 요즈음 원치 않는 아이를 이 세상에 태어나게 하는 것은 비윤리적이다.					

결혼과 출산

문항내용	전혀 그렇지 않다	대체로 그렇지 않다	보통 이다	대체로 그렇다	매우 그렇다
	1	2	3	4	5
1. 나는 결혼을 하여 자녀를 낳겠다.					
2. 나는 결혼을 하지만 자녀는 낳지 않겠다.					
3. 나는 결혼을 하여 꼭 아들을 낳겠다.					
4. 나는 결혼을 하여 꼭 딸을 낳겠다.					
5. 나는 자녀를 갖고 싶지만 꼭 결혼을 통해서는 아니다.					
6. 나는 내가 살고 있는 이와 같은 세상에서는 아기를 갖고 싶지 않다.					
7. 나는 인구 과잉문제를 고려해 볼 때에 2명 이상 자녀를 두고 싶지 않다.					
8. 나는 우리나라가 점점 인구가 줄고 있는 현상을 볼 때 결혼하여 아기를 많이 낳겠다.					
9. 나는 자녀를 가져야 한다는 의무감이 싫어 결혼하지 않겠다.					

동성애

문항내용	전혀 그렇지 않다	대체로 그렇지 않다	보통 이다	대체로 그렇다	매우 그렇다
	1	2	3	4	5
1. 동성애는 자연스러운 성의 한 표현이다.					
2. 서로가 원한다면 동성끼리의 성관계는 괜찮다.					
3. 동성애는 사회적으로 인정되어야 한다.					
4. 동성연애는 비도덕적이고 혐오스러운 것이다					
5. 동성끼리 성관계를 해본 적도 없고 하고 싶지도 않다.					
6. 동성애를 해본 적은 없지만 나중에 할 수도 있다고 생각한다.					

성매매

문항내용	전혀 그렇지 않다	대체로 그렇지 않다	보통 이다	대체로 그렇다	매우 그렇다
	1	2	3	4	5
1. 성매매는 성적 욕구의 해소를 위해 규제해서는 안 된다.					
2. 성매매가 없다면 강간이나 성폭력이 증가한다는 이론에 동의한다.					
3. 돈이 절실히 필요하여서 성매매를 하는 것은 괜찮다.					
4. 성매매(남성, 여성)는 본인의 성적 욕구 때문이다.					
5. 성매매(남성, 여성)는 대개의 경우가 카드 빚 때문이다.					
6. 성매매(남성, 여성)는 본인(가족)의 생계를 위해서이다.					

피임

문항내용	전혀 그렇지 않다	대체로 그렇지 않다	보통 이다	대체로 그렇다	매우 그렇다
	1	2	3	4	5
1. 나는 성관계를 할 때 부주의로 임신될 수 있다.					
2. 나는 피임을 원치 않는 사람에게 피임하도록 설득하겠다.					
3. 나는 성관계를 할 때 피임하겠다.					
4. 나는 피임이 성관계의 쾌감을 방해하기 때문에 하지 않겠다.					
5. 나는 임신이 되더라도 인공임신중절을 하면 되기 때문에 피임할 필요 없다고 생각한다.					
6. 나는 피임약과 피임기구를 어디서 구하는지 알고 있다.					
7. 나는 피임약과 피임기구의 사용을 용납한다.					
8. 나는 임신되었다(임신시켰다)고 생각하여 고민한 적이 있다.					
9. 부모님은 나에게 피임에 대하여 얘기를 해주신 적이 있다.					
10. 피임약은 여자에게 육체적으로 해로울 수 있다.					

4. 다음은 성지식에 관한 질문입니다.

결혼과 출산

문항내용	매우 옳음	옳음	틀림	잘 모름	처음 들어봄
	1	2	3	4	5
1. 정자는 남성의 고환에서 생산된다.					
2. 정자는 사정할 때만 방출된다.					
3. 난소는 자궁의 좌우에 하나씩 있다.					
4. 아기가 자라는 곳은 난소이다.					
5. 여성의 경우 요도와 질구는 서로 다르다.					
6. 남성은 일생 동안 정자를 생산해 낸다.					
7. 여성은 일생 동안 난자를 생산해 낸다.					
8. 여성의 난소는 남성의 고환과 같은 기능을 한다.					

임신 및 출산

문항내용	매우 옳음	옳음	틀림	잘 모름	처음 들어봄
	1	2	3	4	5
1. 여성의 월경 주기의 중간 부분이 임신 가능한 기간이다.					
2. 정자의 생존 기간은 48~72시간이다.					
3. 난자는 배란된 24시간 내에만 정자와 수정이 가능하다.					
4. 아기의 성(性)은 난자와 정자가 수정되는 순간에 결정된다.					
5. 여자는 매달 한 개의 난자를 성숙시켜 배란한다.					
6. 인공 유산 후 여성은 불임이 될 수 있다.					
7. 출산 후 월경이 없는 기간에는 피임을 하지 않아도 된다.					
8. 임신은 배란일 때만 가능하다.					
9. 여자가 임신을 원치 않으면 피임 없이 성관계를 해도 임신 되지 않는다.					

성건강

문항내용	매우 옳음	옳음	틀림	잘 모름	처음 들어봄
	1	2	3	4	5
1. 소변검사로 100% 임신이 확인된다.					
2. 키스를 통해서 성병이 감염될 수 있다.					
3. 한 번의 성교만으로도 성병에 감염될 수 있다.					
4. 에이즈 환자와 악수와 포옹을 하면 에이즈에 감염될 수 있다.					
5. 임질은 항생제를 먹거나 주사를 맞으면 완치될 수 있다.					
6. 매독은 치료 후에도 성관계를 통해 재발될 수 있다.					
7. 매독이 완치되지 않으면 뇌손상이 된다.					
8. 성병을 완치한 후에는 그 성병에 대한 면역성이 생긴다.					
9. 성관계 전이나 후에 항생제를 먹으면 성병에 걸리지 않는다.					
10. 병원에 가면 치료할 수 있으므로 성병에 걸리는 것을 걱정하지 않는다.					
11. 비만증은 발기장애의 원인이 될 수 있다.					
12. 여성의 오르가슴 장애는 치료되지 않는다.					
13. 성관계 후 성기를 비누로 깨끗이 씻으면 성병에 걸리지 않는다.					
14. 임신 2개월 내의 초기 인공 유산은 여성의 건강에 해롭다.					
15. 성병과 에이즈까지 예방할 수 있는 방법은 콘돔의 사용이다.					

성관계

문항내용	매우 옳음	옳음	틀림	잘 모름	처음 들어봄
	1	2	3	4	5
1. 여성의 생물학적 오르가슴은 질을 통해서만 얻을 수 있다.					
2. 남성은 한 번의 성관계에서 여러 번의 사정을 할 수 있다.					
3. 남성은 성욕구 주기가 여성보다 빠르다.					

문항내용					
4. 성관계 시 남성의 흥분 속도는 빠르다.					
5. 임신 중에도 성관계는 가능하다.					
6. 남성의 발기력은 노인의 경우에도 유지된다.					
7. 출산 직후 여성의 성적 욕구는 증가한다.					

성지식 경로

문항내용	매우 옳음	옳음	틀림	잘 모름	처음 들어봄
	1	2	3	4	5
1. 부모님을 통해서 듣는다.					
2. 형제자매를 통해서 듣는다.					
3. 학교에서 성교육을 통해서 듣는다.					
4. 선배나 친구를 통해서 듣는다.					
5. TV, 라디오, 영화 등 대중매체를 통해서 듣는다.					
6. 사회교육단체나 기타 특별강좌를 통해서 듣는다.					
7. 서적(소설, 성 전문서적)을 통해 안다.					
8. 외설 비디오, 성인 만화 등을 통해 안다.					
9. 여성 잡지, 성인 잡지를 통해 안다.					
10. 인터넷을 통해 안다.					

5. 성의식에 관한 질문입니다.

문항내용	전혀 그렇지 않다	대체로 그렇지 않다	보통 이다	대체로 그렇다	매우 그렇다
	1	2	3	4	5
1. 성은 삶의 중요한 일부분이다.					
2. 성은 쾌락을 위한 것이다.					
3. 성관계는 반드시 사랑과 연결되어야 한다.					
4. 성관계는 서로의 친밀감을 높인다고 생각한다.					
5. 성관계는 결혼을 통해서 이루어져야 한다.					
6. 단순히 함께 살기 위한 것이라면 결혼하지 말아야 한다.					

문항내용					
7. 처음 사랑하지 않은 사람이 아니면 결혼하고 싶지 않다.					
8. 결혼할 때 처녀(동정)가 아닌 여자(남자)와는 결혼하지 않겠다.					
9. 여자(남자)가 결혼하기 전에 성관계를 갖는 것은 비도덕적이다.					
10. 성경험 없이 결혼하는 것은 어리석은 것이다.					
11. 결혼 전의 성경험은 결혼생활에 도움이 될 것이다.					
12. 성관계 시 죄책감을 느낀다.					

6. 다음은 성행동에 관한 질문입니다.

성행동

문항내용	매우 옳음	옳음	틀림	잘 모름	처음 들어봄
	1	2	3	4	5
1. 이성 친구의 손을 잡아 본 적이 있다.					
2. 이성친구와 키스나 포옹을 한 적이 있다.					
3. 이성친구와 애무해 본 적이 있다.					
4. 성관계를 한 경험이 있다.					
5. 성관계를 한 후 임신(임신시킨)한 경험이 있다.					
6. 성관계를 한 후 인공임신중절(인공임신중절을 시킨)한 경험이 있다.					
7. 성관계를 한 후 출산(출산시킨)한 경험이 있다.					
8. 성병에 걸린 경험이 있다.					
9. 성폭행(강간)을 해본 적(당한 적)이 있다.					
10. 어린 시절 성추행을 한 적(당한 적)이 있다.					
11. 술 취하지 않았다면 하지 않았을 성관계를 술을 취했기 때문에 한 적이 있다.					
12. 사람들이 성관계를 하지 않으면 무시하기 때문에 성관계를 한 적이 있다.					
13. 성인용 음란(성행동이 있는) 비디오나 책을 본 적이 있다.					
14. 컴(폰) 성행위를 하였다.					

성충동

문항내용	매우 옳음 1	옳음 2	틀림 3	잘 모름 4	처음 들어봄 5
1. 이성의 나체를 훔쳐 보고 싶을 때가 있다.					
2. 이성의 몸을 만져 보고 싶을 때가 있다.					
3. 버스나 지하철에서 이성의 몸을 더듬고 싶을 때가 있다.					
4. 음악을 들으면 때로는 성충동이 생긴다.					
5. 영화, TV, 잡지 등에서 키스나 애무하는 장면을 보면 성충동이 생긴다.					
6. 음란물을 보고 그대로 따라 해보고 싶다.					
7. 성적인 생각이 머릿속을 떠나지 않는다.					
8. 나는 강간을 하고 싶을 때가 있다.					
9. 다른 사람이 성관계를 하는 것을 보고 싶을 때가 있다.					
10. 나는 컴(폰) 성행위를 해보고 싶을 때가 있다.					
11. 나는 사람들이 마약에 중독되듯이 성중독에 걸렸다고 생각한다.					
12. 오랫동안 성관계를 하지 않으면 초조해진다.					

자위행위

1. 나는 자위행위를 해본 적이 있다. ① 예 □   ② 아니요 □

2. 나는 자위행위를 통해 만족을 느꼈다. ① 예 □   ② 아니요 □

3. 처음으로 자위행위를 했을 때의 나이는? (세)

4. 자위행위를 통해서 만족감을 느꼈을 때의 나이는? (세)

5. 최근에 자위행위를 한 때는?

    ① 어제 이후 □   ② 1주 전 □   ③ 2주 전 □   ④ 한 달 전 □   ⑤ 그 이상 □

6. 지난 한 달 동안 자위행위를 한 횟수는? (회)

7. 자위행위에 대해 죄의식, 열망, 염려 등을 가진 적이 있는가?

    ① 대부분 □   ② 가끔 □   ③ 아주 가끔 □   ④ 드물게 □   ⑤ 전혀 없다 □

7. 동거에 대한 질문입니다.

1. 결혼하기 전 동거에 대한 생각은?

　① 할 수 있다 ☐　② 결혼을 약속한 사이라면 할 수 있다 ☐

　③ 사랑한다면 할 수 있다 ☐　④ 안 된다 ☐　⑤ 절대로 안 된다 ☐

2. 이성 친구가 동거를 요구하면 받아들인다.

　① 전혀 그렇지 않다 ☐　② 대체로 그렇지 않다 ☐　③ 보통이다 ☐

　④ 대체로 그렇다 ☐　⑤ 매우 그렇다 ☐

3. 동거하는 사람들은 모두가 사랑한다고 생각한다.

　① 전혀 그렇지 않다 ☐　② 대체로 그렇지 않다 ☐　③ 보통이다 ☐

　④ 대체로 그렇다 ☐　⑤ 매우 그렇다 ☐

4. 동거하면 결혼을 해야 한다고 생각한다.

　① 전혀 그렇지 않다 ☐　② 대체로 그렇지 않다 ☐　③ 보통이다 ☐

　④ 대체로 그렇다 ☐　⑤ 매우 그렇다 ☐

5. 동거해 본 경험은? ① 있다 ☐　② 없다 ☐

　(a) '있다'면 몇 명과 동거했는가? (　　　　　명)

　(b) '있다'면 동거기간은? ① 3개월 미만 ☐　② 6개월 미만 ☐　③ 1년 미만 ☐

　　④ 1년 이상 ☐　⑤ 2년 이상 ☐　⑥ 현재 동거 중 ☐　⑦ 기타 ☐

　(c) '있다'면 동거하게 된 동기는? ① 사랑해서 ☐　② 성관계를 하고 싶어서 ☐

　　③ 경제적인 도움이 될 것 같아서 ☐　④ 혼자 있기 싫어서 ☐　⑤ 어차피 결

　　혼할 사이어서 ☐　⑥ 한번 살아보는 것도 괜찮은 것 같아서 ☐　⑦ 기타 ☐

6. 동거를 한 후의 헤어진 경험은? ① 있다 ☐　② 없다 ☐

8. 첫 경험에 대한 질문입니다.

1. 이성과 성관계의 경험은? ① 있다 ☐　② 없다 ☐

　ⓐ '있다'면 처음으로 경험을 했을 때의 나이는? (　　　　　세)

2. 처음으로 이성과 성관계를 한 장소는? ① 나의 집 ☐　② 상대 이성의 집 ☐

　③ 자동차 안 ☐　④ 학교 ☐　⑤ 친구집 ☐　⑥ 호텔/모텔 ☐

　⑦ 야외/MT ☐　⑧ 비디오방 ☐　⑨ 기타 ☐

3. 처음으로 성관계를 했을 때의 느낌은? (해당되는 번호에 모두 ∨표)

① 두려운 ☐   ② 흥분 ☐   ③ 당황 ☐   ④ 짜릿 ☐   ⑤ 죄의식 ☐
⑥ 기쁜 ☐   ⑦ 처받은 ☐   ⑧ 행복 ☐   ⑨ 피곤 ☐   ⑩ 충만 ☐   ⑪ 슬픈 ☐
⑫ 성숙한 ☐   ⑬ 강간당한 ☐   ⑭ 편안 ☐   ⑮ 실망 ☐   ⑯ 힘있는 ☐
⑰ 걱정 ☐   ⑱ 만족 ☐   ⑲ 바보스러움 ☐   ⑳ 호기심 ☐

4. 이성과 첫 관계를 했을 때 임신되지 않도록 하기 위해 당신이나 상대방은 피임을 하였는가?
   ① 했다 ☐   ② 안 했다 ☐   ③ 나는 했는데 상대방이 안 했는지 모른다 ☐
   ④ 나는 안 했는데 상대방이 했는지 모른다 ☐   ⑤ 관심이 없다 ☐

5. 임신한 적이 있는가? ① 예 ☐   ② 아니요 ☐
   (a) '있다'면 부모님이 알고 있는가? ① 예 ☐   ② 아니요 ☐

6. 처음 이성과 성관계를 맺은 후 당신의 생각은 어떠했는가?
   ① 나이가 더 든 후에 했어야 했다 ☐   ② 성관계를 한 것으로 만족했다 ☐
   ③ 더 일찍 했어야 했다 ☐   ④ 후회했다 ☐   ⑤ 별다른 느낌이 없었다 ☐

7. 처음으로 성관계를 가진 이성과의 관계는?
   ① 며칠 전 만난 사람 ☐   ② 계속 사귀어 왔던 결혼할 상대자 ☐
   ③ 조금 친하게 지내던 사람 ☐   ④ 가족, 친지 ☐   ⑤ 성매매자 ☐
   ⑥ 사귀어 왔지만 결혼할 계획이 없는 사람 ☐   ⑦ 내가 잘 알고 좋아하던 사람 ☐
   ⑧ 현재 결혼한 배우자 ☐   ⑨ 모르는 사람 ☐

8. 처음으로 성관계를 했을 때의 상대방의 나이는? (세)

9. 처음 성관계를 한 후 당신이 생각하기에 상대방의 감정은 어떠했다고 생각하는가?(해당되는 번호에 모두 ∨표)
   ① 두려운 ☐   ② 흥분 ☐   ③ 당황 ☐   ④ 짜릿 ☐   ⑤ 죄의식 ☐
   ⑥ 기쁜 ☐   ⑦ 상처받은 ☐   ⑧ 행복 ☐   ⑨ 피곤 ☐   ⑩ 충만 ☐
   ⑪ 슬픈 ☐   ⑫ 성숙한 ☐   ⑬ 강간당한 ☐   ⑭ 편안 ☐   ⑮ 실망 ☐
   ⑯ 힘있는 ☐   ⑰ 걱정 ☐   ⑱ 만족 ☐   ⑲ 바보스러움 ☐   ⑳ 호기심 ☐

10. 처음 성관계를 했던 상대방도 처음이라고 생각하는가, 아니면 한 번 이상 경험이 있다고 생각하는가?
   ① 확실히 처음이다 ☐   ② 아마 처음일 것이다 ☐   ③ 잘 모르겠다 ☐
   ④ 아마 한 번 이상 경험이 있었을 것이다 ☐

⑤ 한 번 이상 경험이 있다고 확신한다 ☐

11. 성관계를 한 후 그(그녀)와의 관계는?

① 더 좋아졌다 ☐ ② 더 악화되었다 ☐ ③ 처음부터 아무 관계가 없었다 ☐

④ 예전과 똑같다 ☐ ⑤ 모르겠다 ☐

12. 처음 성관계를 한 상대방과 다시 성관계를 한 적이 있는가?

① 예 ☐ ② 아니요 ☐

(a) '예'라면 첫 관계를 맺은 후에 몇 번이나 했는가?(번)

9. 성인용품에 대한 질문입니다.

1. 성인용품은 남녀에게 있어 필요하다고 생각하는가?

① 필요하다 ☐ ② 필요하지 않다 ☐

2. 성인용품을 파는 가게를 가본 경험이 있는가? ① 예 ☐ ② 아니요 ☐

(a) '예'라면 혼자 갔는가? ① 예 ☐ ② 아니요 ☐

(b) '혼자 가지 않았다'면 누구와 함께 갔는가?

① 친구 ☐ ② 애인 ☐ ③ 선배 ☐ ④ 후배 ☐ ⑤ 부모 ☐

(c) '갔다'면 가게 된 동기는? ① 호기심 ☐ ② 친구의 권유 ☐

③ 애인의 권유 ☐ ④ 선배 권유 ☐ ⑤ 술을 먹고 나서 ☐

3. 성인용품을 이용한 경험이 있는가? ① 예 ☐ ② 아니요 ☐

(a) 이용한 경험이 있다면 몇 번이나 사용했는가?(번)

(b) 이용했을 때의 느낌은 어떠했는가? ① 두려움 ☐ ② 만족 ☐ ③ 당황 ☐

④ 죄의식 ☐ ⑤ 실망 ☐ ⑥ 걱정 ☐ ⑦ 상처받았음 ☐ ⑧ 바보스러움 ☐

(c) 계속 이용하고자 생각하는가? ① 예 ☐ ② 아니요 ☐

10. 성교육에 대한 질문입니다.

1. 성교육은? ① 매우 필요하다 ☐ ② 대체로 필요하다 ☐ ③ 보통이다 ☐

④ 필요하지 않다 ☐ ⑤ 전혀 필요하지 않다 ☐

2. 학교에서 성교육은 도움이 되었는가?

① 매우 도움이 되었다 ☐ ② 대체로 도움이 되었다 ☐ ③ 보통이다 ☐

④ 도움이 되지 않았다 ☐ ⑤ 전혀 도움이 되지 않았다 ☐

3. 학교에서 성교육은 누구로부터 받았는가? (해당되는 번호에 모두 ∨표)

① 담임교사 ☐   ② 보건교사 ☐   ③ 교과 전담 교사(체육, 도덕) ☐
④ 생물교사 ☐   ⑤ 지역사회 단체 직원(보건소 직원) ☐
⑥ 기타 (어머니 1일 교사, 외부강사) ☐

4. 학교에서 성교육을 받았다면 몇 번이나 받았는가? (번 이상), (시간 이상)

5. 성교육은 어느 시간에 받았는가?
① 수업시간 ☐   ② 특별활동시간 ☐   ③ 자율학습시간 ☐
④ 수업시간 외의 별도로 마련한 성교육시간 ☐   ⑤ 특강시간 ☐

6. 어떤 방법으로 성교육을 받았는가?
① 남학생은 남학생끼리, 여학생은 여학생끼리 ☐   ② 단체로(같은 반 친구와
함께) ☐   ③ 개별적으로(한 사람씩) ☐   ④ 단체, 또는 개별적으로(위 두 가지
다 섞어 가면서) ☐   ⑤ 기타 ☐

7. 학교에서 받은 성교육의 내용은 무엇인가? (해당되는 번호에 모두 ∨표)
① 남자와 여자의 몸의 생김새와 하는 일 ☐   ② 몸과 마음이 변화해 가는 모습 ☐
③ 월경, 몽정 등 생리현상(성생리) ☐   ④ 남자와 여자로서의 생활하는 방법, 하
는 일의 종류, 협동생활 등(성역할) ☐   ⑤ 성윤리 ☐   ⑥ 성범죄 예방 ☐
⑦ 피임 ☐   ⑧ 기타 ☐

8. 학교에서 성교육을 받고 나서 성 문제를 이해하는 데 도움이 되었는가?
① 매우 도움이 되었다 ☐   ② 대체로 도움이 되었다 ☐   ③ 보통이다 ☐
④ 도움이 되지 않았다 ☐   ⑤ 전혀 도움이 되지 않았다 ☐

9. 학교에서 성교육을 받을 때 교육 내용에 대한 이해 수준은?
① 매우 쉽다 ☐   ② 대체로 쉽다 ☐   ③ 적절하다 ☐   ④ 적절하지 않다 ☐
⑤ 너무 어렵다 ☐

10. 성교육을 받은 후의 생각은?
① 더 많이 알고 싶어졌다 ☐   ② 남녀가 서로 도와가며 살아가야겠다 ☐
③ 내 몸의 소중함을 알게 되었다 ☐   ④ 창피스러운 생각이 들었다 ☐
⑤ 남녀가 가까이 하면 안 될 것 같았다 ☐

11. 학교에서 성교육을 받으며 가장 싫었던 점은?
① 담당하는 교사가 성에 대해 잘 모르는 것 같았다 ☐   ② 남학생과 여학생이 같
이 교육을 받아 부끄러웠다 ☐   ③ 이미 다 알고 있는 내용을 반복해서 듣는 것 같
았다 ☐   ④ 내용이 너무 어려워서 무슨 말인지 모르겠다 ☐   ⑤ 이론 위주의 수

업이라 잘 이해되지 않았다 ☐

12. 학교에서 받는 성교육에 대해 고쳐야 할 점은?

　　① 남학생과 여학생이 따로 받았으면 좋겠다 ☐ 　 ② 이론보다 비디오 등을 통한 시청각 교육을 받고 싶다 ☐ 　③ 좀 더 자세한 내용을 알고 싶다 ☐ 　④ 좀 더 실감나게 받고 싶다 ☐ 　⑤ 성교육 시간이 더 많았으면 좋겠다 ☐ 　⑥ 기타 ☐

13. 가정에서 성교육을 받은 적이 있는가? ① 예 ☐ 　② 아니요 ☐

　　(a) "예"라면 주로 어떤 내용이었는가? (해당되는 번호에 모두 ∨표)

　　① 남녀의 몸의 생김새와 하는 일(성지식) ☐ 　② 몸과 마음이 변화해 가는 모습 및 생리현상(성심리) ☐ 　③ 남녀가 각각 생활하는 방법 ☐ 　④ 남녀의 사귐과 공동생활에서 지켜야 할 예의, 태도 방법(성윤리) ☐ 　⑤ 남녀가 하는 일의 종류와 협동생활(성역할) ☐ 　⑥ 성폭행 등에 대한 예방법과 주의점(성범죄 예방) ☐

14. 가정에서 성교육이 필요하다고 생각하는가? ① 예 ☐ 　② 아니요 ☐

　　(a) '예'라면 두 가지만 쓰시오.(① 　　　　　　　　② 　　　　　　　　)

15. 부모님에게 성에 대한 문제를 질문하게 되면 어떻게 대답하는가?

　　① 친절하게 가르쳐 주셨다 ☐ 　② 어른이 되면 자연히 안다고 하셨다 ☐
　　③ 분명한 대답이 없이 넘겨 버렸다 ☐ 　④ 야단치셨다 ☐ 　⑤ 기타 ☐

16. 여학생의 경우 초경이 있었을 때(남학생의 경우 처음 몽정이 있었을 때) 어떻게 했는가?

　　① 부모님과 의논하고 도움 받았다 ☐ 　② 선생님과 의논하고 도움 받았다 ☐
　　③ 언니와 형과 의논하고 도움 받았다 ☐ 　④ 친구와 의논하고 도움 받았다 ☐
　　⑤ 혼자 씻고 옷을 갈아입었다 ☐ 　⑥ 아직 경험해 보지 못했다 ☐

참고문헌

국내문헌

강영삼 외(1997). 청소년의 성에 대한 인지도 조사 및 심층면접 조사연구. 교육논총, 17(1). 159-321.

강재연 외(1995). 대학생의 성에 대한 실태 조사. 대학생활연구, 13. 17-55.

교육인적자원부(1993). 성교육자료(초, 중, 고) 장학자료 제 98-100호(교사용).

_____ (2001). 성교육자료(초, 중, 고)

구완서(2000). 성(성)에 대한 기독교 윤리학적 고찰. 한국 전문대학 기독교교육학회, 4(1). 124-149.

기윤실 총서(1996). 대학생이 바라 본 현대문화. 서울 : 기윤실.

김경희(2000). 대학생의 성의식과 성경험 실태에 관한 연구. 공주영상정보대학. 논문집, 111-124.

김두헌(1957). 윤리학 개론. 서울 : 정음사.

김시업 외(2000). 청소년의 매매춘과 원조교제에 영향을 미치는 심리－사회적 요인탐색을 위한 고찰. 한국심리학회 연차학술대회 논문집, 110-111.

김언정(1999). 성평등 성교육을 위한 관계형성 프로그램 모색. 동덕여자대학교 대학원 석사학위논문.

김영일(1998). 기독교 윤리. 서울 : 대한기독교서회.

김외선(2001). 결혼과 성. 대구 : 중문출판사.

김은지(1997). 자아존중감과 성역할 정체감 및 성의식과의 관계 연구. 고려대학교 대학원 석사학위논문.

김흥규(2004). 상담심리학. 서울 : 형설출판사.

대한가족계획협의회(1994). 성교육. 성상담. 서울 : 대한가족협회.

_____ (1996). 인공유산과 여성건강 세미나. 서울 : 대한가족협회.

대한가족보건복지협회(2001).

맹용길(1983). 제 4의 윤리. 서울 : 성광문화사.

문인옥(1997). 일부 대학생의 성의식 및 성행동에 관한 연구. 한국보건교육학회지,

14(2), 95-112.

_____ (1997). 일부대학생의 성실태 조사연구. 교과교육연구, 1, 154-169.

_____ (1998). 대학생의 성태도 및 성행동에 미치는 요인분석. 한국보건통계학회지, 23(1), 149-163.

_____ (2000). 성교육을 통한 성지식 및 성태도 변화에 관한 연구. 한국보건학회지협회, 26(4), 414-425.

문화방송 MBC(2000), 2000MBC 청소년 백서.

박경휘(1992). 조선민족 혼인사 연구. 대전 : 한남대학교 출판부.

박상화(1988). 여학생의 초경에 관한 비교연구. 대한보건협회학술지, 14(2), 43-49

박호강 외(1999). 현대사회의 성, 결혼, 가족. 대구 : 대구대학교 출판부.

삼성복지재단편저(1994). 10대 청소년들의 생활 세계. 서울 : 삼성복지재단.

서울 YMCA(1999). 성교육 자료집 : 자위행위. 서울 YMCA 성교육 상담실.

성한기(1996). 대학생들의 성(성)에 관한 태도와 행동. 연구논문집, 52(1), 207-229.

손봉호(1994). 건강한 가정. 서울 : 기윤실.

신승철(1996). 정신의학에서 본 성, 기독교사상 통권 제452호. 서울 : 기독교사상(8). pp.37-45.

신재철(1996). 한국 여성의 초경에 관한 연구. 대한산부인과학회지, 39(5), 865-879.

아산사회복지재단편저(1997). 현대와 성윤리. 서울 : 아산사회복지재단,

여성부(2002). 교육기관(대학) 성희롱 실태조사 경과 보고서. 여성부 차별개선국.

우남식(1999). 청소년의 성윤리 정립에 관한 연구. 인하대학교 대학원 석사학위논문.

_____ (2005). 한, 미 대학생들의 성지식 성태도 성행동 및 성교육의 비교 연구. 인하대학교 대학원박사논문.

_____ (2014). 2004년과 2014년 대학생의 성지식, 성교육과 성행동에 관한 비교 연구. 국제신학, 제16권, 315-347.

우윤미(1998). 청소년의 성문제에 관한 연구. 성신여자대학교 대학원 석사학위논문.

윤가현(2005). 성문화와 심리. 서울 : 학지사.

이영휘 외(1997). 대학생의 성지식과 성교육 요구에 관한 연구, 인천광역시 일개 대학을 중심으로. 대한간호학회지, 27(1), 26-35.

이옥선 외(1998). 초·중등 여학생의 초경 지식 및 초경 경험에 대한 연구. 연구논문집, 5, 141-166.

이은영(1997). 성교육 프로그램이 비행 청소년의 성지식과 성에 대한 태도에 미치는 효

과. 부산대학교 대학원 석사학위논문.

이인숙(1994). 일부 대학생들의 성에 대한 지식, 태도, 경험 및 성교육에 관한 연구. 연세대학교 대학원 석사학위논문.

이정균(1995). 정신의학. 서울 : 일조각.

이춘재 외(1988). 청소년 심리학. 서울 : 중앙출판사.

_____ 외(1991). 사춘기 신체성숙시기와 심리사회적 발달. 한국심리학회지, 4(1), 89-103.

_____ (1992). 청소년의 성과 적응, 청소년심리학. 서울 : 한국청소년연구원.

이혜숙(2002). 일부 여대생의 성실태 및 성교육 요구에 관한 조사연구. 한국간호교육학회지. 8(1). 131-144.

이효영 외(2004). 대학생의 성지식, 성태도, 행동 실태 및 성교육 효과에 관한 연구. 보건교육건강증진학회지, 21(1), 45-69.

장선화(1997). 음란물이 성행동에 미치는 영향. 고려대학교 대학원 석사학위논문.

장필화(2004). 청년심리학. 서울 : 박영사.

장하경 외(1991). 대학생의 성역할 태도 연구. 한국생활과학연구, 1, 117-133.

전경숙 외(2004). 대학생의 성지식, 태도, 행동실태 및 성교육 효과에 관한 연구. 보건증진학회지, 21(1), 45-68.

조순희(2001). 남자 고등학생의 성에 대한 지식, 태도 및 성경험에 관한 연구. 충남대학교 대학원 석사학위논문

차선희(1999). 남녀 대학생의 성문화와 성의식 연구. 대구 효성가톨릭대학교 대학원 석사학위논문.

채규만(2001). 새로운 성상담론, 이론적 분석과 실태 및 방향설정. 기독교 상담학회지.

청소년보호위원회편(2004). 청소년 성의식 조사. 서울 : 청소년보호위원회.

최옥술(1993). 여고생의 성의식에 관한 연구. 한남대학교 대학원 석사학위논문.

통계청(2004). 2003년 결혼, 이혼 통계 자료

학교교육학회(1996). 인간과 교육. 서울 : 문음사.

한국교육개발원(1993). 초,중,고, 교사용 성교육 지침서. 한국교육개발원.

_____ (1993). 초, 중, 고 성교육 읽기 자료 개발을 위한 기초연구. 한국교육개발원

한국여성개발원(1994). 사춘기자녀의 성, 어떻게 가르쳐야 할까요? 서울 : 한국여성개발원.

_____ (1996). 학교 성교육 어떻게 할 것인가. 심포지움 자료집.

_____ (1999), 성교육 방법론 연구. 한국여성민우회

_____ (1999). 여학생 비행의 실태와 학교의 대응방안. 서울 : 한국여성개발원

한국청소년개발원편(1997). 청소년 심리학. 서울 : 서원

한동세(1978). 정신과학. 서울 : 일조각.

한정자 외(1994). 중학생 학부모용 성교육 읽기자료 개발. 서울 : 한국여성개발원

허은주(2004). 대학생의 심리·사회적 성숙 변인과 성태도 및 성지식과의 관계연구. 인하대학교 대학원 박사학위논문.

현주 외(1993). 아산사회복지사업재단,

현주 외(1993). 우리는 예비어른 ― 고등학교용 성교육 자료. 서울 : 한국 교육개발원.

후쿠토미 마모루(福富 護, 1996). 사춘기의 성과 행동. 서울 : 교육과학사.

菊島 充子, 松井 豊, 禮富 護(1999). 援助교제에 대한 態度: 雜誌 및 論評의 分析과 大學生의 意識調查. 東京學藝大學紀要 1部門 50, 47-54.

외국문헌

Adam, Barry(1995). *The Rise of a Gay and Lesbian Movement*. Twayne.

Allgeier, E., &, Allgeier, A.(1991). *Sexual interaction(3rd ed)*. Lexington, Massachusetts: D.C. Health & Co.

American Psychiatric Association(1987). *Dignostic and Statistical Manual of Mental Disoder(Third Edition-Revised)*, (DSM-III-R).

American Psychiatric Association(2000). *Dignostic and Statistical Manual of Mental Disoder(Fourth Edition-Revised)*, (DSM-IV-R).

American Psychiatric Association(2013). *Dignostic and Statistical Manual of Mental Disoder(Fifth Edition)*, (DSM-V).

Atwater, E.(1983). Adolescence. Prentice-Hall Inc., Englewood Cliffs, N.J.

Bullough, V.L.(1981). Age at menarche: A misunderstanding. Science, 213, 365-366.

Bower, E.M.(1970). *Primary prevention in a school setting, prevention of mental disorders in children*. New York: Basic Books.

Buber, M.(1974, 표재명 역). 나와 너. 서울 : 문예출판사.

Byer, C., & Shainberg, L.(1994). *Dimension of human sexuality (4th ed.)*. Madison,

Wisconsin: Brown & Benchmark.

Carrol, H.A.(1969). *Mental hygiene. New Jersey*: Prentice-Hall, Inc.

Characteristics of Health Education Among Secondary Schools? School Health Education Profiles(1996). Morbidity and Mortality Weekly Report, September 11, 1998, vol. 47(SS-4), 1-31, table 4.

Clausen, J.(1975). The social meaning of differential physical and sexual maturation, In S. E., Dragastin & G.H. Elder, Jr.(4ds.), Adolescence in the life cycle, New York: Wiley.

Colaw, E. S.(1991). *Social Issue*: A Bishop's Perspective. Nashville: Disciples Resources.(박원기, 기독교의 성 이해, 기독교 사상. 452. 1996년 8월호, p.10)

Cole, W. G.(1959). Sex and Love in the Bible. New York: National Board of Young Men's Christian.

DeLamater J. & MacCorquodale, P.(1979). *Premarital sexuality*: *Attitudes, relationships, behavior*. Madison, WI: Univ.

Department of Health and Human Services(2001). Sexual Activity and Contraceptive Practices Among Teenagers in the United States, 1988 and 1995.

Erica Lilleleht, & Sandra Leibulum(1994). Annual Review of sex research, an integrative and interdiscriplinary review, Schizophrenia and sexuality: A critical review of the literature, 4. 247-275.

Joseph, F.(1967). *Moral Responsibility*; *Situation ethics at work*. Philadelphia: Westminster Press.

Savin-Williams, R. C.(2005). *The new gay teenager*. Cambridge, MA: Harvard University Press.

Meyer-Bahlburg, H., Ehrhardt, A., Rosen, L., Gruen, R., Veridiano, N., Vann, F., & Neuwalder, H.(1995). Prenatal estrogens and the development of homosexual orientation. Developmental Psychology, 31, 12-21.

Vaid, Urvashi(1995). *Virtual Equality*: *The mainstreaming of Gay & Lesbian Liberation*. Anchor Books.

Faust, M.(1977). Somatic development of adolescent girls, Monograph of the Society for Research in Child Development, 42(1).

Freud, A.(1958). Adolescence. Psychoanalytic Study of Child, 13, 255-278.

Freud, S.(1905). Sexuality & Psychology df love.Hacker ss(1981): It isn't Sex Education

Unless..., JSCH Health 51 : 207-10.

Gross, R. & Duck, P.(1980). The effect of early versus late physical maturation on Adolescent behavior, The pediatric elinics of North America, 27(1). 71-78.

Harris, C.E.(1994, 김학택, 박우현 공역). Applying Moral Theories(도덕이론을 현실 문 제에 적용시켜보면). 서울: 서광사.

Helmut, K.(1998, 손덕수, 허판례 역). 행복과 해방의 성교육. 서울 : 대원사

Hurlock, E.B.(1973). *Adolescent development*. New York: Mcgraw-Hill book Co.Hulsizer,

ICD-10(정신 및 행태장애, 1998). 이부영. 일조각.

Jurich, A., & Jurich J.(1974). The effect of cognitive moral development upon the selection of premarital sexual standards. Journal of marriage and family, 36(4). 736-741.

Kaplan, A. G.(1989). 성의 심리학. 서울: 이화여대 출판부.

Kikushima, M., Matsui, Y., & Fukutomi, M.(1999). Attitudes toward ??Enjo-kosai??. Bulletin of Tokyo Gakugei University Sect. 1(50). 47-54.

Kilanda, H.F.(1962). *School health education*. New York: Univ. Press.

Kinsey, A.C., Pomeroy, W.B., Martin, C.E.(1948). *Sexual behavior in the human male*. Philadelphia: W.B. Saunders.

Kinsey, A.C., Pomeroy, W.B., Martin, C.E. & Gebhard, P.H.(1953). *Sexual behavior in the human female*. Philadelphia: W.B. Saunders.

Maslow, A.H.(1970). *Motivation and personality*, New York: Harper & Row.

Master, W. H., Johnson, V. X., & Kolodny, R.C.(1989): *Human sexuality*, 4th ed., New York: Haper Colins, 1989.

Martin, B.(1974, 표재명 역). Ich und Du. Heidelberg(너와 나). 서울 : 문예출판사.

National Guidelines Task Force(1996). *Guidelines for Comprehensive Sexuality Education*, 2nd Edition,Kindergarten-12th Grade. New York: Sexuality Information and Education Council of the United States, 3.

_____ (1996). Comprehensive Sexuality Education, 3, 5.

Ozer, E. M., Brindis, C. D., Millstein, S. G., Knop, D. K., & Irwin, C. E. (1998). *America's adolescents*: Are they healthy? San Francisco: University of California.

Perry, C. L.(2000). Preadolescent and adolescent influences on health in B.D. Smedley & S.L. Syme(Eds.). Promoting health: Intervention strategies from social and behavioral research(pp.217-253). Washington, D.C.: National Academy Press.

Peursen, C.A. Van(1994, 강영안 역). 급변하는 흐름속의 문화. 서울 : 서광사

Proul, R. C.(1990). 그리스도인의 윤리. 서울 : 총신대출판부.

Reich, W. (1942). *The function of the orgasm*. New York: Orgone Institute Press.

Reiss, I. L.(1966). *Premarital sexual standards in America*. New York: Free Press.

Russell, D.E. (1988). Pornography and rape: A causal model. Political Psychology, 2, 41-73.

Stott, J.(1985, 박영호 역). Issue Facing Christians Today(현대사회 문제와 기독교적 답변). 서울: 기독교 문서 선교회.

Sullivan, H. S.(1953). *The Interpersonal Theory of Psychiatry*. New York: Norton.

Tanner, J.(1978). *Fetus into Man. Cambridge*, Mass.: Havard University Press.

_____(1973). Growing up. Scientific American, 43. September.

Taylor, E.B.(1924). *Primitive culture*(7th ed). New York: Brentano's.

Teen Today(2000). Liberty Mutual and Students Against Destructive Decisions/ Students Against Drunk Driving, Boston, MA, Students Against Drunk Driving, 2000.

The Henry J. Kaiser Family Foundation(2000). *Sex Education in America*: A View from Inside the Nation's Classrooms, Chart Pack. Menlo Park, CA: The Henry J. Kaiser Family Foundation. chart 9.

찾아보기